高等职业教育跨境电商专业精品教材
“互联网 +”新形态立体化教学资源特色教材

跨境电商数据分析与应用

主　编　张艳婷　杨潇潇
副主编　曾燕妮　何展鸿　韩宝国

中国轻工业出版社

图书在版编目（CIP）数据

跨境电商数据分析与应用 / 张艳婷，杨潇潇主编.
—北京：中国轻工业出版社，2025.4
高等职业教育跨境电商专业精品教材 "互联网 +"
新形态立体化教学资源特色教材
ISBN 978-7-5184-4436-6

Ⅰ.①跨… Ⅱ.①张… ②杨… Ⅲ.①电子商务—运
营管理—数据处理—高等职业教育—教材 Ⅳ.①F713.365.1

中国国家版本馆 CIP 数据核字（2023）第 089301 号

责任编辑：李金慧　　责任终审：简延荣　　设计制作：锋尚设计
策划编辑：张文佳　　责任校对：刘小透　晋　洁　　责任监印：张　可

出版发行：中国轻工业出版社（北京鲁谷东街5号，邮编：100040）
印　　刷：三河市万龙印装有限公司
经　　销：各地新华书店
版　　次：2025年4月第1版第1次印刷
开　　本：787×1092　1/16　印张：13
字　　数：300千字
书　　号：ISBN 978-7-5184-4436-6　定价：49.80元
邮购电话：010-85119873
发行电话：010-85119832　010-85119912
网　　址：http://www.chlip.com.cn
Email：club@chlip.com.cn

221416J2X101ZBW

前言

近年来，以云计算、大数据、人工智能、物联网、区块链等为代表的新一代数字技术的应用，颠覆了传统的生产方式、管理模式和信用体系。跨境电子商务（以下简称跨境电商）在数字革命的推动下，快速迭代创新。为培养适应数字经济发展的跨境电商人才，必须加强学生数据思维和数字素养的培养，帮助学生掌握跨境电商数据分析方法，学习运用主流分析工具。

本教材是教育部第二批国家级职业教育教师教学创新团队课题“跨境电子商务专业对接职业标准的课程体系研究”项目下的建设成果之一，通过分析跨境电商岗位群，梳理出典型的职业能力活动，对跨境电商岗位进行职业能力分析，形成“行业现状分析→企业岗位调研→职业技能和素质分析→确定人才培养目标→制定专业教学标准→重构课程体系→重构课程教学内容”的分析链条。本教材内容依据跨境电商数据分析专员的典型职业活动，提取典型工作任务，如行业市场与竞争对手分析、用户特征分析、产品需求分析、用户体验分析、推广效果分析、数据分析报告等，序化本教材的核心内容。

此外，本教材围绕着跨境电商职业标准、跨境电商职业技能竞赛、电子商务师职业技能等级证书等内容，进行“岗课赛证”一体化设计。瞄准跨境电商岗位群，如跨境电商数据分析专员、跨境电商运营专员、跨境电商选品专员的需求变化，对接职业标准和工作过程，注重培养具有职业迁移能力的技术技能人才，促进人才培养质量的全面提升。通过本教材的学习，学生能够熟练使用跨境数据采集分析工具，如亚马逊数据分析工具——卖家精灵或阿里巴巴国际站数据管家等，进行数据分析工作。对于从事跨境业务的企业，应向国家电信主管部门批准的运营商申请建立一个在国内合法使用的虚拟专用网络，用于开展业务。

本教材由广东轻工职业技术大学第二批国家级职业教育教师教学创新团队核心成员张艳婷、杨潇潇担任主编，由曾燕妮、何展鸿、韩宝国担任副主编。依托粤港澳跨境电商产教融合联盟的行业影响力，行业专家、企业一线从业者参与研讨跨境电商职业岗位、典型职业活动、工作任务和能力体系，为教材提供了编写基础。

本教材内容系统全面，既可以作为高等职业院校、职业本科院校、应用型本科院校的跨境电商专业、国际经济与贸易专业、电子商务专业等专业的数据分析类课程的教学用书，也可以作为跨境电商从业人员系统了解跨境电商数据分析的参考书。同时，教材配套线上的慕课课程，欢迎大家搜索并加入学习。

我们热切期盼能够得到读者们的宝贵意见，使得本教材能够日益完善。关于教材的建议可发至教材编写团队的工作邮箱：zyt621_3@163.com。

编　者

目 录

项目 4
产品需求分析

项目 5
用户体验分析

项目 6
推广效果分析

项目 1

跨境电商数据分析基础

学习目标

知识目标

- 理解跨境电商数据分析的概念及意义。
- 理解跨境电商数据分析的流程。
- 掌握跨境电商数据采集和分析方法。
- 掌握跨境电商数据分析的指标和工具。

能力目标

- 能够运用跨境电商数据分析流程解决问题。
- 提升数据思维和数据分析能力。
- 能够比较不同跨境电商平台的特征并做出选择。
- 能够使用跨境电商数据分析方法、指标与工具。

素质目标

- 自觉遵守自由、平等、公正、法治的社会主义核心价值观。
- 恪守国家有关数据安全等相关领域的法律法规，遵守职业道德行为规范。
- 具备社会责任感，提升创新能力和跨文化沟通能力。

案例导入

“数据就是力量”是亚马逊推崇的重要理念。亚马逊利用其 20 亿用户的大数据，通过预测分析 140 万台服务器上的数据来促进销量的增长。亚马逊追踪客户在电商网站和 App 上的相关行为，尽可能多地收集信息，为用户提供卓越的个性化购物体验。

具体而言，亚马逊在大数据技术方面的应用体现在以下三个方面。

1．灵活利用 hadoop 技术

hadoop 是一个能够对大量数据进行分布式处理的软件框架，以一种可靠、高效、可伸缩的方式进行数据处理。亚马逊通过多种工具在云端扩展其大数据应用，如数据存储、数据收集、数据处理、数据分享和数据合作。亚马逊灵活的执行程序建立在 hadoop 框架的顶端，二者良好地互补帮助零售商高效地管理和利用分析平台。具体来说，零售商店 15 亿条的产品目录数据，能通过 200 个实现中心在全球传播并储存在亚马逊的界面中，且每周进行将近 5 亿次更新。同时亚马逊界面上数据的产品目录每 30 分钟都要进行分析并发回不同的数据库。

2．个性化推荐

亚马逊个性化推荐的算法包含多种因素，如购买历史、浏览历史、朋友影响、特定商品趋势、社会媒体上流行产品的广告、购买历史相似的用户所购买的商品等。个性化推荐不仅仅针对顾客，电商市场上的销售商也能收到来自亚马逊的建议。

一般来说，销售商会遇到如下问题：如何选择上架的新产品，以提高顾客的下单量？需要保持多少库存才能满足顾客对某一特定商品的需求？如何通过提供更多选择和优化服务来提高顾客满意度？亚马逊自称其在销售商上的巨大成功是因为他们向销售商提供库存量的建议，例如，向他们推荐可以在库存中加入的新产品，推荐特定产品的最佳配送模式等。平均下来，亚马逊的每位销售商的产品目录列表都会得到超过 100 条建议。

3．动态价格优化

顾客往往会发现亚马逊商品的价格总是全网最低，这主要得益于亚马逊的动态价格策略。亚马逊的动态定价算法每小时会调整几次商品价格，以此更好地利用人们对于价格的敏感心理。对于亚马逊来说，数据是商业决策的指挥棒。

案例思考题

随着大数据技术的发展，全球数字贸易步伐加快，跨境电商日益成为促进经济增长的新引擎。在“大众创业，万众创新”的背景下，几位 00 后大学毕业生决定进入跨境电商行业并创立了广州跨境网络科技有限公司。公司的愿景是将中国优质的轻工业产品（如消费电子、美妆等）通过跨境电商渠道销往全球。

通过亚马逊在大数据技术中的应用案例，请思考：

（1）对于几位年轻的创业者而言，应该如何通过企业特点和需求来选择合适的跨境电商平台入驻？

（2）作为初创型企业，广州跨境网络科技有限公司如何利用数据分析提升跨境电商的运营效率？

（3）如何选择合适的跨境电商数据分析的方法、指标和工具来分析企业盈亏？

任务 1.1　初识跨境电商数据分析

近年来，我国跨境电子商务行业迅猛发展。据海关总署测算数据显示，2024 年前三季度，我国跨境电商进出口 1.88 万亿元，同比增长 11.5%。跨境电商的快速发展，既满足了国内消费者的多样化个性化需求，又助力我国产品通达全球，成为外贸发展的重要动能。同时，全球跨境电商也处于蓬勃发展态势，推动了全球商品流通和经济发展。

1.1.1　跨境电商概述

跨境电商概述

（1）跨境电商的内涵

跨境电商是指分属不同关境的交易主体以国际互联网为手段，通过营销型平台、社会化平台及其他营销方式完成交易，并进行跨境支付与货物运输等进出口贸易的商业活动。例如，国内企业在亚马逊、阿里巴巴国际站等网站注册账号，对外进行产品推广、销售、跨境物流、跨境支付后成交等一系列国际化商业活动，都属于跨境电商的交易行为。

具体而言，跨境电商的概念有狭义和广义之分。

①狭义的跨境电商。狭义的跨境电商特指跨境网络零售，基本等同于跨境零售，是指分属不同关境的交易主体，通过跨境电商平台达成交易，进行跨境支付结算，并利用跨境物流方式将商品送达买家，完成交易的一种国际商业活动。

②广义的跨境电商。广义的跨境电商基本等同于外贸电商，是指分属不同关境的交易主体，利用互联网将传统外贸中的展示、洽谈及成交等各环节电子化，并借助跨境物流运送商品，完成交易的一种国际商业活动。这种“传统外贸 + 互联网”的形式实际上就是把传统国际贸易加以网络化、电子化和数字化的过程，是将原来传统的销售、购物渠道从线下转移到线上，打破国家或地区之间的壁垒，具有全球性、即时性、数字化、无形性和透明化等特点。

（2）跨境电商与传统国际贸易的对比

具体而言，跨境电商与传统外贸的差异主要体现在：①订单类型；②交易或流通环节；③交易主体的交流方式；④运作模式；⑤支付方式；⑥运输方式。

跨境电商与传统外贸的对比具体如表 1-1 所示。

表 1-1　跨境电商与传统外贸的对比

对比项目	贸易形式	
	跨境电商	传统外贸
订单类型	小批量、多批次、订单分散、周期相对较短	大批量、少批次、订单集中、周期长
交易或流通环节	简单（生产商→零售商→消费者，或生产商→消费者），涉及的中间商较少	复杂（生产商→外贸商→进口商→批发商→零售商→消费者），涉及的中间商众多
交易主体的交流方式	通过互联网平台交易，间接接触	直接接触
运作模式	需借助互联网电子商务平台	基于商务合同的运作模式
支付方式	电汇、信用证、互联网第三方支付等，支付方式更加多样	信用证、电汇等
运输方式	通过邮政小包、专线物流、海外仓等进行运输	通过空运、集装箱海运、铁路运输完成

由表 1-1 可见，由于跨境电商实现的是企业之间或单个企业与单个消费者之间的交易，相对于国际（地区间）贸易，其大多是小批量，甚至是单件产品的交易。在交易或流通环节，传统外贸较为复杂，需要通过生产商→外贸商→进口商→批发商→零售商→消费者，涉及的中间商众多；而跨境电商能够省去中间环节，供应商通过跨境电商各类平台，利用第三方跨境物流、跨境支付的服务商，直接对接零售商或本地电商，进而将产品提供给终端消费者，进出口环节少、时间短、成本低、效率高。

（3）跨境电商的类型

①按照交易模式分类。跨境电商按照交易模式可划分为跨境电商企业对企业（business to business，B2B）模式、跨境电商企业对消费者（business to customer，B2C）模式、跨境电商消费者对消费者（customer to customer，C2C）和跨境电商线上到线下（online to offline，O2O）模式。

- 跨境电商 B2B 模式。跨境电商 B2B 模式是指境内企业与境外企业间的电子商务活动，它们利用互联网技术或者各种商务网络平台进行商品、服务及信息的交换。具体交易过程一般包括发布供求信息、订货及确认订货、支付及票据的签发、传送和接收、确定配送方案并监控配送等。跨境电商 B2B 模式的代表网站有敦煌网、中国制造网、阿里巴巴国际站和环球资源网等。

● 跨境电商 B2C 模式。跨境电商 B2C 模式是跨境企业卖家对跨境个人买家的电子商务模式，一般以网络零售业为主，企业通过互联网为跨境消费者提供网上商店，消费者通过互联网完成线上购物、支付等消费行为。跨境电商 B2C 模式的代表网站有速卖通、亚马逊、天猫国际、兰亭集势等。

● 跨境电商 C2C 模式。跨境电商 C2C 模式是分属不同关境的消费者个人间的在线销售产品和服务的模式，即个人卖家将产品或服务信息发布在第三方电商平台上，个人买家通过电商平台与卖家达成交易，在线完成支付并通过跨境物流送达商品，完成交易。该模式的一般购物流程为搜索商品、联系卖家、购买商品和服务评价。C2C 模式的平台主要有 eBay（易贝）、淘宝全球购等。

● 跨境电商 O2O 模式。跨境电商 O2O 模式是指将线下商业机会与互联网结合，让互联网成为线下交易的前台。跨境电商 O2O 模式主要表现在企业通过建立官方网上商城，在线上吸引顾客，消费者通过网站或在线下商店的移动端了解相关资讯，线上下单购买，并在线下体验服务。此种模式下的消费者可以在简单了解或体验后再决定是否消费，适合大件商品的购买和休闲娱乐性消费。运用 O2O 模式的平台主要有洋码头、盒马鲜生等。

②按照商品流向分类。跨境电商按照商品流向可划分为出口跨境电商和进口跨境电商。根据海关总署数据显示，2023 年我国跨境电商进出口总额为 2.38 万亿元人民币，同比增长 15.60%，其中，出口额为 1.83 万亿元，同比增长 19.60%；进口额为 5483 亿元人民币，同比增长 3.90%（图 1-1）。

进口跨境电商又称入境电商，是指商家将外国商品通过电商平台达成交易、支付货款，并通过跨境物流运送商品、输入本国市场的一种国际商业活动。如图 1-2 所示，

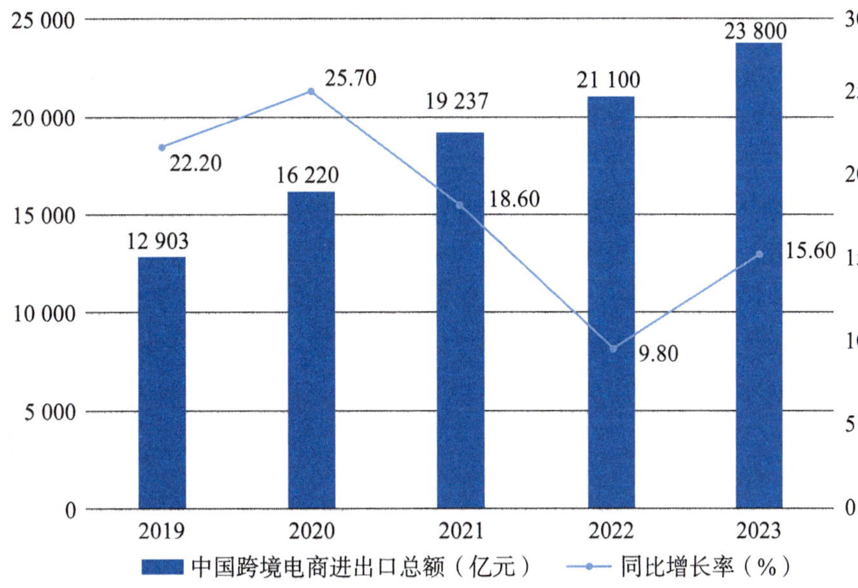

图 1-1　2019—2023 年中国跨境电子商务进出口情况及增速

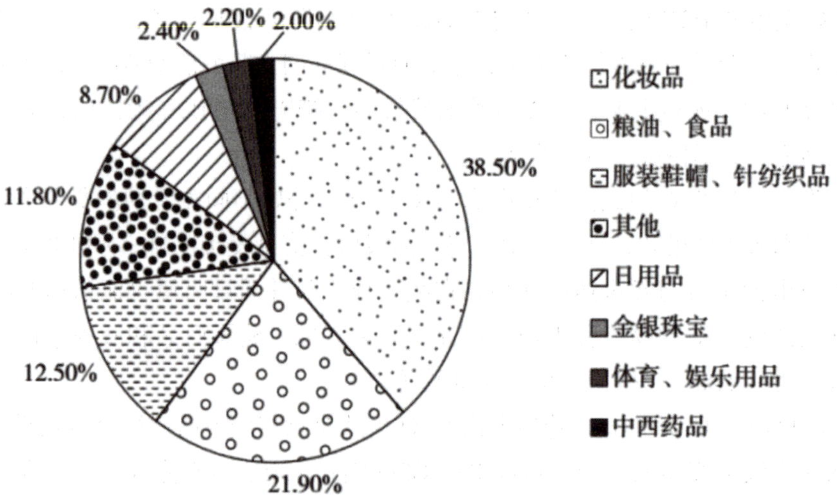

图 1-2　2022 年我国跨境网络零售进口商品交易额占比

数据来源：商务大数据。

从 2022 年进口跨境电商的商品品类来看，以化妆品、粮油、食品、服装鞋帽、针纺织品和日用品为主。进口跨境电商的传统模式是“海淘”，即通过互联网搜索境外商品信息，通过订购点由境外购物网站把商品转运或直邮寄回境内的购物方式。

进口跨境电商有“直购进口”和“保税进口”两种方式，二者的主要差别是“直购进口”的商品是从海外直接发出，以个人物品方式申报并缴纳行邮税后，再快递到消费者手中，其商品存储在海外仓库或客户所在国家。而“保税进口”，是指境外企业已经把商品以整批货物形式进口清关后存放于境内的保税区，境内消费者在电商平台下单后，商品以个人物品方式向海关申报，直接从境内保税区寄送至消费者手中，其商品储存在国内保税仓中。

出口跨境电商又称出境电商，是指商家将本国生产或加工的商品通过电商平台达成交易，进行支付结算，并通过跨境物流运送商品，输往国外市场的一种国际商业活动，其基本业务流程为生产商或制造商将生产的商品交付跨境电商企业销售，消费者下单并完成支付后，跨境电商企业将商品交付给物流企业进行投递，经过出口地及进口地两次海关通关商检后，商品才能送达消费者手中。例如，阿里巴巴国际站、中国制造网、环球资讯网、亚马逊、eBay、速卖通等都属于主流的出口跨境电商平台。另外，也有部分跨境电商企业直接和第三方综合服务平台合作，由第三方综合服务平台代理物流、通关商检等一系列环节，从而完成整个跨境交易流程。

1.1.2　跨境电商数据分析的相关概念

跨境电商数据分析概述

（1）数据

数据是指对客观事件进行记录并可以鉴别的符号，是对客观事物的性质、状态以及相互关系等进行记载的物理符号或这些物理符号的组合。通过科学实验、检验、统计等所获得的数据是用于科学研究、技术设计、查证、决策等的数值，其表现形式可以是符号、文字、数字、语音、图像、视频等。

2022 年，《中共中央　国务院关于构建数据基础制度更好发挥数据要素作用的意见》指出："数据作为新型生产要素，是数字化、网络化、智能化的基础，已快速融入生产、分配、流通、消费和社会服务管理等各环节，深刻改变着生产方式、生活方式和社会治理方式。"它要求充分保护数据来源者的合法权益，推动基于知情同意或存在法定事由的数据流通使用模式，保障数据来源者享有获取或复制转移由其促成生产数据的权益。

（2）跨境电商数据

跨境电商数据是指企业进行跨境电商活动时产生的行为数据和商务数据。行为数据能够反映客户行为，如客户访问情况、客户浏览情况、网站停留时间、客户订购频次等；商务数据能够反映企业运营状况，如企业产品交易金额、订单数量、企业投资回报率等。跨境电商数据有助于运营者实时获取客户特征和平台运营情况，从而为后续的产品选择、日常运营、客户维护和风险控制等决策提供有价值的信息。

（3）跨境电商数据分析

跨境电商数据分析是指跨境电商企业通过适当的统计分析方法对收集的大量资料进行汇总、处理和分析，以求最大化利用数据资料，提取有用的信息并形成有利于跨境电商企业决策的信息。例如，阿里巴巴国际站的卖家通过数据分析，将店铺的整体运营建立在一系列科学分析的基础上，包括行业分析、竞品分析、用户特征分析、产品需求分析、用户体验分析、推广分析和数据可视化分析等定性及定量分析，从而为卖家提升跨境电商运营效率和效果提供技术保障。

1.1.3　跨境电商数据分析的意义

跨境电商数据分析最主要的意义是辅助决策，传统外贸企业运营决策多依赖于以往的经验总结，随着信息化和电子商务时代的到来，跨境电商企业在经营过程中积累了大量数据，对这些数据进行分析，能够更精准、更科学地辅助企业进行运营决策、挖掘客户需求、降低运营成本、优化市场竞争力。

（1）辅助跨境电商企业运营进行决策

跨境电商数据分析能够将企业经营数据处理成便于观察、分析、推断的形式，能够帮助企业整理出有价值的信息并作为运营决策的依据。例如，通过发现客服、营销等方面的问题，预测市场未来发展趋势，帮助改进网站用户体验设计。从市场调研到售后服务的各个过程，跨境电商数据分析都能更好地提升流程效率。

（2）挖掘客户需求，提升客户体验

在跨境电商行业，差异化竞争的本质不在于停留在产品原有属性的优化上，而在于创造产品的新属性。随着网络社交媒体的兴起，公众分享信息变得更加便捷自由，社交媒体上众多的网络评论形成了交互性的数据，其中蕴藏了值得跨境电商行业开发的价值，例如，通过管理客户评论能够发现负面信息进而给予客户及时反馈，同时根据数据分析来挖掘客户需求，进而改良产品和服务，提升客户体验。

（3）降低跨境电商企业运营成本

跨境电商企业可以根据数据分析结果，优化业务流程，减少无效投入，从而对企业资源进行合理配置。例如，通过分析广告投放成效数据，监控推广的投入产出比、广告无效流量等实时状况，跨境电商企业能够提升产品推广的有效性和投入产出效果，降低运营成本。

（4）优化跨境电商企业市场竞争力

跨境电商数据分析能够帮助跨境电商企业发现其在市场中所处的位置、发展趋势、竞争力等情况。例如，通过对行业、竞品、竞店等方面的数据分析，跨境电商企业能够快速找到行业内的主要竞争对手，对比其产品优劣势，让企业在较短时间内对业务、产品等做出调整，从而助力其市场竞争力的提升。

1.1.4 跨境电商数据分析流程

跨境电商数据分析流程

微案例

国内某航空公司面临着国际旅客流失、竞争力下降和资源未充分利用等经营危机。航空公司希望通过建立合理的客户价值评估模型，对客户进行分群，分析比较不同客户群的客户价值，并制定相应的营销策略，为不同的客户群提供个性化的服务。如果你是这个项目的负责人，应该如何对公司的客户数据进行分析呢？

要解决上述问题，首先需明确跨境电商数据分析的一般流程。分析流程包括：确定分析目的与框架、数据采集、数据处理、数据分析、数据可视化与撰写数据分析报告。

（1）确定分析目的与框架

开始数据分析前，首先要明确数据对象是谁、分析目的是什么、要解决什么业务问题，明确分析目标后，就可以把目标分解成不同的分析要点，整理出分析框架和思路。不同数据分析项目对数据的要求不同，使用的分析手段也不同。

案例中航空公司的客户数据分析的目的为通过分析客户数据，对客户进行分类，得出不同客户群的价值，基于不同客户价值，航空公司提供差异化的客户服务以减少客户流失，提升客户黏性。

（2）数据采集

数据采集是按照确定的数据分析框架内容，有目的地收集、整合相关数据的过程。数据源一般包括网站后台数据，如网站用户数据、订单数据、反馈数据；搜索引擎数据，如关键词在搜索引擎中的竞价排名情况；统计工具的数据，如访客页面浏览时长、访客所属地等。

数据采集一般有内部采集和外部采集两种形式。内部采集是指获取数据都来源于企业内部，包括企业运营活动数据、客户反馈数据、企业财务数据等一手数据资料。案例中航空公司的客户数据来源主要是公司内部的业务资料、统计资料等一手数据，如有乘机记录的所有客户的详细数据形成的历史数据等。而外部采集主要是通过企业外部的网络、书籍、统计部门、行业协会、展会、专业调研机构等渠道获得的数据，一般经由问卷调查、集体讨论、工具软件等方式获得。

（3）数据处理

数据处理是指从大量杂乱无章的数据中提取有效信息，根据数据分析目标进行加工整理，形成适合分析的数据形式的过程。数据处理的具体流程包括数据清洗、数据转化、数据提取和计算，其中数据清洗主要是将重复、多余的数据筛选删除，将缺失的数据补充完整，将错误的数据予以纠正或者删除，以保持数据的一致性。数据转化是要将数据从原始形式转化成适合开展分析的形式。数据提取和计算是数据处理的主要过程。数据处理在一定程度上保证了数据仓库的搭建和数据质量，是数据分析之前的重要步骤。例如，通过对数据观察发现航空公司的原始数据中存在票价为空值，票价最小值为0、折扣率最小值为 0、总飞行公里数小于 0 的记录，若这类数据所占比例较小，对研究问题影响不大，可对其进行删除处理，提升数据分析的质量。

（4）数据分析

跨境电商数据分析专员可以采用适当的分析方法和工具，对处理好的数据进行分析，提取有价值的信息，形成有效结论。常用的数据分析方法有对比分析法、分组分析法、结构分析法、平均分析法、聚类分析法、回归分析法、相关分析法等；常用的数据分析工具有 Excel、SQL、Python、BI、SPSS 等，每种工具都各有优缺点，应视具体情况来选择分析工具。

案例中航空公司可使用 RFM 模型（recency 最近一次消费，frequency 消费频率，monetary 消费金额）分析“理想客户”，根据近期购买行为、购买的总体频率以及消费金额的高低情况将客户划分为关键客户、优质客户、潜力型客户、调整型客户四种。针对关键客户和优质客户，航空公司应采用不同的营销策略和个性化服务，从而提升客户的忠诚度。

（5）数据可视化

将数据分析的结果通过图表等可视化的形式展现便是数据可视化。借助数据可视化工具，数据分析师和管理者能直观地表达要呈现的信息、观点和建议。常用的图表类型包括饼图、柱形图、条形图、折线图、散点图、雷达图、矩阵图、漏斗图等。

数据可视化的一般步骤为确定图表主题、选择合适的图表类型、选择数据制作图表、完成图表美化，并检查图表是否有效反映数据情况，最终形成有利于决策的信息。

例如，案例中航空公司针对客户在最近一次购买的时间（近、远）、最近一段时间内购买的次数（低、高）以及最近一段时间内购买的金额（少、多）的情况，构建出客户类型 RFM 模型图。通过可视化图形，能够清晰直观地展示出关键客户、优质客户、潜力型客户、调整型客户四种类型用户特点，继而针对不同用户类型提供不同的营销策略（图 1-3）。

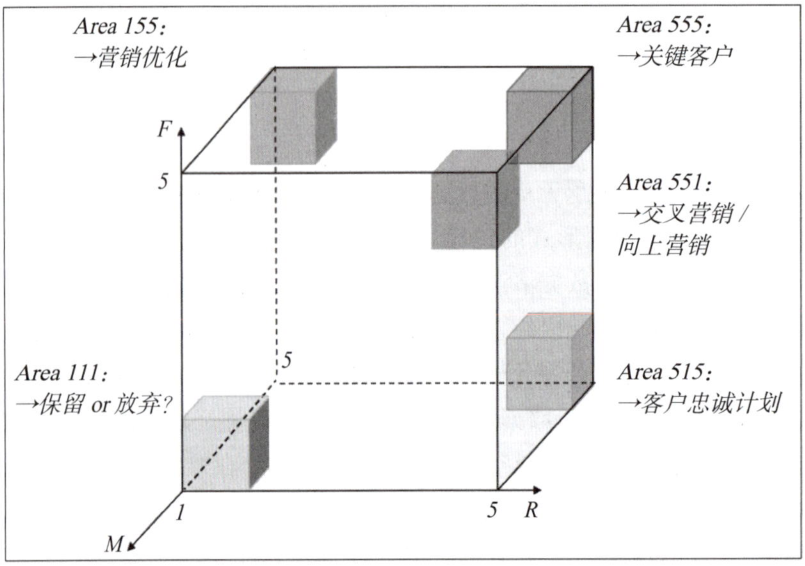

图 1-3　航空公司客户类型 RFM 模型图

（6）撰写数据分析报告

数据分析报告是数据分析过程和思路的最终呈现，可以把数据分析的目的、过程、结果及方案完整地呈现出来，为决策者提供决策依据。一份好的数据分析报告，首先要有一个层次明晰、结构完整、主次分明的分析框架，其次要图文并茂，使数据具有视觉冲击力，有助于读者形象、直观地看清数据背后的问题，最后要有明确的结论、建议和解决方案。数据分析报告一般包括引入、正文和结论，基本框架如图 1-4 所示。

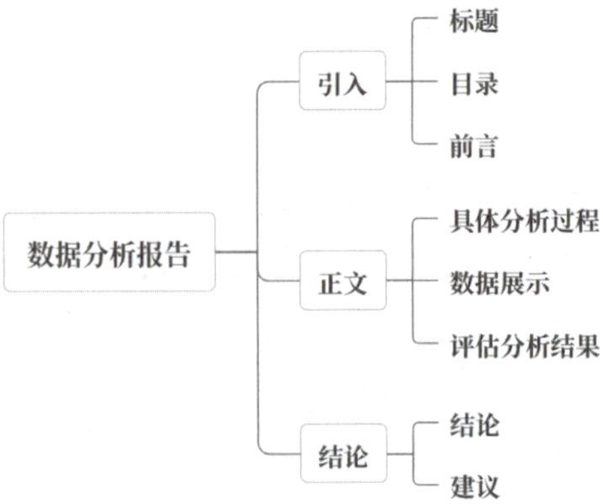

图 1-4　数据分析报告基本框架

1.1.5　操作示范

（1）任务描述

广州跨境网络科技有限公司计划主营消费电子、美妆等产品，现在计划选择合适的跨境电商 B2B 平台入驻。为完成 B2B 平台的选择，他们需要搜集目前跨境电商 B2B 平台的名称、主营类目、平台用户区域、平台流量、入驻费用等数据，对比其基本情况和特点，选择适合本公司产品的平台入驻。

（2）操作演示

步骤一　通过网络搜索了解目前跨境电商 B2B 平台，查询结果如表 1-2 所示。

表 1-2　跨境电商 B2B 平台基本情况

跨境电商 B2B 平台	基本情况介绍	成立时间
阿里巴巴国际站	阿里巴巴集团的第一个业务板块，现已成为全球领先的 B2B 数字化贸易出口平台。阿里巴巴国际站累计服务 200 余个国家和地区的超过 2 600 万活跃企业买家	1999 年
fobgoods 网站	全球 B2B 商务信息展示平台，主要面向欧、美、日、韩地区的中大型贸易，平台可免费入驻发布产品，是很多新手外贸选择入驻的 B2B 平台	2021 年
敦煌网	全球领先的 B2B 跨境电商在线交易服务平台，为跨境电商产业链上中小微企业提供“店铺运营、流量营销、仓储物流、支付金融、客服风控、关检汇税、业务培训”等全链路赋能	2004 年
亚马逊企业购	亚马逊旗下全球企业直采新通路一站式在线跨境 B2B 交易站点，助力卖家直接触达终端企业买家，对接丰富的商业采购需求，主要类目为工业品、办公用品及家具、医疗用品、商用 IT 产品、学校用品	2015 年
中国制造网	总部位于南京，面向全球采购，提供信息交流与贸易交易平台，为用户和商家创造商机，主要特色行业为机械类	1998 年
环球资源网	我国香港公司，主要面对全球的专业展览主办机构，通过展会、贸易化平台以及杂志等多渠道连接买家与供应商，目前有超过 1 000 万的买家与用户	1971 年

步骤二　比较分析以上跨境电商 B2B 平台基础数据。

根据步骤一的查询结果，亚马逊企业购、中国制造网的主营业务板块和目标行业不一致，因此排除入驻以上平台，重点考察阿里巴巴国际站、fobgoods 网站、环球资源网和敦煌网（表 1-3）。

表 1-3　跨境电商 B2B 平台基础数据[①]

序号	跨境电商 B2B 平台	覆盖国家	行业	入驻商家（万）	活跃海外采购商（万）	产品
1	阿里巴巴国际站	200	40	200	2 600	5 900（类）
2	fobgoods 网站	45	7	16	160	105（类）
3	环球资源网	190	18	140	96	100（类）
4	敦煌网	223	23	230	3 640	2 500（万个）

步骤三　使用分析网站排名和流量情况。

登录 similarweb 主页[②]，在网站表现搜索框中输入阿里巴巴国际站网址，并添加 fobgoods 网站、环球资源网、敦煌网的网址，可查询各个网址的排名情况，也可查看网站的互动情况，包括每月访问量、平均访问停留时间、每次访问页数、页面浏览量等，如图 1-5、图 1-6 和表 1-4 所示。

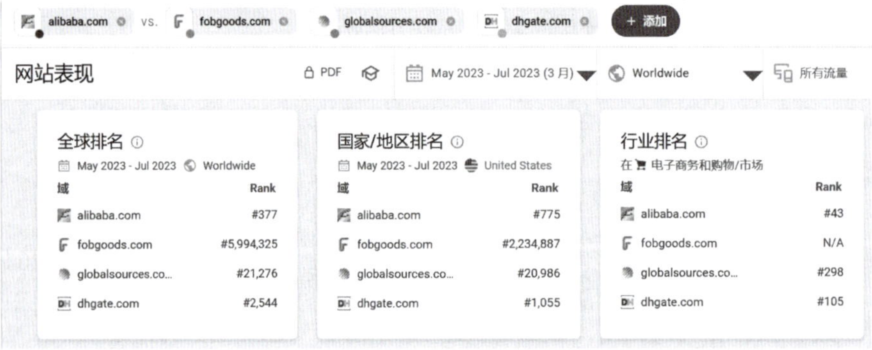

图 1-5　similarweb 分析网站排名和流量情况

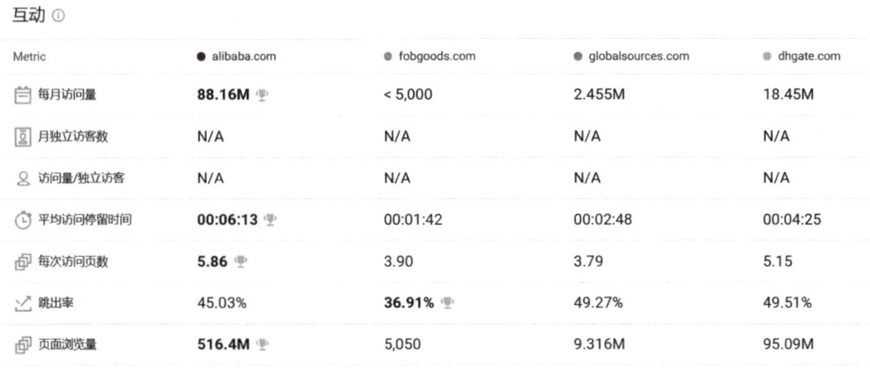

图 1-6　similarweb 分析网站互动情况

① 数据来源：根据各跨境电商 B2B 平台官网数据进行整理。

② similarweb，全球较受欢迎的网站分析工具之一。

表 1-4　similarweb 分析网站排名和流量情况

域名（英文）	全球排名	国家 / 地区排名	行业排名（电子商务和购物市场）	国家 / 地区	月平均访问量	页面浏览量
alibaba.com（阿里巴巴国际站）	377	775	43	美国	88 160 000	516 400 000
fobgoods.com（fobgoods 网站）	5 994 325	2 234 887	—	日本	＜5 000	5 050
globalsources.com（环球资源网）	21 276	20 986	298	美国	2 455 000	9 316 000
dhgate.com（敦煌网）	2 544	1 055	105	美国	18 450 000	95 090 000

步骤四　比较入驻费用。

跨境电商 B2B 平台费用比较如表 1-5 所示。

表 1-5　跨境电商 B2B 平台费用比较

序号	跨境电商 B2B 平台	费用详情	费用水平
1	阿里巴巴国际站	（1）基础会员方案（出口通）3.98 万元 / 年（包含 1 万元的直通车推广费），需要法人身份证，营业执照，真实经营地址 （2）高级会员方案（金品诚企）9 万元 / 年（包含 1 万元的直通车推广费），需要达到一定实力门槛条件	中
2	fobgoods 网站	新商家前三个月免交易服务费，后期根据店铺等级，交易手续费为 2‰ ~ 8‰	低
3	环球资源网	环球资源网年费为 4.08 万 ~ 58.68 万元 1 星 40 888 元 2 星 7 700 元 / 月 ×12 月 3 星 12 900 元 / 月 ×12 月 4 星 20 000 元 / 月 ×12 月 5 星 30 500 元 / 月 ×12 月 6 星 48 900 元 / 月 ×12 月	高
4	敦煌网	新注册店铺可以选择全年缴纳人民币 999 元、半年缴纳 598 元或季度缴纳 399 元的平台使用费、佣金为 1.5% ~ 19.5%	中

步骤五 综合分析。

广州跨境网络科技有限公司作为跨境电商的初创企业，其主营业务为3C数码产品、美妆产品，如果目标市场为日本，建议入驻fobgoods平台；如果目标市场为美国，建议入驻敦煌网，具备一定资金实力后，可同时入驻多平台，如敦煌网、阿里巴巴国际站等。

1.1.6 任务实训

<table>
<tr><th colspan="2">实训内容</th><th colspan="3">数据图表</th><th colspan="2">分析</th></tr>
<tr><td colspan="2">收集并比较主要的跨境电商出口B2C平台入驻商家数量、流量数据</td><td colspan="3"></td><td colspan="2"></td></tr>
<tr><td colspan="2">收集并比较主要的跨境电商进口B2C平台入驻商家数量、流量数据</td><td colspan="3"></td><td colspan="2"></td></tr>
<tr><th colspan="2">评价内容</th><th colspan="3">评价标准</th><th>分值</th><th>得分</th></tr>
<tr><td rowspan="5">工作过程</td><td>跨境电商出口B2C平台数据分析</td><td colspan="3">运用互联网搜索信息能力</td><td>25</td><td></td></tr>
<tr><td>跨境电商进口B2C平台数据分析</td><td colspan="3">运用互联网搜索信息能力</td><td>20</td><td></td></tr>
<tr><td>工作态度</td><td colspan="3">态度端正、认真主动</td><td>5</td><td></td></tr>
<tr><td>协调能力</td><td colspan="3">与小组成员之间合作交流</td><td>5</td><td></td></tr>
<tr><td>职业素质</td><td colspan="3">能合法合规地收集数据、爱岗敬业</td><td>5</td><td></td></tr>
<tr><td rowspan="4">任务成果</td><td>工作完整</td><td colspan="3">能按时完成任务</td><td>10</td><td></td></tr>
<tr><td>工作规范</td><td colspan="3">能按照规范要求开展实训</td><td>10</td><td></td></tr>
<tr><td>工作成效</td><td colspan="3">能运用Excel进行对比分析</td><td>10</td><td></td></tr>
<tr><td>成果展示</td><td colspan="3">能准确表达、汇报工作成果</td><td>10</td><td></td></tr>
<tr><td colspan="5">合计</td><td>100</td><td></td></tr>
<tr><td colspan="2" rowspan="2">综合评价</td><td>自评/20%</td><td>小组互评/30%</td><td>教师评价/50%</td><td colspan="2">综合得分</td></tr>
<tr><td></td><td></td><td></td><td colspan="2"></td></tr>
<tr><td colspan="2">相关资源</td><td colspan="5">（1）跨境电商B2C出口平台主要包括：亚马逊、沃尔玛、速卖通、虾皮、美客多
（2）跨境电商B2C进口平台主要包括：天猫国际、京东全球购、网易考拉</td></tr>
</table>

任务 1.2 跨境电商数据分析方法、指标与工具

数据分析是跨境电商数据分析流程中最重要的部分，通过分析手段、方法和技巧对预处理后的数据进行探索和分析，寻找因果关系、内部联系和相关规律，帮助决策者发现问题或做出决策。

1.2.1 跨境电商数据分析方法

跨境电商数据分析方法

常用的数据分析方法包括对比分析法、分组分析法、结构分析法、聚类分析法、时间序列分析法、回归分析法和相关分析法等。在运用数据分析方法时要注意科学性、客观性、系统性、实用性和发展性的原则，将数据分析建立在客观标准上，成体系地进行分析，并应考虑指标的可解释性、报告的可读性和结论的指导性，同时充分考虑市场环境的发展变化，用发展的眼光看待数据分析结果。

（1）对比分析法

对比分析法也称比较分析法，是对客观事物进行比较，以认识事物的本质和规律，并做出正确评价的方法。通常表现为从数量上展示和说明数据分析对象的规模大小、水平高低、速度快慢，以及各种关系是否协调。一般通过时间维度（同比和环比）、空间维度（与行业内标杆企业、竞争对手或行业平均水平对比）、计划目标标准维度（实际完成进度与计划进度对比）来进行。例如，通过对比分析法中的空间维度，利用 similarweb 工具分析网站来分析亚马逊网站的热门流量来源国 / 地区。如图 1-7 所示，向亚马逊网站输送流量份额最多的是美国，其次是印度、加拿大、英国和巴西，可见亚马逊面向的主要也是美国市场。

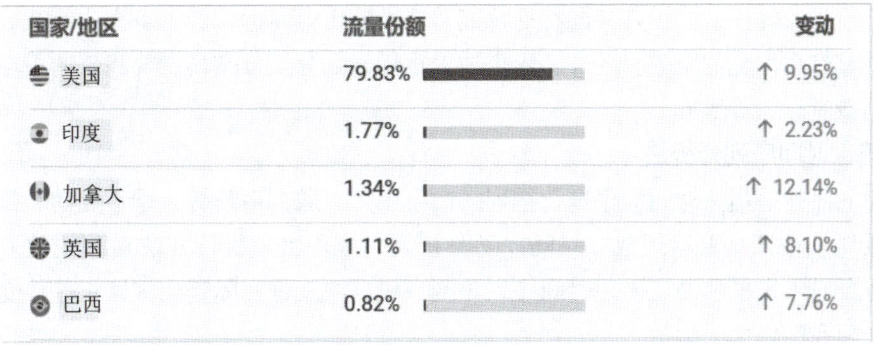

图 1-7　亚马逊网站流量份额分布情况

（2）分组分析法

分组分析法一般根据数据分析对象的特征，按照一定的标志，如属性标志和数量标志，把数据分析对象划分为不同的部分或类型来进行研究，以揭示其内在的联系和规律。分组分析有利于保持各组内对象属性的一致性、组与组之间对象属性的差异性，以便探寻组内的相关关系。例如，企业为完成跨境电商 B2B 平台的选择，通过对比不同跨境电商平台的主营类目、平台用户区域、平台流量、入驻费用等数据，了解其基本情况和特点，最后选择合适的平台入驻，便属于分组分析法。

（3）结构分析法

结构分析法是指研究总体内的各部分与整体进行对比的分析方法。一般某部分所占比例越大，说明其重要程度越高，对总体的影响越大。常见的企业总体市场占有率、企业最大竞争者市场占有率、成交转化率、网站跳出率等指标都运用了结构分析法，以企业总体市场占有率为例，其计算公式为：

$$企业总体市场占有率 = 企业销售额（量）/ 行业销售额（量）\times 100\%$$

企业总体市场占有率是分析企业在行业中竞争状况的重要指标，也是衡量企业运营状况的综合经济指标。市场占有率高，表明企业运营状况好，竞争能力强，在市场上占据有利地位；反之，则表明企业运营状况差，竞争能力弱，在市场上处于不利地位。

（4）聚类分析法

聚类分析法是指将物理对象或抽象对象的集合分组，形成由类似的对象组成的多个类的分析方法。聚类技术在数学、计算机科学、经济学等领域都有很好的应用，一般被用于描述数据、衡量不同数据源间的相似性，以及把数据源分到不同的簇中。

聚类分析法是一种探索性的分析方法。它与分类的区别在于，聚类所要求划分的类是未知的，聚类是将数据划分到不同的类或者簇的一个过程。在聚类分析的过程中，人们不必事先给出一个分类标准，聚类分析法能够从样本数据出发，自动进行分类。在同一个簇中的对象有很大相似性，而不同簇间的对象差异较大。

在跨境电商领域，聚类分析法可被用来发现不同的客户群，通过分组聚类出具有相似浏览行为的客户，分析其共同特征，能够帮助跨境电商运营者了解客户特征，向顾客提供更具有个性化的服务。另外，聚类技术也用于划分细分市场、寻找新的潜在市场和研究消费者行为等领域。

（5）时间序列分析法

时间序列是指按时间顺序进行排列的数字序列，通常由趋势、季节变动、循环波动和不规则波动四个要素组成。时间序列分析就是应用数理统计方法对相关数列进行处理，以预测未来事物的发展。时间序列预测一般反映三种实际变化规律：趋势变化、周期性变化和随机性变化。

它的基本原理如下：一是承认事物发展的延续性，应用过去的数据就能推测事物的发展趋势；二是考虑到事物发展的随机性，任何事物发展都可能受偶然因素的影响，为此要利用统计分析中的加权平均法对历史数据进行处理。在实际应用中，能够运用时间序列分析法预测企业是否会出现财务困境，判断其财务状况是否可持续，为企业降本增效、协同发展提供客观的数据支撑。

（6）回归分析法

回归分析法是研究一个随机变量（Y）对另一个随机变量（X）或一组随机变量（X_1，X_2，…，X_n）的相依关系的统计分析方法，是确定两种或两种以上随机变量间相互依赖的定量关系的一种统计分析方法。回归分析法按照涉及的自变量的多少，可分为一元回归分析和多元回归分析；按照自变量和因变量之间的关系类型，可分为线性回归分析和非线性回归分析。

例如，跨境电商运营者需要分析客户性别、年龄段、客户薪资水平、客户活跃度等指标与购买量存在何种关系，就可以运用回归分析法，把这些指标及购买量的数据输入系统，清洗、处理和运算后即可分别得出这些指标与购买量是否存在线性关系或存在何种关系的结论。

（7）相关分析法

相关分析法研究各种现象之间是否存在某种相关关系，并对相关方向以及相关程度进行探讨，是研究两个或两个以上随机变量之间相关关系的方向和密切程度的方法。

相关关系一般用 r 表示。当 $-1 \leq r < 0$ 时，变量之间线性负相关；当 $0 < r \leq 1$ 时，变量之间线性正相关；$r=0$ 时，变量之间无线性关系。当利用相关分析法得出产品价格与产品销量的相关系数 < 0 时，说明两个变量之间负相关，即对于正常品而言，当产品价格上涨时，产品销量将下降；而对于奢侈品而言，产品价格上涨会带来销量的增加，二者相关系数为正。

1.2.2　跨境电商数据分析指标

跨境电商数据分析常用指标包括用户指标、商品指标、销售指标等，如表 1-6 所示。

跨境电商数据分析指标

表 1-6　跨境电商数据分析常用指标

用户指标	
指标名称	释义
PV	页面访问量（page view），用户每次对网站的访问均被记录，用户对同一页面的多次访问，访问量累计
UV	独立访客数（unique visitor），访问网站的一台电脑客户端为一个访客。根据 IP 地址来区分访客数，在一段时间内重复访问，计算为一个 UV

续表

用户指标	
指标名称	**释义**
访客数	页面的访问人数。在所选时间段内，同一用户多次访问页面会进行去重计算，即同一个用户多次访问会被记为一个访客
收藏量	用户访问过程中添加收藏的总次数（包括首页、分类页面和商品页的收藏次数）
跳失率	用户通过相应入口进入，只访问了一个页面就离开的访问次数占该入口总访问次数的比例
成交用户数	成功拍下并完成付款的人数。在所选时间段内，同一用户发生多笔成交会进行去重计算
成交回头客	曾在店铺内发生过交易并再次发生交易的用户数，在所选时间段内会进行去重计算
老客户占比	成交客户中老客户所占的比例。一般将老客户定义为两年内在店铺内有过交易行为的客户。老客户占比 = 成交客户中老客户数 / 成交客户数
搜索次数	搜索关键词或价格区间的次数
平均访问时间	打开某个商品页面到打开下一个商品页面的平均时间间隔
商品指标	
指标名称	**释义**
SKU	SKU（stock keeping unit）是保存库存控制的最小可用单位，例如，鞋类产品的一个 SKU 通常表示一个尺码、颜色、款式
品牌数	库存商品的品牌数量
商品页浏览量	店铺商品页面被查看的次数，用户每打开或刷新一个商品页面，该指标就会增加
商品页访客数	店铺商品页面的访问人数。在所选时间段内，同一访客多次访问会进行去重计算
商品页收藏量	用户访问商品页面时添加收藏的总次数
销售指标	
指标名称	**释义**
GMV	商品交易总额（gross merchandise volume）是一定时间段内成交总额，包括付款金额和未付款的金额 GMV = 销售额 + 取消订单金额 + 拒收订单金额 + 退货订单金额
CR	转化率（conversion rate） 浏览支付用户转换率 = 支付用户数 / 浏览用户数 成交转化率 = 成交人数 / 总访客数
CTR	点击率（click through rate）是点击量（clicks）与曝光量（impressions）的比值，即点击率 = 点击量 / 曝光量

续表

销售指标	
指标名称	**释义**
ROI	投资回报率（return on investment）是指通过投资而应返回的价值，即企业从一项投资活动中得到的经济回报，它涵盖了企业的获利目标
曝光量	在统计时间内，在搜索后被展现的次数
浏览量	页面被访问的总次数。一个页面被点击一次即被记为一次浏览，同一用户多次点击或刷新同一个页面会被记为多次浏览
动销率	与动销率相对应的是滞销率，滞销率是滞销商品与全店商品的比值
毛利额	销售回款减掉支持回款的各项支出后的余额
库销比	库存量与销售额的比率，是一个检测库存量是否合格的指标 库销比包括月库销比、年平均库销比等 月库销比 = 月平均库存量 / 月销售额
人均成交件数	平均每个用户购买的商品件数，即人均成交件数 = 成交总件数 / 成交用户数
人均成交笔数	平均每个用户购买的交易次数，即人均成交笔数 = 成交总笔数 / 成交用户数
当日拍下的付款件数	当日拍下且当日付款的商品件数
当日拍下的付款笔数	当日拍下且当日付款的交易次数
当日拍下的付款金额	当日拍下且当日付款的金额
客单价	每个客户平均购买商品的金额，即平均交易金额 客单价 = 某段时间内的销售额 / 客户数（客户去重）

1.2.3　跨境电商数据分析工具

跨境电商数据分析工具

微案例

广州跨境网络科技有限公司的创业者想要寻找竞争程度低的蓝海市场进入，该如何利用跨境电商数据分析工具进行细分市场的选择呢？

在数据分析工具中，可以设置商品集中度、品牌集中度和卖家集中度低（集中度小于 50%），亚马逊自营占比小于 10%，筛选低竞争度的市场，发掘高利润率的潜力产品，进一步筛选出竞争度低的细分市场如装扮服饰、割草机替换件和钥匙链等细分市场。

在筛选结果中，割草机替换件的新品占比为0%，新手卖家进入的难度较大；装扮服饰的退货率较钥匙扣的退货率高出10%左右，退货成本较高，因此，运营者可以考虑选择钥匙扣这个细分市场。

通过上述案例可见，数据分析工具能够节约运营者在选品上的时间，进入哪个细分市场的决策不是“拍脑袋”的结果，而是基于数据分析工具科学分析加上经验判断的结果。利用跨境电商数据分析工具，跨境电商运营者能够高效地对客观数据进行科学分析，为企业的生产、运营、销售等各个环节提供科学管理的依据。跨境电商数据分析工具通常应用于解决选品、市场分析、关键词优化、产品监控、日常运营、广告优化等关键运营难题。

那么常用的跨境电商数据分析工具有哪些?

（1）按照适用性分类

从适用性角度可以将目前市场上主流的分析工具分为基础类、专项类、平台类和系统类。

①基础类。基础类工具中以Excel和SPSS为典型代表，其中Excel由于通用性强、门槛低、功能强大深受数据分析人员的喜爱，在数据处理、清洗、简单分析以及数据可视化方面都有突出的表现。但是随着数据量级的增加，Excel出现功能不足、运行卡顿、效率低、沟通成本高等问题。

②专项类。专项类工具主要包括网站分析工具、商务智能分析工具以及编程分析工具，如图1-8所示。网站分析工具主要包括google analytics、adobe analytics、similarweb等，可以进行网站流量、来源、路径、转化等多方面的统计分析，为跨境电商网站运营者提供数据支持。

商务智能分析工具中的power BI可对数据进行可视化处理，在组织中共享见解或将见解嵌入应用或网站中。cognos BI能够帮助跨境电商企业提取数据，然后分析汇总并得出报告。编程分析工具用到的语言主要有R语言、Python语言等，可以对大数据进行自定义的分析与挖掘。

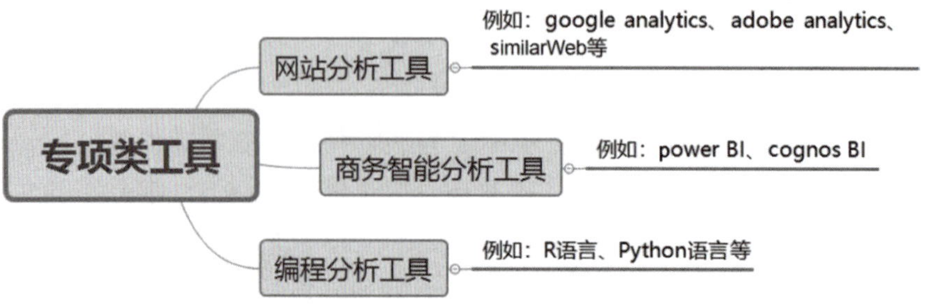

图1-8　跨境电商专项类分析工具

③平台类。许多跨境电商平台的后台都自带分析工具。例如，阿里巴巴国际站、亚马逊、Shopify（自建站主流平台）、TikTok（新媒体主流平台）等平台的后台都设置数据分析板块，具有完整的统计分析功能，可以直观查看用户增长、产品销量等数据，但是数据查询权限仅限于入驻或注册平台账户的商家或个人，并且数据内容受制于平台的开放程度。

除了以上平台自带工具外，还有第三方分析平台工具。目前主流的第三方分析平台工具主要包括面向亚马逊平台开发的卖家精灵、Jungle Scout、船长 BI、Keepa 等；面向阿里巴巴国际站开发的倚天剑、新外贸机器人等；面向 TikTok 开发的 GugeeData、Analisa 等。

④系统类。系统类工具的代表是 SAS（statistical analysis system，统计分析系统），它是模块化、集成化的面向统计分析的大型应用系统，可用于各行业的各种类型的企业，在大型企业和机构中的应用率较高。而 Asinking（领星）管理系统，能接入亚马逊店铺的各业务模块，实现亚马逊店铺的财务管理、进销存管理、智能补货、采购管理、广告管理、多维可视化数据报表。以上两个工具都是系统类工具的典型代表。

（2）按照功能性分类

跨境电商数据分析工具根据功能不同，可分为市场数据分析工具、推广数据分析工具、运营数据分析工具，如表 1-7 所示。

表 1-7　常用跨境电商数据分析工具简介

功能	名称	用途
市场数据分析工具	卖家精灵	卖家精灵是亚马逊卖家工具类软件，基于大数据和人工智能技术，为亚马逊跨境卖家提供具有一站式选品、市场分析、关键词优化、产品监控等功能的软件工具，帮助亚马逊卖家发现蓝海市场，打造潜力产品等
	Jungle Scout	Jungle Scout（以下简称 JS）为亚马逊卖家解决运营及选品提高一站式服务，JS 有两款选品运营工具：JS 插件实时抓取亚马逊产品数据，验证每一个选品思路；JS 网页版从亚马逊选品到运营多维度打造热销爆款。JS 独家专利技术支持 10 大站点全类目大数据搜索，数据精准度高达 90%
	Blexb	Blexb 是专业发布网站世界排名的网站。Blexb 排名是常用来评价某一网站访问量的一个指标
	similarweb	similarweb 是全球较受欢迎的网站分析工具之一，主要功能包括分析网站及竞争对手的网站流量信息，分析网站流量来源、关键字以及用户黏性，如网站停留时间、跳出率，网页浏览量等
	谷歌趋势	谷歌趋势是谷歌旗下基于搜索数据推出的一款分析工具。它通过分析谷歌搜索引擎每天数十亿的搜索数据，告诉用户某一关键词或者话题各个时期下在谷歌搜索引擎中展示的频率及其相关统计数据

续表

功能	名称	用途
市场数据分析工具	Terapeak	Terapeak 是一套用于市场分析的独家洞察工具。Terapeak 使用最近的 eBay 供应、需求和定价数据来帮助用户确定要销售什么、何时出售以及以什么价格出售。根据来自数百万次 eBay 交易的真实数据研究市场趋势，以有效地制定销售策略
推广数据分析工具	Surtime	Surtime 能帮助跨境电商卖家实现注册开店、申诉、关键词、广告投放、链接孵化资源等功能
	Amztracker	Amztracker 能给亚马逊卖家提供从调研、营销到售后等一系列服务的营销工具，主要作用是提升亚马逊排名，以及提升交易量、新品的流量
	Keyword Spy	Keyword Spy 可以执行高级关键字研究和关键字跟踪，以研究竞争对手在广告和其他付费广告系列中投放的广告，以改善自己的付费广告系列。使用此关键字软件，可以获得广告提示以及竞争对手的完整深入分析
	Keepa	Keepa 是一款亚马逊历史价格和排名追踪插件，亚马逊运营必备神器，又称 Keepa 插件，在亚马逊运营中能帮助卖家全方位洞悉竞品的打造历程
	Noxinfluencer	Noxinfluencer 是全球社交媒体网红资源库，拥有超过 2 000 万规模的网红，可以帮助广告主精准搜索到适合自己品牌的网红。支持 YouTube、Instagram 及 TikTok 三大主流平台的网红营销和社媒舆情数据分析，为出海企业、跨境电商平台提供高效的国际化营销服务
运营数据分析工具	船长 BI	船长 BI 能接入亚马逊店铺的各业务模块，用于店铺的产品、业绩、广告流量、客户评价管理、仓储、物流跟踪及店铺整体的运营管理，具有多维度的可视化报表分析
	Asinking	Asinking 能接入亚马逊店铺的各业务模块，实现亚马逊店铺的财务管理、进销存管理、智能补货、采购管理、广告管理、多维可视化数据报表
	Quick BI	Quick BI 基于阿里云技术的 Quick 数据引擎，帮助阿里系跨境电商平台的用户快速搭建数据门户，并进行智能数据分析和交互

1.2.4 任务执行

（1）任务描述

广州跨境网络科技有限公司在找到合适的平台入驻后，需要寻找合适的跨境电商 B2C 平台数据分析工具，通过查询亚马逊卖家网址导航和阿里巴巴外贸服务市场，查找跨境平台运营者的常用工具，如综合软件、跨境 ERP（enterprise resource planning，企业资源计划）、货源网站、推荐插件等，试对比两个平台中数据分析软件的优缺点，可举例说明。

（2）任务实训

<table>
<tr><th colspan="2">实训内容</th><th colspan="3">数据图表</th><th colspan="2">分析</th></tr>
<tr><td colspan="2">搜集亚马逊平台数据分析工具</td><td colspan="3"></td><td colspan="2"></td></tr>
<tr><td colspan="2">搜集阿里巴巴国际站数据分析工具</td><td colspan="3"></td><td colspan="2"></td></tr>
<tr><th colspan="2">评价内容</th><th colspan="3">评价标准</th><th>分值</th><th>得分</th></tr>
<tr><td rowspan="5">工作过程</td><td>亚马逊平台数据分析工具对比分析</td><td colspan="3">运用互联网搜索信息能力</td><td>20</td><td></td></tr>
<tr><td>阿里巴巴国际站数据分析工具对比分析</td><td colspan="3">运用互联网搜索信息能力</td><td>25</td><td></td></tr>
<tr><td>工作态度</td><td colspan="3">态度端正、认真主动</td><td>5</td><td></td></tr>
<tr><td>协调能力</td><td colspan="3">与小组成员之间合作交流</td><td>5</td><td></td></tr>
<tr><td>职业素质</td><td colspan="3">能合法合规收集数据、爱岗敬业</td><td>5</td><td></td></tr>
<tr><td rowspan="4">任务成果</td><td>工作完整</td><td colspan="3">能按时完成任务</td><td>10</td><td></td></tr>
<tr><td>工作规范</td><td colspan="3">能按照规范要求开展实训</td><td>10</td><td></td></tr>
<tr><td>工作成效</td><td colspan="3">能运用 Excel 进行对比分析</td><td>10</td><td></td></tr>
<tr><td>成果展示</td><td colspan="3">能准确表达、汇报工作成果</td><td>10</td><td></td></tr>
<tr><td colspan="5">合计</td><td>100</td><td></td></tr>
<tr><td colspan="2" rowspan="2">综合评价</td><td>自评 / 20%</td><td>小组互评 / 30%</td><td>教师评价 / 50%</td><td colspan="2">综合得分</td></tr>
<tr><td></td><td></td><td></td><td colspan="2"></td></tr>
<tr><td colspan="2">相关资源</td><td colspan="5">（1）亚马逊数据分析工具查询——亚马逊 365
（2）阿里巴巴国际站数据分析工具查询——外贸服务市场</td></tr>
</table>

知识巩固

一、单项选择题

1. 在统计周期内，用户浏览网页的次数是指（　　）。

   A. UV 数　　B. PV 量　　C. 商品访客数　　D. 商品浏览量

2. 跨境电商数据分析流程为（　　）。

   A. 确定数据分析目标—数据处理—数据采集—数据分析—数据呈现—撰写分析报告

   B. 确定数据分析目标—数据处理—数据采集—数据分析—撰写分析报告—数据呈现

C．确定数据分析目标—数据采集—数据处理—数据分析—撰写分析报告—数据呈现

D．确定数据分析目标—数据采集—数据处理—数据分析—数据呈现—撰写分析报告

3．关于网站专业术语，UV 指的是（　　）。

A．页面浏览量　　B．独立访问者数量

C．平均访问页面数　　D．一定时间内客户消费的次数

4．以下哪个不属于跨境电商数据分析的意义（　　）?

A．辅助跨境电商企业运营决策　　B．挖掘客户需求，提升客户体验

C．提高跨境电商企业运营成本　　D．优化跨境电商企业市场竞争力

二、多项选择题

1．下列指标属于商品指标的有（　　）。

A．SKU　　B．品牌数

C．商品页浏览量　　D．成交用户数

2．下列属于传统国际贸易和跨境电商区别的有（　　）。

A．订单类型　　B．交易或流通环节

C．交易主体的交流方式　　D．支付方式

3．以下属于市场数据分析工具的有（　　）。

A．卖家精灵　　B．谷歌趋势

C．Blexb　　D．similarweb

4．下列属于常用的数据分析方法的有（　　）。

A．对比分析法　　B．分组分析法

C．结构分析法　　D．聚类分析法

5．跨境电商数据分析的意义包括（　　）。

A．辅助跨境电商企业运营决策　　B．挖掘客户需求，提升客户体验

C．降低跨境电商企业运营成本　　D．优化跨境电商企业市场竞争力

三、判断题

1．库销比是指库存量与销售额的比率，是一个检测库存量是否合格的指标。（　　）

2．常用的数据分析方法有对比分析法、分组分析法、结构分析法、平均分析法、聚类分析法、回归分析法、相关分析法等。（　　）

3．只要每天的 PV 数量足够多，就代表店铺运营得好。（　　）

四、简答题

1．简述对比分析法的含义。

2．简述 PV 和 UV 的概念有什么区别。

3．简述跨境电商按照交易模式的详细分类。

项目 2

行业市场与竞争对手分析

学习目标

知识目标

- 理解行业数据分析的定义、作用、内容、分析指标。
- 掌握行业数据采集渠道。
- 理解竞品、竞争对手的含义。
- 理解确定竞争对手的过程。
- 理解竞品的分析过程。
- 掌握竞品数据分析的指标内涵。
- 熟悉波特五力模型、SWOT 模型分析。

能力目标

- 能够熟练使用数据采集分析工具采集竞争对手数据。
- 能够通过 SWOT 等方法分析竞争对手产品及自身产品优势。
- 能够合法采集、整理不同跨境电商平台行业市场数据，为选品提供数据支撑。
- 能够分析不同跨境电商平台行业发展现状及趋势，为优化和丰富店铺选品提供前瞻性的市场预判。

素质目标

- 严格遵守职业道德规范，杜绝不正当竞争行为。
- 具备行业分析所需的全局观和战略思维。
- 确保数据来源合法、分析过程公正透明。

案例导入

安克创新——坚持长期市场价值

跨境电商是“互联网＋外贸”的新业态形式，充分利用了电子商务的优势，如全天候、跨地域和可交互性等，打破了传统外贸在交易时间、地域和沟通方式等方面的局限性，使得业务迅速发展，在我国进口贸易中的占比也在不断攀升。政府工作报告连续多年提到发挥“跨境电商”的作用，为我国对外贸易指明了发展方向。在此背景下，涌现了大批追赶红利期的企业，行业竞争态势也在不断加剧。

安克创新（Anker）作为行业百舸争流中的一员，从激烈的竞争中脱颖而出，成为中国跨境电商品牌出海的龙头企业，并且被美国权威电商研究和数据分析机构评为2020年中国出海品牌企业第一名。近年来，安克创新的营业收入增幅大，品牌影响力愈发提升，已跻身行业领先地位。

安克创新从美国亚马逊起家，主营Anker品牌的智能手机充电类产品，后又逐步进入欧洲、日本、加拿大等市场，短时间内快速占据美、欧、日等亚马逊平台上多个品类份额第一。据安克年报显示，2022年的投入研发费用达到10.80亿元，同比增长38.8%，远高于营收和利润增速。同时，公司研发投入占营业收入比重连续3年增长，2022年该比例达到7.58%，在行业内属于领先水平。

安克创新是第一个将GaN（氮化镓）材料应用到消费充电器并推出创新产品的品牌，该材料可将同功率充电器的体积缩小40%并解决发热问题，引领了行业的技术突破；旗下创新声学品牌Soundcore发布全球首款创新同轴圈铁架构（ACAA）的真无线耳机，将真无线耳机的音质做到极致。

安克创新在跨境电商行业红利快速增长时期，没有进行市场投机操作，而是坚定遵从商业底层逻辑，坚持长期市场价值，明确了以强大的产品力（更好的产品）作为公司的战略定位，以产品力驱动品牌力（更好的用户体验和点评、更多的免费搜索流量），而后通过品牌力驱动渠道力（不断打入高价值市场，带来更多的用户以及更好的用户洞察），最终反哺产品力（打造更好的产品），同时以强大的专业人才队伍保障产品力战略的落地，以“滚雪球”的方式不断扩大商业版图，牢牢占据亚马逊同类品类销售冠军的市场地位。

安克创新作为品牌出海的先行探索者，在品牌打造和全球化发展取得的重大成功为更多中国品牌树立了典范。安克创新的成功不仅仅依靠其创始人把握了跨境电商行业发展红利和市场机会，更为重要的是，企业在市场经济浪潮中，遵从商业底层逻辑，坚持长期市场价值，注重打造产品价值和提升品牌的市场策略。期待未来更多中国品牌结合自身的产品力和全球化销售平台走向世界，塑造更多享誉全球的知名品牌，共同迎来中国品牌黄金出海时代。

案例思考题

广州跨境网络科技有限公司作为初创企业，在开展跨境电商业务之前应该全面了解世界主要跨境电子商务平台发展状况，分析亚马逊平台行业市场容量、子行业的行业集中度，确定公司业务方向；能够识别竞争对手，采集和分析竞争对手以及竞品数据，为打造满足目标市场需求的产品提供参考及决策依据。具体围绕以下几个问题。

（1）无线耳机的行业分析需要采集哪些数据指标？

（2）根据采集的竞争对手相关数据，尝试用 SWOT 法进行竞争对手分析。

（3）思考以亚马逊跨境交易平台为例，采集竞品存在的潜在问题与难点。

任务 2.1 行业数据采集与分析

行业数据采集与分析任务包含了行业数据分析认知、行业数据采集渠道、行业数据分析的内容，以及行业数据分析的指标、行业市场竞争数据分析五个关键的知识点。另外，本任务提供了对应的典型工作任务操作示范和任务实训，旨在通过实践加强理论知识的理解和应用能力，从而建立起完整的跨境电商行业分析框架，提升在实际工作中分析和解决问题的能力。

2.1.1 行业数据分析认知

行业分析数据认知

（1）行业数据分析的定义

行业数据分析是指在合法采集行业数据的基础上，分析行业发展现状、预测行业发展趋势，从而发现和评估市场机会的过程。

根据《国民经济行业分类》（GB/T 4754—2017）中的术语和定义，行业是指从事相同性质的经济活动的所有单位的集合。跨境电商平台通常使用“类目”的方式表述行业的划分。以亚马逊平台为例，在其一级大类下设置二级、三级、四级子类（部分产品所在行业，仅有三级类目），如图 2-1 所示，健康和家居用品类目下有“健康护理”“养生与放松”“医药用品和设备”“口腔护理”等 13 个二级类目，各二级类目下又展开有多个三级甚至四级类目。

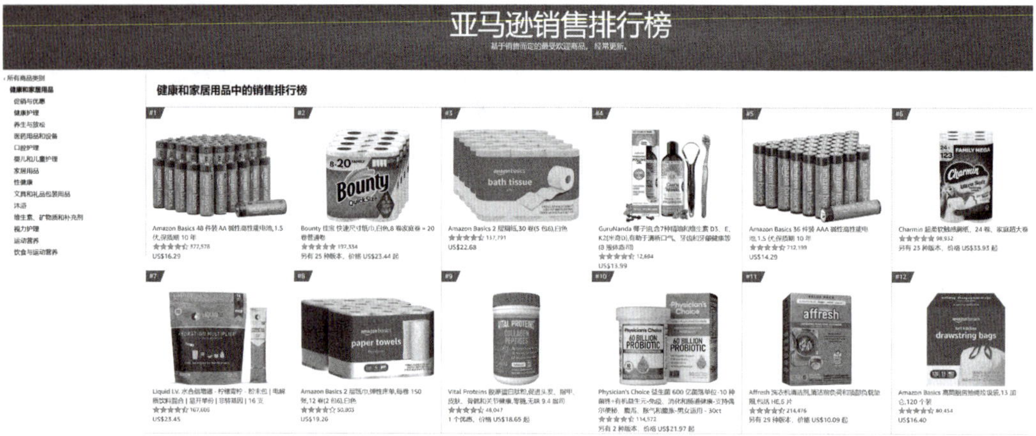

图 2-1　亚马逊平台类目

（2）行业市场数据分析的作用

①发现市场机会。在跨境电商选品阶段，通过细致的行业市场分析，才能全面了解行业的发展状况，避免进入处于衰退期的行业，找到蓝海机会。

②布局供应链。在跨境电商运营过程中，发货方式的选择、备货的周期长短与市场规模、行业季节周期息息相关。只有通过深入的市场分析，才能提前进行供应链的规划与布局。

③规避风险。在跨境电商企业发展过程中会面临各种各样的经营风险，涉及商品、销售、广告、售后、库存等各个方面的问题，借助行业市场分析，企业能提前预测行业发展趋势，判断和解决经营问题，规避经营风险。

2.1.2　行业数据采集渠道

从行业的角度研究商品类目，是将每个类目都建立在中国制造的产品面向海外销售的整个行业背景下。了解中国出口贸易中某个商品类目的市场规模和主要国家或地区分布，对于认识产品的运作空间和范围有着较大的指导意义，主要可以通过以下四种途径了解某个商品类目的出口贸易情况。

（1）互联网数据

通过互联网采集行业数据，具体包括运用谷歌趋势、跨境电商平台看板、跨境电商平台数据分析工具、进出口贸易查询平台等方式采集行业发展阶段、季节周期性、市场容量等方面的数据。

（2）第三方研究机构或贸易平台发布的行业或市场调研报告

第三方研究机构或贸易平台具有独立的行业研究团队，这些机构具备全球化的研究视角和资源，因此他们发布的研究报告可以为卖家提供较为系统的行业信息。目前公开发布行业研究报告的主要机构如下。

①政府及官方机构。如国家统计局、商务部、商务部研究院、中国海关总署。

②行业分析机构。如中国制造网、艾瑞网、雨果跨境、敦煌网等。

③贸易数据服务商。如跨境搜、国贸通、环球慧思等。

（3）行业展会

跨境电商行业展会是行业中供应商和服务商为了展示新产品和技术、拓展渠道、促进销售、传播品牌而进行的一种宣传活动，为行业提供最新动态和企业动向。参加展会可以获得行业最新动态和企业动向。受政策支持与鼓励，各地政府及行业协会会定期举办大型跨境电商行业展会，其中粤港澳大湾区及长三角地区的展会在全国范围内都有较为广泛的影响力。

（4）出口贸易公司或工厂

在开发产品时，需要与供应商进行直接沟通。资质好、经验丰富的供应商对所在行业的出口情况和市场分布都积累了丰富的历史数据和行业经验，可以通过和供应商紧密沟通获得较多有价值的信息。

2.1.3　行业数据分析的内容

行业数据分析的内容

（1）行业发展阶段

就某个行业而言，从产生到成长到衰落的发展过程，就是行业生命周期的基本概念。一般可分为四个阶段：初创阶段（导入期）、成长阶段、成熟阶段和衰退（或蜕变）阶段。

通过谷歌趋势的关键词搜索热度变化，可以观测宏观流量变化趋势。例如，数码相机自2010年至2024年3月，其搜索热度呈现明显下降趋势（图2-2），可见行业步入衰退阶段。

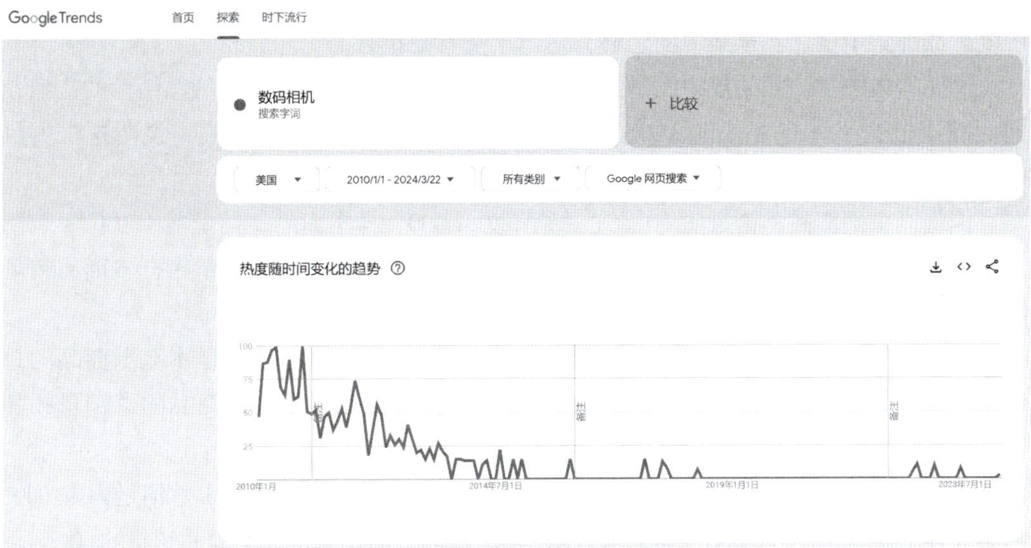

图 2-2　2010—2024 年“数码相机”搜索热度

（2）季节周期性

季节周期性俗称淡旺季，是指在一定时期内，随着季节更替和时间变迁，行业市场数据呈现有规律的周期性变动。例如，服装品类、节日礼品类等商品销量与季节的变化息息相关。商家如果通过 FBA（亚马逊海外仓）海运，要在旺季之前两个月进行备货，规划运营店铺基础数据。跨境电商行业的旺季通常是每年 9 月至次年 3 月。

（3）市场容量

市场容量也称市场规模，是一定时期内一个品类或行业在某个范围内的市场销售额。通过市场容量分析，可以了解市场规模大小，帮助经营者在进入市场前做好相应准备。同时，由于市场容量会随着行业发展阶段的变迁和季节周期变化（淡旺季）发生动态调整，充分的市场分析可帮助企业提前做好应对准备。

细分行业市场容量可以用三种方式进行搜集。第一种方式是查看跨境电商平台后台数据看板，如亚马逊后台的业务报告、速卖通生意参谋里面的市场大盘板块等；第二种方式是使用跨境电商平台数据分析工具进行搜集和整理，例如可以通过卖家精灵子类目搜索汇总和分析一定时期内的销售数据；第三种方式是通过进出口贸易查询平台进行搜集，如联合国商品贸易统计数据库、中国海关总署“海关统计数据在线查询平台”等。

2.1.4 行业数据分析的指标

行业数据分析的指标

（1）行业集中度

行业集中度又称行业集中率或市场集中度，是指某行业内头部企业的相关数值，如产值、产量、销售额、销售量、资产总额等占整个行业的份额，是对整个行业的市场结构集中程度的测量指标，用来衡量企业的数目和相对规模的差异，是市场势力的重要量化指标。行业集中度测评指标主要包括商品集中度、品牌集中度、卖家集中度、赫芬达尔·赫希曼指数。

①商品集中度。商品集中度是指头部商品的总销量，与样本商品的总销量的比值，即商品集中度 = 头部商品的总销量 / 样本商品的总销量；其比例越高，说明这个类目中，头部商品垄断越明显。

例如，头部商品（销量前 10 位）总销量为 4 000，样本商品（销量前 100 位）总销量为 10 000，则商品集中度为 4 000/10 000=40%，代表头部商品的销量占样本商品销量的 40%。

②品牌集中度。品牌集中度是指销量前 10 位品牌的总销量，与样本范围商品的总销量的比值，即品牌集中度 = 销量前 10 位品牌的总销量 / 样本范围商品的总销量；其比例越高，说明这个类目中，品牌的垄断程度越高。

例如，前 10 位品牌商品总销量为 6 050，样本商品（前 100 的品牌）总销量为 10 000，则品牌集中度为 6 050/10 000 = 60.5%，代表前 10 位品牌的销量占样本商品销量的 60.5%。

③卖家集中度。卖家集中度是指销量前 10 位的卖家总销量，与样本范围商品的总

销量的比值，即卖家集中度 = 销量前 10 位的卖家总销量 / 样本范围商品的总销量，其比例越高，说明销量前 10 位的卖家对该类目的垄断程度越高。

例如，前 10 位卖家商品总销量为 7 500，样本商品（销量前 100 位卖家）总销量为 10 000，则卖家集中度为：7 500/10 000 = 75%；代表前 10 位卖家在样本商品总销量中的占比为 75%。一般来说，集中度越低，竞争格局越分散，越有机会突破。

④赫芬达尔·赫希曼指数。赫芬达尔·赫希曼指数（Herfindahl-Hirschman Index，HHI），简称赫芬达尔指数，是一种测量行业集中度的综合指数，指一个行业中各市场竞争主体所占行业总收入或总资产百分比的平方和，用来计量市场份额的变化，即市场中厂商规模的离散度。

（2）市场占有率

市场占有率也称作市场份额，是指一个企业的销售量（或销售额）在市场同类产品中所占的比重，直接反映消费者对企业所提供的商品和服务的满意程度，表明企业所提供的商品和服务在市场上所处的地位，也就是企业对市场的控制能力。企业所占市场份额越大，表明企业经营、竞争能力越强。

（3）市场增长率

企业市场份额的不断增加，可以使企业获得某种形式的垄断，这种垄断既能给企业带来垄断利润，又能让企业保持一定的竞争优势。这种增加的趋势可以用市场增长率来表示，市场增长率是指产品或劳务的市场销售量或销售额在一定时期内的增长率，其计算公式如下：

市场增长率 =【比较期市场销售量（额）－前期市场销售量（额）】/
前期市场销售量（额）× 100%

（4）网站排名

网站排名一般可分为 Blexb 网站排名（Blexb 是一个根据访问量和访问者的参与度来计算许多网站的全球受欢迎程度排名的网站）、中国网站排名、百度网站排名、NNT 网站（能够提升网站流量和店铺访问量的服务商）排名等。对于任何一家网站来说，要想在网站推广中取得成功，搜索引擎优化都是最为关键的一项任务。同时，随着搜索引擎不断变换它们的排名算法规则，一些本来排名很好的网站可能在一夜之间排名靠后，而排名靠后的网站可能会失去本来可观的固有访问量，所以搜索引擎算法的每一次改变都会在各网站之中引起轰动。可以说，搜索引擎优化是一个越来越复杂的任务。除了网站排名之外，在一定时期内，独立站的网站交易额排名和独立访客数在同类购物网站中的排名也是独立站运营者关注的关键指标之一。

（5）访问比重

访问比重是对一个站点下属栏目或子站点访问量进行的统计，较常用的是独立访问人数占同类同期所有网站合计人数的比重。访问比重是可用于统计一定时期内其他流量指标的比重，如页面浏览量、访问人数和访问次数等流量指标在同类网站中的比重。

2.1.5 行业市场竞争数据分析

行业市场竞争数据分析是指运用科学的方法与手段，系统地搜集、整理和分析国际市场的各种基本情况及影响因素，帮助企业制定有效的市场竞争战略，实现企业经营目标。

（1）行业市场竞争数据分析维度

行业市场竞争数据分析一般包括销售波动趋势，如周趋势、月趋势、季度趋势、年趋势；市场趋势如淡季和旺季更替；产品生命周期等；不同关键词的市场容量和不同关键词的市场竞争度等。

（2）行业市场竞争战略

①成本领先战略。成本领先战略是指企业通过降低自己的生产和经营成本，以低于竞争对手的产品价格，获得市场占有率，并获得同行业平均水平以上的利润。该战略实施的要点是价格敏感的客户以低廉的成本生产标准化产品，适合实力雄厚的大型企业进入无差异化市场的时候。从宏观视角来看，是否拥有成本领先的能力，决定了一国在某一行业优势的基石。美国产业“空心化”以及中国完备的产业集群形成的两国产业对比即说明这一点。微观来看，跨境电商快时尚女装企业希音（Shein）采用了低成本战略，是中国制造业的代表。

②差异化战略。差异化战略是指使企业在产品、服务、形象等方面与竞争对手有明显的区别，以获得竞争优势而采取的战略。该战略实施的要点是满足客户需求多样化，因客户对产品（服务）的差异化感知度明显，并愿意为此买单，竞争对手很难复制或复制成本比较高。差异化战略适合需求多样化的大（中）市场。随着时代的飞速发展，每个企业，每个品牌都需要高度差异化。

③集中化战略。集中化战略是聚焦某个特殊的顾客群、某产品线的一个细分区段或某一地区市场。该战略实施的前提是行业市场具有足够的规模和增长潜力；消费者有特殊偏好或者需求；竞争对手没有试图进军同样市场。该战略可细分为低成本聚焦战略和最佳价值聚焦战略。

低成本聚焦战略特别适用于所谓的“鸡肋市场”，即大品牌看不上，产业发展速度适中与具有资源优势或区位优势的小企业；最佳价值聚焦战略又叫“集中差异化”战略，适合潜在利基市场与行业隐形冠军企业。

④蓝海战略。蓝海战略指的是企业突破红海的残酷竞争，不把主要精力放在打败竞争对手上，而是放在全力为买方与企业自身创造价值上，并由此开创新的“无人竞争”的市场空间，彻底摆脱竞争，开创属于自己的一片“蓝海”。

红海代表现今存在的所有产业，这是我们已知的市场空间；蓝海代表当今还不存在的产业，这是未知的市场空间。在红海中每个产业的界限已被划定并为人们所接受，竞争规则也被人们所熟知。企业在红海中的任务就是要试图击败竞争对手以攫取更大的市场份额，竞争战略的基本目标就是建立竞争优势。蓝海战略是以没有竞争为基础，该战略认为聚焦于红海等于接受了市场竞争的限制性因素，即在有限的市场上求胜，却忽视了商业世界开创新市场的可能。运用蓝海战略，视线将超越竞争对手移向买方需求，跨越现有竞争边界，将不同市场的买方价值元素筛选并重新排序，从给定结构下的定位选择向改变市场结构本身转变。蓝海以战略行动作为分析单位，战略行动包含开辟市场的主要业务项目所涉及的一整套管理计划和执行方案，在研究多个产业的战略行动的基础上，找出价值创新是蓝海战略的基石。

2.1.6 操作示范

（1）选用合适的行业分析工具

①登录卖家精灵网页版的“选市场”工具，可查询到目前亚马逊平台一级类目“electronic”（电子产品）下，月均销量最大的子类目（子行业）为三级类目 earbud headphones（耳塞式耳机），其二级类目为 headphones（耳机），见图 2-3。

②在亚马逊平台的电子配件畅销榜中查询到第一名为耳机，如图 2-4 所示。

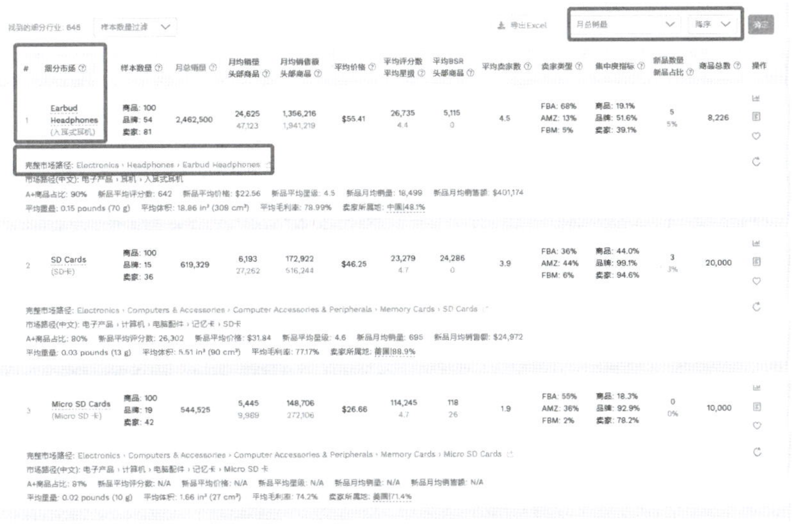

图 2-3　亚马逊平台热销子行业

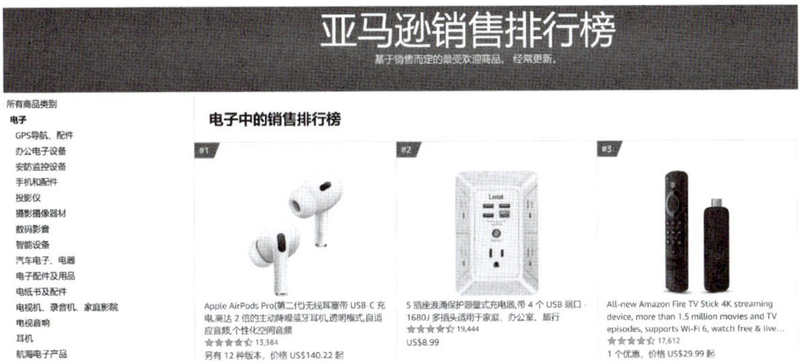

图 2-4　亚马逊电子类目热销榜前 3 名

③查询“耳机”行业数据，并分析行业趋势、季节周期性（淡旺季）。

④利用卖家精灵插件自带的谷歌趋势功能，查看关键词“耳机”搜索热度变化，可以观测宏观流量呈周期性的波动趋势，如图 2-5 所示。

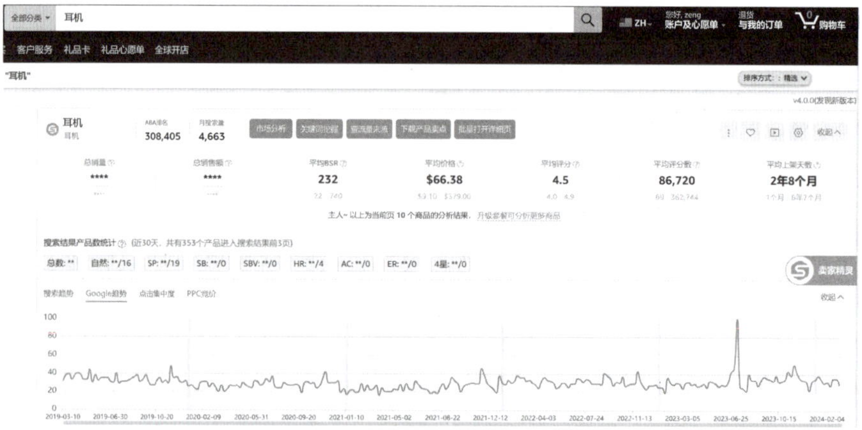

图 2-5　用谷歌趋势搜索耳机

初步估计行业进入成熟阶段。该行业搜索量在学期结束和开学季都会有购买高峰，在每年度的 11 ~ 12 月达到峰值，2023 年的全年旺季峰值则出现在 6 月。如果选择 FBA 海运模式，需要提前 2 个月组织货源和安排运输事宜。

（2）查询并分析“耳机”行业市场容量数据

①登录商品编码查询网站（如“立刻查”网站），查询耳机的商品编码，如图 2-6 所示。在中国，无线耳机的商品编码为 86176294.00，前 6 位为 HS 编码“861762”（接收、转换并且发送或再生声音、图像或其他数据用的设备，包括交换及路由设备）。线式耳机的商品编码为 85183000.00，前 6 位为 HS 编码“851830”（耳机、耳塞机）。

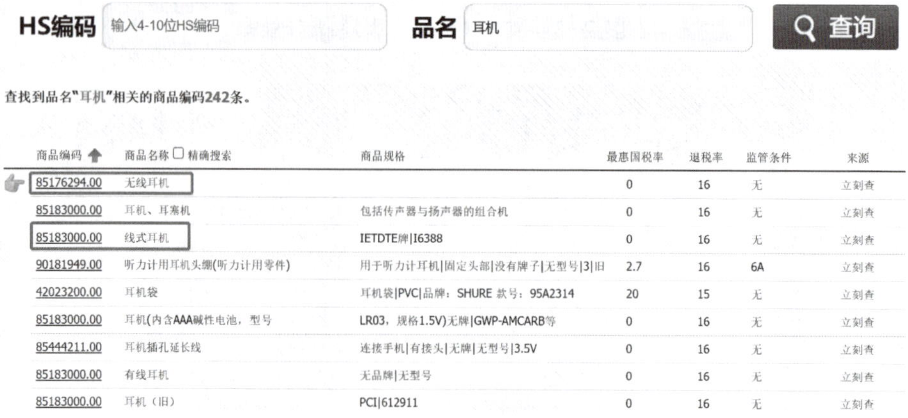

HS编码　输入4-10位HS编码　品名　耳机　查询

查找到品名"耳机"相关的商品编码242条。

商品编码	商品名称 精确搜索	商品规格	最惠国税率	退税率	监管条件	来源
85176294.00	无线耳机		0	16	无	立刻查
85183000.00	耳机、耳塞机	包括传声器与扬声器的组合机	0	16	无	立刻查
85183000.00	线式耳机	IETDTE牌|I6388	0	16	无	立刻查
90181949.00	听力计用耳机头箍(听力计用零件)	用于听力计耳机|固定头部|没有牌子|无型号|3|旧	2.7	16	6A	立刻查
42023200.00	耳机袋	耳机袋|PVC|品牌：SHURE 款号：95A2314	20	15	无	立刻查
85183000.00	耳机(内含AAA碱性电池，型号	LR03，规格1.5V)无牌|GWP-AMCARB等	0	16	无	立刻查
85444211.00	耳机插孔延长线	连接手机|有接头|无牌|无型号|3.5V	0	16	无	立刻查
85183000.00	有线耳机	无品牌|无型号	0	16	无	立刻查
85183000.00	耳机（旧）	PCI|612911	0	16	无	立刻查

图 2-6　耳机商品编码

②登录联合国商品贸易统计数据库，免费注册个人账号后，输入 HS 编码及 frequency（统计周期）、character（查询周期）、trade flows（交易流向）、reporters（报告地区范围）等选项，可查询及下载一定时间内的进出口数据，如图 2-7 所示。

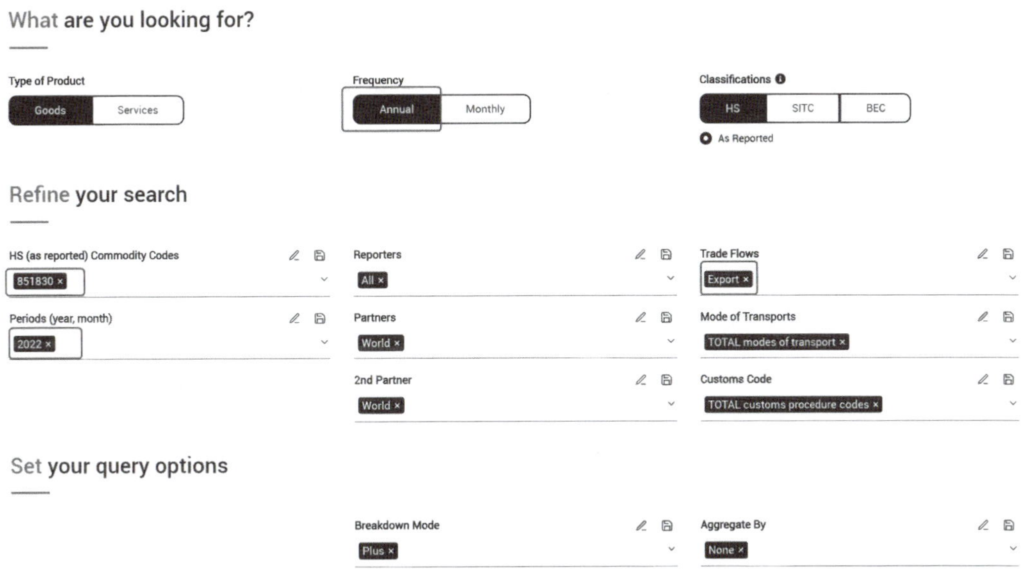

图 2-7　联合国商品贸易统计数据库编码（HS851830）出口交易额查询设置

通过“preview”（预览）可以预览 2022 年期间全球各国家和地区的“HS851830”商品的出口额，如图 2-8 所示。通过“download”（下载）可以下载该编码的交易数据。

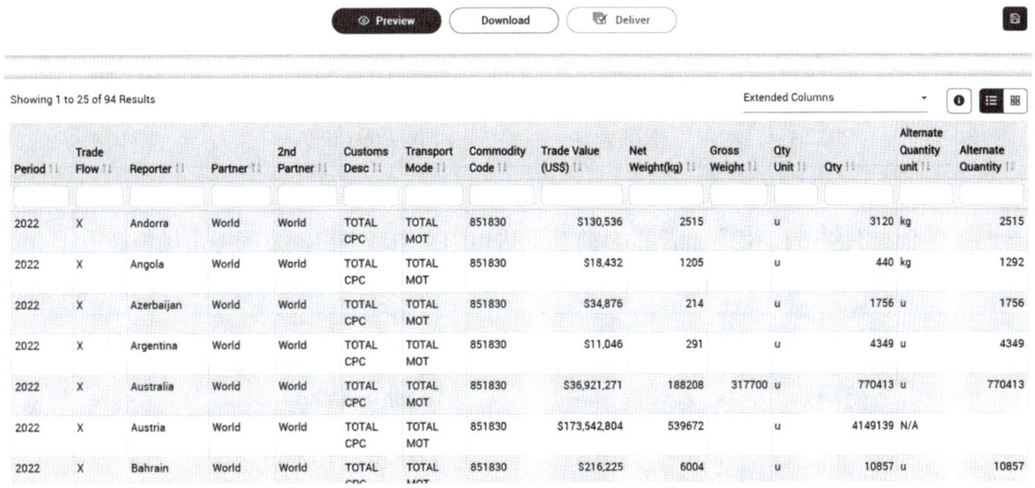

Period	Trade Flow	Reporter	Partner	2nd Partner	Customs Desc	Transport Mode	Commodity Code	Trade Value (US$)	Net Weight(kg)	Gross Weight	Qty Unit	Qty	Alternate Quantity unit	Alternate Quantity
2022	X	Andorra	World	World	TOTAL CPC	TOTAL MOT	851830	$130,536	2515		u	3120	kg	2515
2022	X	Angola	World	World	TOTAL CPC	TOTAL MOT	851830	$18,432	1205		u	440	kg	1292
2022	X	Azerbaijan	World	World	TOTAL CPC	TOTAL MOT	851830	$34,876	214		u	1756	u	1756
2022	X	Argentina	World	World	TOTAL CPC	TOTAL MOT	851830	$11,046	291		u	4349	u	4349
2022	X	Australia	World	World	TOTAL CPC	TOTAL MOT	851830	$36,921,271	188208	317700	u	770413	u	770413
2022	X	Austria	World	World	TOTAL CPC	TOTAL MOT	851830	$173,542,804	539672		u	4149139	N/A	
2022	X	Bahrain	World	World	TOTAL	TOTAL	851830	$216,225	6004		u	10857	u	10857

图 2-8　“HS851830”商品（含无线耳机）出口国别市场交易额

经过对下载表格数据整理，得表 2-1。2022 年，“HS851830” 商品（线式耳机）在美国进口量排名第一（67.26 亿美元，国际市场份额占比 36.45%）。进口规模排名前三的国家和地区依次为美国、德国、日本。

表 2-1 “HS851830” 商品排名前 3 的进口国别市场进口额及国际市场份额占比

单位：美元

序号	统计年份	报告地区	到岸价交易额	国际市场占比
1	2022	美国	6 726 470 268	36.45%
2	2022	德国	1 609 801 832	8.72%
3	2022	日本	1 057 434 177	5.73%

经过对下载表格数据整理，得表 2-2。2022 年，“HS851830” 商品（线式耳机），中国出口量排名第一（40.97 亿美元，国际市场份额占比 33.46%）。出口规模排名前三的国家和地区依次为中国、德国、中国香港。

经过对下载表格数据整理，得表 2-3。2022 年，“HS851762” 商品（包括无线耳机、交换机、路由器等产品），美国进口量排名第一（515.90 亿美元，国际市场份额占比 30.18%）。进口规模达到百亿美元级别的国家和地区依次为美国、荷兰、德国。

表 2-2 “HS851830” 商品排名前 3 的出口国别及地区的市场出口额及国际市场份额占比

单位：美元

序号	统计年份	报告地区	离岸价交易额	国际市场占比
1	2022	中国	4 096 532 090	33.46%
2	2022	德国	1 270 722 260	10.38%
3	2022	中国香港	1 097 091 089	8.96%

表 2-3 “HS851762” 商品排名前 3 的进口国别市场进口额及国际市场份额占比

单位：美元

序号	统计年份	报告地区	到岸价交易额	国际市场占比
1	2022	美国	51 590 263 060	30.18%
2	2022	荷兰	16 358 164 614	9.57%
3	2022	德国	11 626 137 071	6.80%

经过对下载表格数据整理，得表 2-4。2022 年，“HS851762”商品（包括无线耳机、交换机、路由器等产品），中国出口量排名第一（529.41 亿美元，国际市场份额占比 33.92%）。出口规模达到百亿美元级别的国家和地区依次为中国、美国、荷兰。

表 2-4　“HS851762”商品排名前 3 的出口国别市场出口额及国际市场份额占比

单位：美元

序号	统计年份	报告地区	离岸价交易额	国际市场占比
1	2022	中国	52 941 535 376	33.92%
2	2022	美国	18 000 653 984	11.53%
3	2022	荷兰	15 623 660 501	10.01%

③耳机行业市场容量分析。耳机行业市场容量大，国际市场年需求量超千亿美元，其中线式耳机（HS851830）在美国、德国、日本等国家需求强劲，无线耳机（HS851762）在欧美地区的需求量庞大，美国地区的无线耳机进口额约为线式耳机的 7.7 倍。线式耳机（HS851830）和无线耳机在中国的进口量均遥遥领先其他地区。该产品在中国地区的产业链优势突出，跨境电商企业可根据进出口业务情况，合理规划产品线。

（3）耳机行业市场集中度分析

如表 2-5 所示，通过计算，耳机行业的赫芬达尔指数为 0.036 349 549（数值越小，市场集中程度越低），低于 5%，该行业处于完全竞争（自由竞争）市场的状态。

赫芬达尔指数 = 行业样本订单金额占比的平方和，计算步骤如下。

①利用跨境电商数据分析工具抓取一定时期内（近 30 天）“耳机”类目排名前 100 的店铺数据（店铺名称、订单金额）。

②计算订单总金额。

③计算各店铺的订单金额占比。

④汇总订单金额占比的平方和。

表 2-5　利用 Excel 表计算赫芬达尔指数

商家名称	订单数	订单金额（美元）	金额占比（%）
Apple Store	68 574	12 342 635.00	8.65%
TOZO Store	62 231	10 517 039.00	7.37%
JBL Store	61 437	6 143 085.5	4.30%
Kurdele Store	56 347	1 579 969.9	1.11%

续表

商家名称	订单数	订单金额（美元）	金额占比（%）
Beats Store	56 098	1 850 673.1	1.30%
JBL Store	53 765	779 054.8	0.55%
Sephia Store	48 098	2 402 495.2	1.68%
BEBEN Store	46 884	1 875 360.0	1.31%
iLUV Store	45 782	1 189 874.1	0.83%
Tribri Store	45 015	4 809 402.5	3.37%
Donerton Store	44 151	586 325.25	0.41%
Sony Store	42 830	1 284 471.8	0.90%
Otium Store	40 814	1 631 743.8	1.14%
其他店铺小计	1 378 257.0	95 729 269.1	67.07%
订单总金额		142 721 399	
赫芬达尔指数		0.036 349 549	

（4）选择耳机子类目进入市场

在二级类目耳机下设 4 个三级子类目，分别是入耳式耳机、头戴式耳机、开放式耳机、盖耳式耳机。如图 2-9 所示，分析比较 4 个子类目的市场数据，选择子类目进入市场。

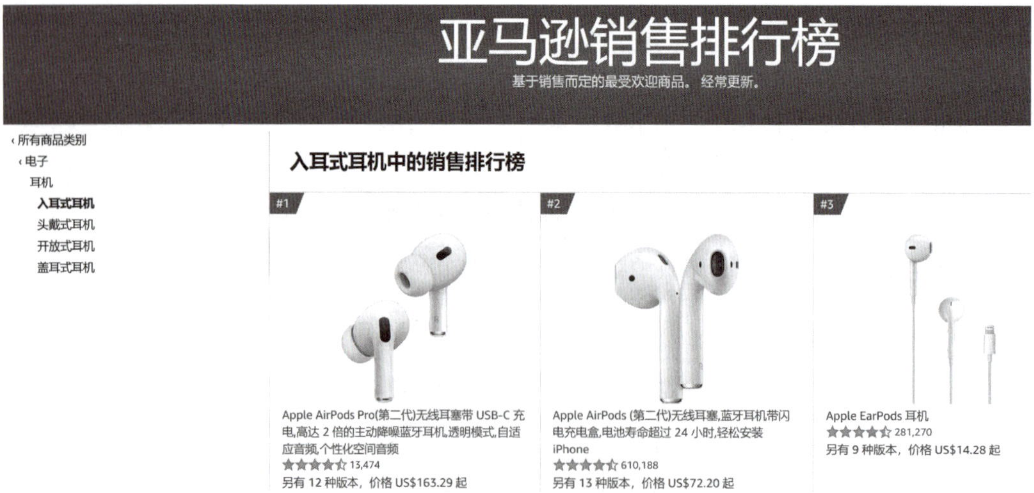

图 2-9　亚马逊耳机类目

①使用卖家精灵抓取入耳式耳机市场数据，如图 2-10 所示。

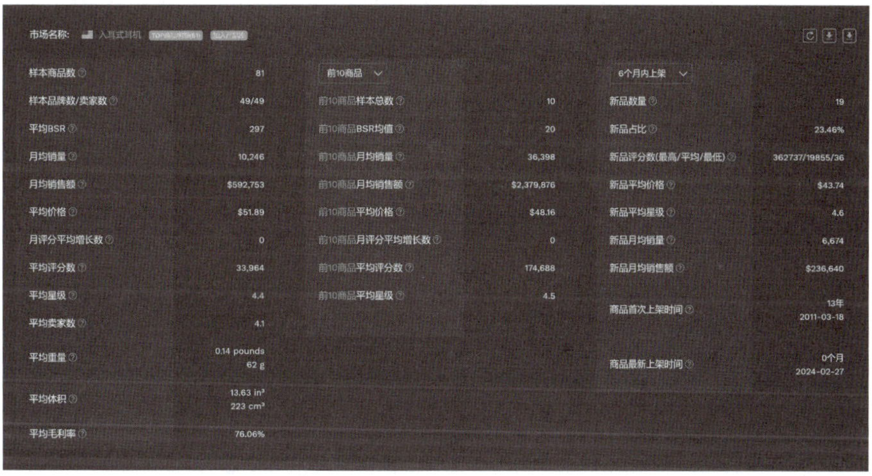

图 2-10　入耳式耳机市场数据

②使用卖家精灵抓取头戴式耳机市场数据，如图 2-11 所示。

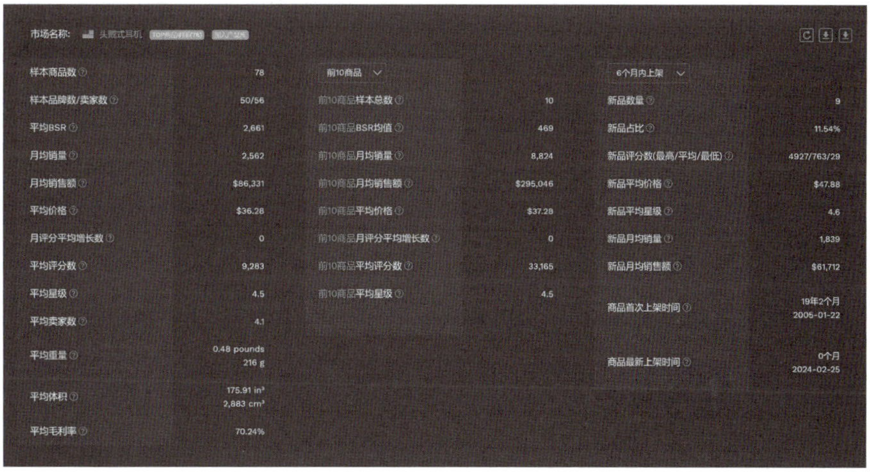

图 2-11　头戴式耳机市场数据

③使用卖家精灵抓取开放式耳机市场数据，如图 2-12 所示。

④使用卖家精灵抓取盖耳式耳机市场数据，如图 2-13 所示。

⑤用 Excel 表格采集并整理四个子类目的市场数据[①]，如表 2-6 所示。

① 数据来自卖家精灵市场报告，报告数据在中文网页版本的亚马逊平台采集而成，故在统计数据口径中与实际英文网站版本存在差异，但不影响分析方法的教学使用。

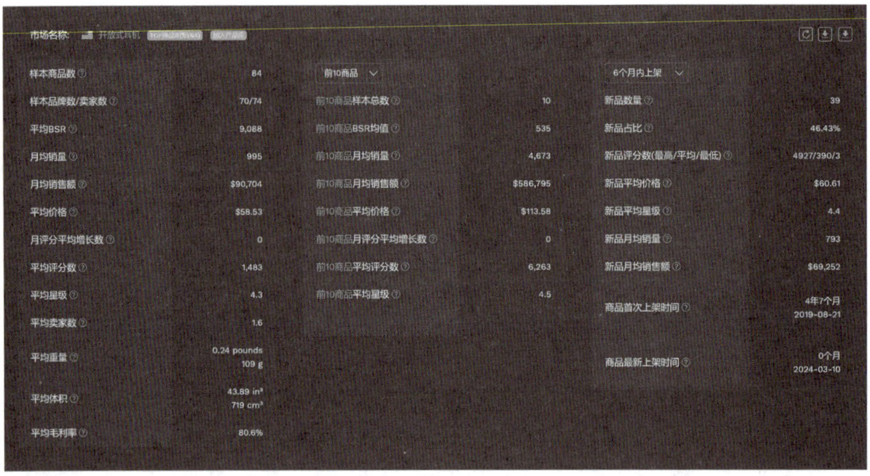

图 2-12　开放式耳机市场数据

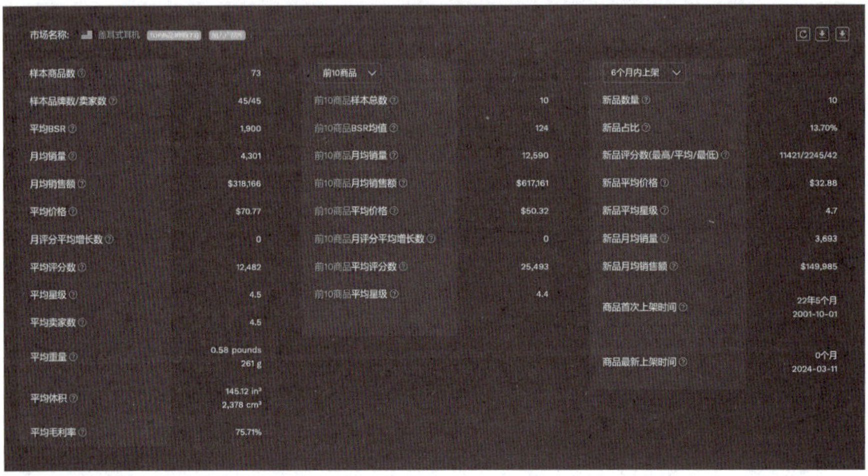

图 2-13　盖耳式耳机市场数据

表 2-6　耳机子类目市场数据

指标	入耳式耳机	头戴式耳机	开放式耳机	盖耳式耳机
商品总数量 / 款	81	78	84	73
前 10 商品月均销量 / 件	36 398	8 824	4 673	12 590
平均价格 / 美元	48.16	36.28	58.53	70.77
商品首次上架时间	2011 年 3 月 18 日	2005 年 1 月 22 日	2019 年 8 月 21 日	2001 年 10 月 1 日
6 个月新品上架数量 / 件	19	9	39	10

续表

指标	入耳式耳机	头戴式耳机	开放式耳机	盖耳式耳机
新品评分数（最高 / 平均 / 最低）	362 737/ 19 855/36	49 271/763/29	49 271/390/3	11 421/2 245/42
新品月销量 / 件	6 674	1 839	793	3 693
新品月平均销售额 / 美元	236 640	61 712	69 252	149 985
行业集中度（商品集中度、品牌集中度、卖家集中度）	43.90%、69.10%、71.50%	44.20%、60.20%、56.30%	55.90%、69.90%、62.90%	40.10%、64.30%、68.80%

⑥子行业数据分析。入耳式耳机子行业商品月销量最大，竞争激烈；新品评分数的最高和平均数都遥遥领先于其他三个品类，说明该类目市场容量最大。入耳式耳机的新品上架数量和行业集中度都在比较高的水平，其中入耳式耳机的卖家集中度达到了最高 71.50%，说明这个市场虽然容量巨大，但是竞争激烈，头部卖家已经建立了较高的进入门槛。

头戴式耳机相对其他三个品类而言，行业集中度相对较低，新品上架数量最少，新品月销量和评分数都适中，说明竞争相对温和，而且有一定正增长的细分领域，加之头戴式耳机相对其他品类而言平均售价最低，预计投入成本不高，可以作为新手卖家进入的细分市场。

（5）头戴式耳机子行业市场战略分析

头戴式耳机的市场卖家分散，新品数量较少，应注重新品开发（游戏耳机、音乐耳机），注重用户评价和偏好，采用差异化战略和蓝海战略相结合的市场战略。

2.1.7　任务实训

实训内容	数据图表	分析
选择亚马逊平台的“美妆个护”类目（beauty & personal care）的某个子类目，分析该行业趋势		
分析行业市场容量		
分析行业集中度，并分析是否有进驻该行业的机会		

续表

<table>
<tr><th colspan="2">评价内容</th><th colspan="3">评价标准</th><th>分值</th><th>得分</th></tr>
<tr><td rowspan="6">工作过程</td><td>分析子行业趋势、季节周期性</td><td colspan="3">运用卖家精灵分析行业趋势，对应时间变化进行市场指标的分析</td><td>10</td><td></td></tr>
<tr><td>分析子行业市场容量</td><td colspan="3">运用数据分析工具、联合国商品贸易数据库进行科学分析</td><td>20</td><td></td></tr>
<tr><td>分析子行业集中度</td><td colspan="3">运用数据分析工具进行行业集中度指标分析</td><td>15</td><td></td></tr>
<tr><td>工作态度</td><td colspan="3">态度端正、认真主动</td><td>5</td><td></td></tr>
<tr><td>协调能力</td><td colspan="3">与小组成员之间合作交流</td><td>5</td><td></td></tr>
<tr><td>职业素质</td><td colspan="3">能合法合规地收集数据、爱岗敬业</td><td>5</td><td></td></tr>
<tr><td rowspan="4">任务成果</td><td>工作完整</td><td colspan="3">能按时完成任务</td><td>10</td><td></td></tr>
<tr><td>工作规范</td><td colspan="3">能按照规范要求开展实训</td><td>10</td><td></td></tr>
<tr><td>工作成效</td><td colspan="3">能运用分析工具进行行业分析</td><td>10</td><td></td></tr>
<tr><td>成果展示</td><td colspan="3">能准确表达、汇报工作成果</td><td>10</td><td></td></tr>
<tr><td colspan="5">合计</td><td>100</td><td></td></tr>
<tr><td colspan="2" rowspan="2">综合评价</td><td>自评 / 20%</td><td>小组互评 / 30%</td><td>教师评价 / 50%</td><td colspan="2">综合得分</td></tr>
<tr><td></td><td></td><td></td><td colspan="2"></td></tr>
<tr><td colspan="7">拓展思考题：如何制定进入“美妆个护”子行业的市场竞争战略</td></tr>
</table>

任务 2.2 竞品数据采集与分析

竞品数据采集与分析任务包含了竞品认知、竞争对手的选择，竞品数据采集的方法、竞品数据分析指标，竞品数据分析的方法五个关键的知识点，并提供了对应的典型工作任务操作示范和任务实训。本任务旨在通过实践加强理论知识的理解和应用能力，从而建立起竞品及竞争对手进行对标管理的分析能力和战略思维。

2.2.1 竞品认知

所谓的竞品就是竞争对手的产品。竞品主要包括直接竞品和间接竞品。

（1）直接竞品

直接竞品是与自身产品功能相似，目标人群重合，解决方案与技术无明显差异的产品。例如，品胜和安克两家品牌推出的同等容量的充电宝就是直接竞品。由于产品的同质性，直接竞品数据收集比较明确，通过关键词搜索，以及同类目商品排名，可以查询到直接竞品的核心数据。

（2）间接竞品

间接竞品是产品的功能形态、解决方案与技术差异较大，但用户群高度重合并满足用户与自身需求相同的产品，例如，俄罗斯市场的羽绒服产品和皮质夹克产品，有同样的目标客户。要确定间接竞品，需要进一步展开综合数据收集与分析。

竞争对手产品分析，简称竞品分析，即基于满足用户需求，通过对比自家产品和竞争产品在各个维度上的指标，明确自身的优势、劣势，为产品设计、活动运营、战略规划等，以提出市场参考和相应的建议。

在跨境电商选品过程中，通常需要先确定拟销售的商品并搜集一批竞品信息。以亚马逊平台为例，选择竞品不单只从前 100 名中选取，还需要关注最近上架且销量增长快的商品，以及正在大力投放广告的商品。通过多维度、多样化地采集信息可以有助于企业筛选出在不同排名区间的竞品分布，便于评估在不同阶段的销售预期。

2.2.2　竞争对手的选择

竞争对手的选择

（1）竞争对手的内涵

“对手”是指势均力敌、相互争胜的双方。在跨境电商领域，跨境电商企业竞争对手主要是指限制和影响本企业竞争优势发挥的跨境电商企业、外部组织或个人，即凡在与本企业有共同目标的市场上与本企业有利益冲突且构成一定威胁的组织或个人，均为竞争对手。这些竞争对手除一部分是旗帜鲜明的现实对手外，还有为数不少的潜在对手，而且后者在很多情况下处于信息优势地位，由此构成的潜在威胁相当巨大（有时甚至是致命的）。可见，识别现实对手和即将走上舞台的潜在对手意义都很重要。现实对手一般容易识别，例如，观察其是否在明争暗夺与本企业相同的目标市场，是否在采取某种（些）方式排挤或报复本企业等，但预测潜在对手不是容易的事，一般可以参考其他信息，从下述各类企业中辨识出来。

①不在本产业但不费力气便可进入的企业。

②进入本产业可产生明显协同效应的企业。

③其战略的延伸必将导致加入本产业竞争的企业。

④可能前向整合或后向整合的客户或供应商。

⑤可能发生兼并或收购行为的企业。

（2）选择竞争对手的步骤

企业需要按照科学的原则和规范的程序，系统地进行竞争对手选择，这个过程随着市场的变化与发展可能是循环往复，也可能是在具体步骤动态调整，一般可概括为以下步骤。

①定义竞争对手，明确哪些企业或店铺是本企业的竞争对手。

②构建评估体系，分析竞争对手选择的主要影响因素并构建指标体系。

③综合评估，对竞争对手进行综合评估后加以分类和排序。

④识别与选择，根据评估结果识别和选择，确定最终的竞争对手。

2.2.3 竞品数据采集的方法

搜集竞品的方法包括线上和线下两大途径。线下途径包括购买数据报告、委托专业机构调研、自行市场调查等传统方式，这些方式费时费力又费钱，对于普通的中小规模跨境电商企业而言不太实际。因此，采取线上途径搜集竞争对手数据就成为普遍的采集方式，线上数据采集的方法包括跨境电商平台前台数据采集、跨境电商平台后台数据采集和第三方软件采集。

（1）跨境电商平台前台数据采集

跨境电商平台前台数据采集，即通过人工或者专业分析软件采集竞品的数据（主图及标题、价格、收藏数、产品属性、详情页、订单评价）。

（2）跨境电商平台后台数据采集

跨境电商平台后台通常会提供竞争商品数据监控模块或市场行情模块，可以采集竞品数据。例如，速卖通后台生意参谋的“市场行情”模块下的“竞争商品”，可以采集120个竞争对手商品的行业排名、搜索人气、流量指数、收藏人气、加购人气、支付转化指数和交易指数的变化，实现对竞争商品数据的监控，同时也可以对本店商品进行数据的对比分析。

（3）第三方软件采集

针对不同的跨境电商平台，可以采用专业第三方软件进行竞品数据采集。如图2-14所示，可以通过卖家精灵软件的选品精灵模块下的“查竞品”功能，抓取亚马逊竞品数据。

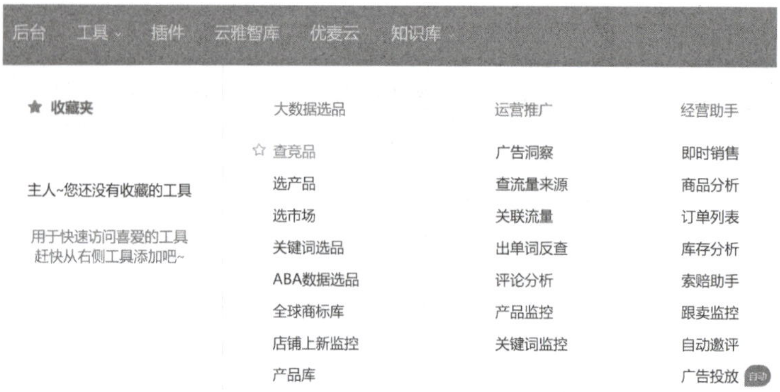

图2-14　卖家精灵“查竞品”功能

2.2.4　竞品数据分析指标

竞品数据分析指标

（1）产品信息

产品信息通常包括商品详情页、畅销排行榜、好评产品、新品、变体等，本任务以亚马逊平台产品为例介绍。

①商品详情页。如图 2-15 所示，猫砂品牌 Fresh Step 的普通产品详情页仅展示了关于商品信息的 5 点文字描述，信息展示面有限。

但卖家如果通过了品牌注册（brand registry），就可获得 A+ 功能，拥有 A+ 页面。该功能允许卖家在产品详情页添加额外的图片和文本进一步完善商品描述。如图 2-16 所示，

图 2-15　猫砂品牌 Fresh Step 普通产品详情页

图 2-16　猫砂品牌 Fresh Step 产品 A+ 详情页

猫砂品牌 Fresh Step 的 A+ 页面以精美的图文展示了 select your scent（丰富的气味）、with ammonia block technology（氨块粉碎技术）、we love cats（“我们爱猫”公益活动）等丰富的视觉信息，能更好地打动客户。

②畅销排行榜。亚马逊的畅销排行榜分为总畅销榜和商品分类畅销榜（图 2-17）。总畅销榜基于商品的销售量，让顾客了解每件商品近期和历史销售情况。总畅销榜展示某商品在全球范围内的总销量排名（绝对排名）；商品分类畅销榜展示某商品在其同类商品中的销量排名（类目排名）。畅销排行榜的标签能够极大地提高产品销售的转化率和有效点击率，得到平台相应的流量支持，如站内的邮件推送、推荐栏目等（图 2-18）。

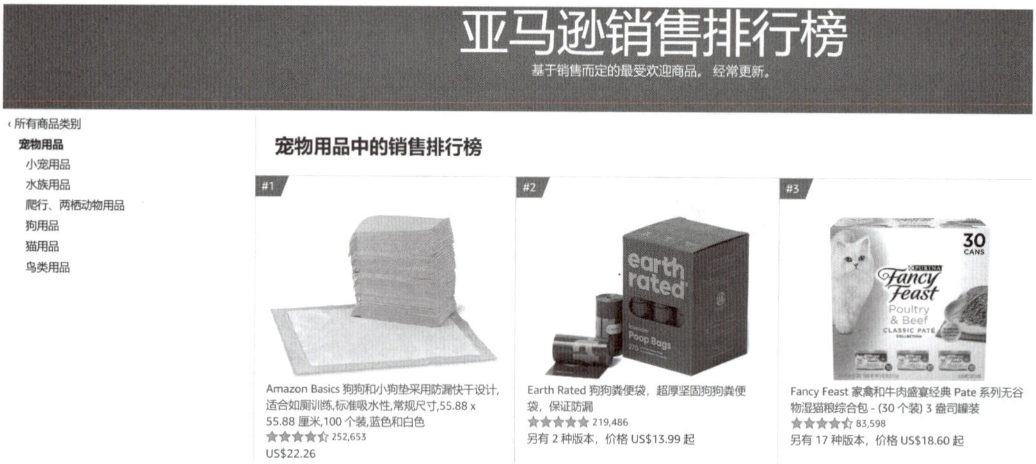

图 2-17　宠物用品类目销售排行榜

图 2-18　产品详情页销售排行榜标签

③好评产品。好评产品在亚马逊网站上体现为带有“亚马逊精选”标签的产品。如图 2-19 所示，标有亚马逊精选的产品即是销售量很高而且好评如潮的商品。浏览网页中鼠标箭头悬停在亚马逊精选图标上，会看到这样的描述：“亚马逊精选推荐的是评分

高、价格合理并且可以立即发货的商品。”

带有亚马逊精选标签的产品，普遍拥有以下特征：很受欢迎，在搜索同类产品的顾客中购买率很高；评价很高（亚马逊十分重视产品的评价，一般来说产品评价平均星级需要在 4 星或以上才有机会获得亚马逊精选标志，但在竞争程度非常小的品类，没有评价也有可能被推荐）；Prime（会员）快速发货；属于亚马逊自营产品或 FBA 产品；顾客退货率很低；价格具有竞争力。另外，亚马逊精选标签所指向的关键词都是在标题中出现且匹配一致关键词。

图 2-19　亚马逊精选标签

④新品。“新品”标识的意思就是销量大的新商品。从 FBA 产品上架之日开始计算，上架时间不超过两个月的商品。具备资格进入新品榜单。“新品”标志和畅销产品一样也是依据销量获得。如果新品销量排在小类目第一名，就会得到“新品”标志。

⑤变体。变体（又称父 / 子关系）是根据尺寸、颜色、口味等彼此关联的一组商品。良好的变体关系商品信息可让买家根据不同的属性（包括尺寸、颜色或其他特性），通过商品详情页面上提供的选项比较和选择商品。例如，搜索某款手机的买家可能会在商品详情页面中点击查看不同颜色（白色、蓝色、红色、黑色）的同款手机。买家无须浏览各个颜色的单独页面，而是可以选择想要的配置，然后从同一页面上所提供的四种颜色变体中选择颜色。在亚马逊平台，每一个变体有独立的 ASIN 码（亚马逊的商品标识代码）。

（2）产品毛利率

产品毛利率 =（商品售价－亚马逊佣金－FBA 运费）/ 商品售价 ×100%

由于跨境电商在平台开展业务的特点，平台费用和运费是比较外显和重要的成本费用，也比较容易计算，所以一般跨境电商产品调研的时候都会把扣除掉该部分成本费用的毛利率作为衡量是否值得进入市场的重要参考指标。

（3）月度新增留评数

评价从字面意思上可以把它翻译成“留评”，任何注册过买家账户的用户都可以对自己感兴趣的产品发表评价。

产品月度新增留评数，即为增长数 = 月底留评数－月初留评数。

（4）月度留评率

月度留评率 = 月度新增留评数 / 该月销量

留评率高的月份通常代表着该月的运营效果良好。

（5）月销量增长率

月销量增长率为本月相对于上月的增长百分比，比如，上月销量为 2 000，本月为 2 200，则增长率 =（2 200－2 000）/2 000=10%。

（6）上架时间

产品最早被发现的时间，也就是如下时间中最早的：

产品展示的上架时间（Date First Available）；

产品首次留评时间；

系统初次监控到价格、畅销排行榜、评论的时间。

上架时间是一个商品生命周期的起点，对于一个新出现的细分行业（末级类目）来说，就是行业的诞生时间，一个行业会经历起步、成长、成熟和衰退四个阶段，可以从“时间 + 畅销排行榜 / 价格 / 销量”等推断出。对于一款商品，何时上架的，从上架到打造成畅销款经历了多久，以及从成为畅销款到清库存退出市场又经历多久，了解这些时间节点，对企业自身的产品开发、备货、营销计划有极大的参考价值。

选取一个类目的产品样本，比如畅销排行榜前 100 或月销量前 100，观察这些产品的上架时间分布，大致可以判断出这些行业优秀代表集中在什么时候入场（行业快速成长期），以及入场后多久可以做到行业畅销排行榜。这个区间段分布就是行业生命周期的反映。比如，区间段集中在 3 年以内，说明该类目的产品可能 3 年左右就升级换代了（3 年前的产品都被挤出市场），如果区间段范围有 10 年前的产品在畅销排行榜前 100，说明行业生命周期很长。一般来说，选择上架时间普遍集中在最近 6 个月至 1 年的产品，风险较小并且有畅销款潜质（处于市场成长期）。

（7）配送方式

配送方式通常包括 FBA（亚马逊海外仓）和 FBM（卖家自发货）。不同的配货方式可以评估市场竞争度，并为企业寻找不压货的细分市场提供了参考依据。

① FBA（fulfillment by amazon，亚马逊海外仓）。FBA 指亚马逊海外仓配送方式，也称为亚马逊代发货业务。这种业务方式是将产品送往亚马逊的交付中心，由亚马逊接管产品并处理后续业务，包括仓储、拣货、包装、配送、客服及退货处理等物流配送服务。

② FBM（fulfillment by merchant，卖家自发货）。FBM 指卖家自发货配送方式，卖家自行负责整个物流及配送业务。卖家在收到客户订单之后，直接从国内供应商或仓库

发货给国外顾客，即由卖家自己负责仓储、分拣、包装、派送和客户服务等业务。这种方式一方面有利于卖家把控业务开展的详细流程，另一方面卖家相应地要自行处理烦琐和复杂的业务流程，选用该类配送方式限定了售卖产品的范围和卖家的规模。

2.2.5　竞品数据分析的方法

（1）波特五力分析模型

波特五力分析模型

波特五力分析模型，又称波特竞争力模型、波特五力分析。波特五力分析模型将企业或自身产品竞品面临的五种不同类型的竞争因素汇集在一个简便的模型中，以此分析一个行业的基本竞争态势。这五种不同的竞争因素分别是供应商的议价能力、购买者的议价能力、潜在新进入者的威胁、替代品的威胁以及同业竞争者的竞争程度。这五大竞争因素决定了行业的盈利能力，企业或产品战略的核心应在于选择正确的行业以及行业中最具有吸引力的竞争位置。

（2）SWOT 分析模型

SWOT 分析模型

SWOT 分析是指将与企业或自身产品密切关联的各种主要的内部力量（优势和弱势）、外部环境（机会和威胁）进行判断和识别，并依照一定的次序按矩阵的形式排列起来，然后运用系统分析的思想，按照“发挥优势因素、克服弱势因素、利用机会因素和化解威胁因素”的原则，将 SWOT 矩阵中排列出来的各种因素相互匹配起来加以综合分析，从中组合出一系列可供选择的关于企业或自身产品未来发展的策略（表 2-7）。实践中，经常采用的策略主要有 SO 策略、ST 策略、WO 策略、WT 策略。

表 2-7　SWOT 矩阵

内部力量	外部环境	
	机会（Opportunity）	威胁（Threat）
	与研究对象密切关联的外部机会因素	与研究对象密切关联的外部威胁因素
优势（Strengths）	优势机会策略（SO）	优势威胁策略（ST）
与研究对象密切关联的各种主要的内部优势因素	SO 策略：着重考虑充分发挥内部优势、利用外部机会	ST 策略：着重考虑充分运用自身长处、避免外部威胁
弱势（Weaknesses）	劣势机会策略（WO）	劣势威胁策略（WT）
与研究对象密切关联的各种主要的内部劣势因素	WO 策略：着重考虑充分利用外部机会、改进内部弱势	WT 策略：着重考虑尽量克服内部弱势、避免外部威胁

2.2.6 操作示范

（1）筛选竞品市场

在亚马逊前端页面搜索关键词“无线蓝牙耳机”，相关搜索结果超过 10 000 个，如图 2-20 所示，价格区间分为五档，分别为低于 25 美元、25 ~ 50 美元、50 ~ 100 美元、100 ~ 200 美元、200 美元以上。

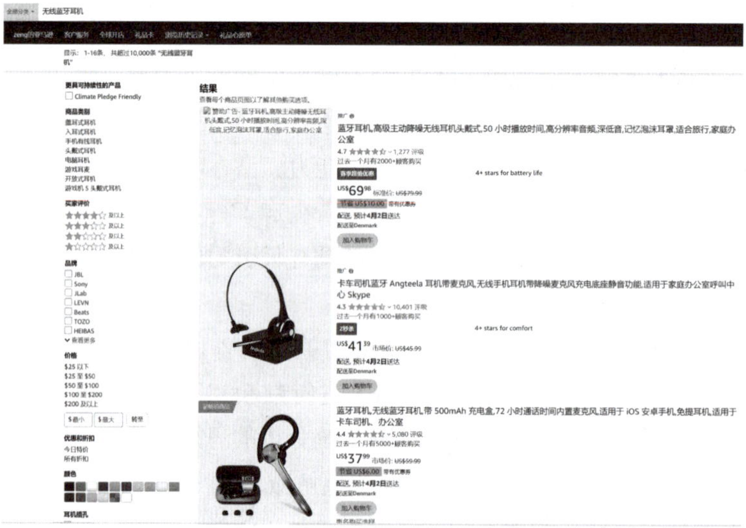

图 2-20 亚马逊前端关键词搜索结果

每个价格区间的搜索结果分布如图 2-21 所示，低于 25 美元的搜索结果有 5 000 个，25 ~ 50 美元搜索结果有 3 000 个，50 ~ 100 美元搜索结果有 1 000 个，100 ~ 200 美元搜索结果有 870 个，200 美元以上搜索结果有 462 个。

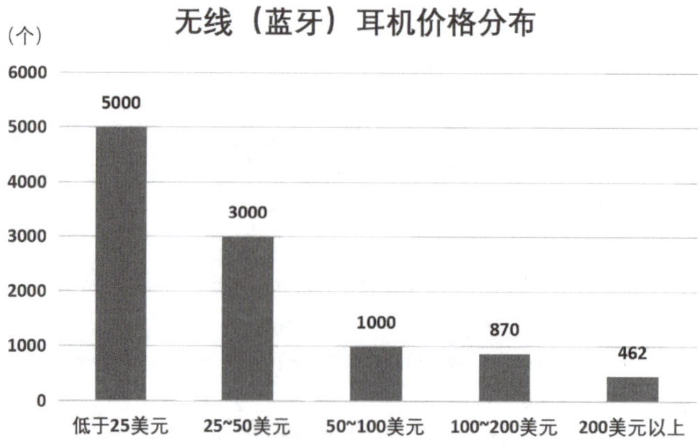

图 2-21 无线蓝牙耳机不同价格销量分布

如图 2-21 所示，低端产品销量最多，预计进入技术门槛不高，但是面临价格战的红海市场挑战。如图 2-22 所示，高端产品（超过 100 美元）中销量第一位的是 Beats Solo3（搭载了苹果耳机芯片），第二位和第三位都是 Shokz（韶音，全球耳骨耳机领先品牌），均享有较高的品牌声誉好拥有雄厚的技术研发实力，中小企业进入高端产品市场参与竞争难度较大。如果要避开低端领域红海价格战和高端领域技术挑战的竞争压力，建议进军 50 ~ 100 美元的价格区间的中端产品。

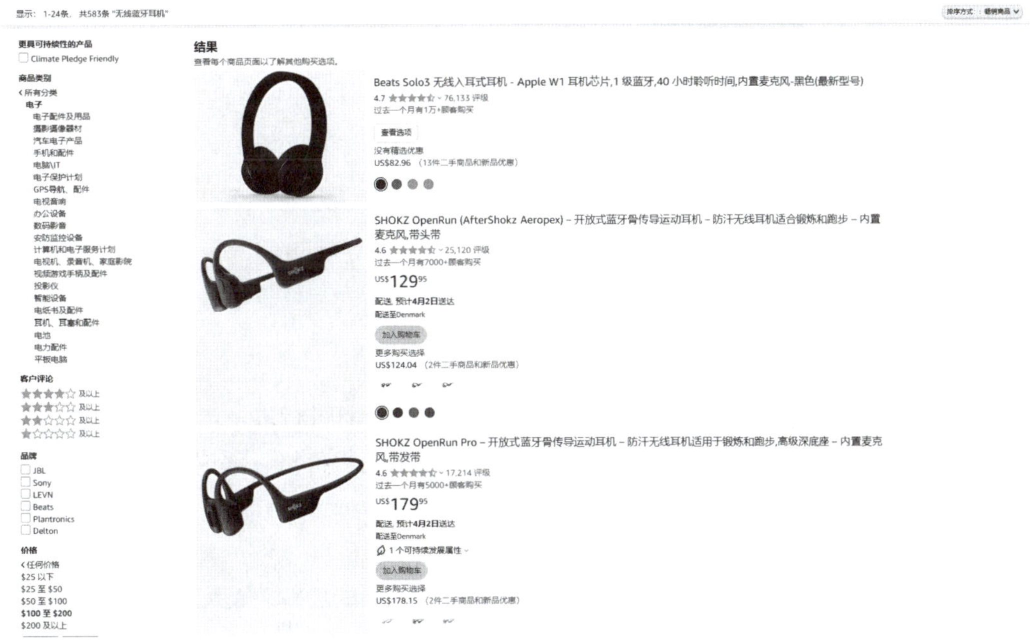

图 2-22　单价 100 ~ 200 美元的高端耳机品牌销量前三名

（2）锁定竞品范围

根据企业自身情况，选择竞品进行分析。在上一步的操作基础上，选择“50 ~ 100 美元”价格区间，缩小竞争对手的识别范围。确定搜索页面第一页的产品为主要研究对象，其中主要品牌有 JBL（全球最大扬声器生产商）、SONY、Soundcore（安克的子品牌）、Beats（美国 Apple 公司旗下的一款耳机品牌）、TOZO（美国知名耳机品牌）、JLab（美国知名耳机品牌）。

（3）查找竞品详情

根据以上搜索结果（关键词无线蓝牙耳机；价格区间为 50 ~ 100 美元），选择排在第一页的非“推广（sponsored）”的产品，选定其中的 JBL 的一款产品作为竞品，如图 2-23 所示（留评数 17 325；评分 4.2；毛利率 85%；上架时间 2021 年 9 月 6 日；配送方式为 FBM，如采用 FBA 费用为 4.19 美元；变体数 6）。

图 2-23　产品详情页调研

另外，也可利用卖家精灵插件菜单的“产品查询”工具进行进一步查询，如图 2-24 所示。获取该产品的相似竞品有 24 个，可以对它们的销售价格、评论数量、推广活动进行综合分析。

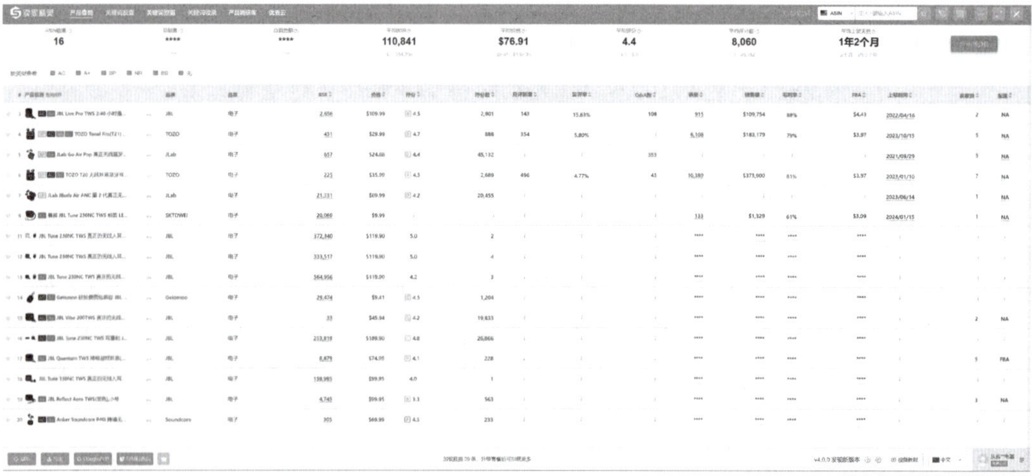

图 2-24　卖家精灵“产品查询”详情

（4）采集分析竞品数据

通过卖家精灵软件，抓取店铺每款产品的销售数据，将抓取的数据整理到 Excel 表中，进行对比分析，如表 2-8 所示。

表 2-8　竞品数据分析表

对比指标		竞品	本品
品牌		JBL	QCY
无线耳机（耳塞式耳机）数量		16	6
价格区间 / 美元		9.99 ~ 189.9	19.99 ~ 33.99
在售产品类目		入耳式耳机	入耳式耳机
热销产品	销售排行榜排名	17	2 810
	价格	99.95	30.00
	评论数量	17 325	28
	上架时间	2021 年 9 月 6 日	2024 年
	变体数量	6	3

（5）竞争策略 SWOT 分析（QCY 无线耳机产品）

QCY 无线耳机产品 SWOT 分析如表 2-9 所示。

表 2-9　QCY 无线耳机 SWOT 分析矩阵

内部力量	外部环境	
	机会（Opportunity）	威胁（Threat）
	①互联网络、智能手机等消费 ②电子产品逐渐兴起并主导市场需求 ③全球化增加跨境电商消费群体，培育网络购物消费习惯 ④中国政府鼓励外贸新业态发展，出台一系列鼓励跨境电商行业发展的措施	①智能手机、音响等国际巨头企业推出耳机产品，如苹果 AirPods 耳机、JBL 耳机 ②耳机行业整体价格、利润率呈下降趋势
优势（Strengths）	优势机会策略（SO）	优势威胁策略（ST）
①依托校企合作培育的高素质跨境电商专业人才 ②企业决策快，能迅速根据市场变化调整产品线	①打造产教融合的跨境销售队伍 ②挖掘耳机行业利基市场，优化产品线，布局音乐线、游戏线的耳机产品	①提升产品的品质，提高利润 ②与专业音响公司合作开发产品

续表

弱势（Weaknesses）	劣势机会策略（WO）	劣势威胁策略（WT）
①研发能力偏弱 ②没有形成品牌效应 ③没有庞大的稳定消费群 ④资金实力不够雄厚	①注重品牌建设，运用政府扶持政策，助力品牌出海 ②通过社交媒体培育产品顾客群	①引入外部资金，加大研发投入 ②合理定位产品价格区间，重点布局中高端产品（客单价 50 ~ 100 美元）

总结：跨境电商作为外贸新业态，得到中国政府的大力支持，互联网云计算和移动支付的普及客观上也加大了电子商务在世界各国的渗透率。无线耳机随着智能手机的普及，得到了世界各国消费者的认可。在亚马逊的消费电子产品中，苹果耳机排名第一，在国际巨头以及本土科技公司纷纷入局的无线耳机行业，作为中小企业要获得生机，还是要专注做好市场分析、寻找细分市场、提升产品质量、合理定位产品价格，并通过校企合作打造营销、研发团队。

2.2.7 任务实训

实训内容		数据图表	分析	
选择竞争对手：选定一款亚马逊平台的“美妆个护”类目（Beauty & Personal Care）下假发或美甲贴片的竞品				
竞品数据分析				
评价内容		评价标准	分值	得分
工作过程	选择竞争对手	运用亚马逊平台的前台搜索或卖家精灵工具，查找竞品	20	
	竞品数据分析	运用人工采集以及卖家精灵等工具获取竞争对手商品数据，并进行科学分析	25	
	工作态度	态度端正、认真主动	5	
	协调能力	与小组成员之间合作交流	5	
	职业素质	能合法合规收集数据、爱岗敬业	5	

续表

评价内容		评价标准			分值	得分
任务成果	工作完整	能按时完成任务			10	
	工作规范	能按照规范要求开展实训			10	
	工作成效	能运营分析工具进行行业分析			10	
	成果展示	能准确表达、汇报工作成果			10	
合计					100	
综合评价		自评 / 20%	小组互评 / 30%	教师评价 / 50%	综合得分	
拓展思考题：运用 SWOT 分析方法制定假发或美甲贴片的竞争策略						

知识巩固

一、单项选择题

1. 选择竞争对手时，我们要注意（　　）。
   A．选择竞争对手，只需要看他产品的销量是不是比自己高
   B．选择竞争对手要合理，要在同一起跑线上
   C．所有跟我卖同类产品的卖家都是我的竞争对手
   D．平台上所有的卖家都是我的竞争对手
2. 做竞品分析时，分析对手的优惠及活动设置，主要是因为（　　）。
   A．优惠及活动的设置会提高转化率　B．可以照抄照搬别人的优惠及活动设置
   C．随便看看，也不需要分析　D．看看别人的底价
3. 下列不属于竞争对手的是（　　）。
   A．销售女士连衣裙的不同店铺
   B．造成自身网店客户流失的其他店铺
   C．销售女士棉衣的网店和销售女士羽绒服的店铺
   D．销售电视的店铺和销售智能音响的店铺

4. 以下属于竞争对手作产品策略分析的是（　　）。

A. 市场定位　　B. 店铺名 / 品牌名

C. 供应商信息　　D. 新品上线速度

5. 我们选择竞争对手，一般要符合什么条件（　　）?

A. 同一价格区间，同一产品类型，略高一点的销量

B. 同一价格区间，同一产品类型，高出 10 倍的销量

C. 同一价格区间，不同产品类型，略高一点的销量

D. 不同价格区间，同一产品类型，略高一点的销量

6. 从市场角度出发，航空公司和铁路客运属于（　　）。

A. 品牌竞争　　B. 客源竞争

C. 需求竞争　　D. 资本竞争

7. 如果你是一家拟在跨境电商平台销售卫浴产品的卖家，以下不属于竞品分析对象的是（　　）。

A. 卫生纸盒　　B. 浴室配件

C. 洗手液瓶　　D. 女鞋

8. 以下属于对竞争对手作来源分析的是（　　）。

A. 市场定位　　B. 店铺及品牌产品规模

C. 评价分析　　D. 新品开发方式

二、多项选择题

1. 竞品数据分析包含（　　）。

A. 产品标题与主图　　B. 产品价格

C. 产品收藏数　　D. 产品营销活动与优惠

2. 竞争对手识别非常重要，前期进入市场之前，我们可以从以下哪些方面对竞争对手进行识别（　　）?

A. 关键词　　B. 跨境电商平台

C. 目标客户　　D. 价格

3. 从跨境电商平台行业类目的角度来看，店铺的竞争对手有（　　）。

A. 现有店铺　　B. 潜在加入者

C. 替代类商品 / 服务店铺　　D. 品牌竞争者

4. 分析竞争对手店铺名、品牌名有何意义（　　）?

A. 了解竞争对手备案信息　　B. 了解对手产品策略

C. 了解对手市场形象　　D. 了解竞争对手营销渠道

5. 在阿里巴巴国际站，竞争对手识别的方法有（　　）。

A. 通过产品关键词识别竞争对手　　B. 通过产品类目识别竞争对手

C. 通过目标消费者识别竞争对手　　D. 通过产品销量和单价识别竞争对手

三、判断题

1. 在选择竞品时，应该选择销量最高的产品作为竞争对手。(　　)

2. 做竞品分析时，分析竞争对手的标题主要是为了抄袭人家的标题。(　　)

3. 做竞品分析时，不需要分析对手的价格及运费模板，自己做自己的就好了。(　　)

4. 产品体系数据化旨在通过对某一类目竞争对手产品各个维度的分析，找出具有竞争性的产品的要素，将其作为选品的依据，并通过数据化选品的方式提升选品的效率。(　　)

5. 竞争对手就是指卖同样的产品，但是价格比自身产品要低的产品。(　　)

6. 华为手机店和小米手机店是品牌竞争者关系。(　　)

四、简答题

1. 简述波特五力分析模型在跨境电商领域中的应用。

2. 简述 FBA（亚马逊海外仓）和 FBM（卖家自发货）的不同。

项目 3

用户特征分析

学习目标

● 知识目标

► 了解跨境电商用户特征分析的难点。
► 明确需要收集哪些跨境电商用户信息。
► 了解跨境电商用户分级管理的意义。

● 能力目标

► 熟练采集与整理用户自然属性数据。
► 掌握 RFM 模型并对跨境电商用户进行数据分析。
► 能够通过用户行为数据，形成消费数据标签。
► 形成对目标市场的认知并进行需求分析。

● 素质目标

► 遵守数据隐私保护法律法规，确保用户信息的安全性和保密性。
► 具备用户洞察力，提升对用户需求的理解及响应能力。
► 杜绝数据滥用行为，践行职业道德和社会责任。

案例导入

为了应对挑战，中国著名服装企业波司登与数据公司合作，共同启动了数据中台战略。

1．数据要素：构建数字中国

在 2020 年 4 月 10 日，《中共中央　国务院关于构建更加完善的要素市场化配置体制机制的意见》（以下简称《意见》）发布，将数据正式确立为五大生产要素之一，其他要素包括土地、资本、劳动力以及技术。数据要素市场化的引入使其成为建设数字中国不可或缺的重要组成部分，预示着数据资产时代的来临。通过对数据资产进行深入分析，企业能够更好地优化运营，指导销售团队持续跟进用户，从而更有效地实现成交转化。回顾过去可以发现，具备强大数字化能力的企业，以及能够借助数字化实现社会责任使命的企业，更能够从容地应对危机。在大背景下，波司登并未经历业绩下滑，反而实现了上涨，这背后归功于该公司进行的数字化转型。

2. 数据中台目标：构建数据管理体系，聚焦消费者数据

这一数字化转型战略的目标是通过数据挖掘，构建一个完善、强大的数据仓库管理体系。一旦启动，数据中台的首要关注点迅速聚焦于“消费者”数据上。该数据涵盖了消费者性别、年龄、职业、消费偏好、购买时间地点、款式偏好等信息，同时也会关注消费者购物习惯与消费能力是否发生变化。

3. 数据整合与标签体系：会员全域数据整合，建立消费者标签

为了解决该问题，数据服务机构整合了会员全域数据，建立了会员标签体系。通过这个体系，成功打通了分散在十余个系统的数据，积累并形成了波司登集团独有的数据资产。在深入了解业务需求和数据洞察的基础上，决策层最终将消费者特征划分为四个客群属性，包括人群的自然属性，如性别、年龄、生日；商品偏好属性（如尺码和颜色偏好）；消费行为属性（如购买节点）；RFM 属性（涵盖流失、忠诚、价值等方面）。基于这四个属性，波司登共建立了 100 多个分析指标和 300 多个用户标签，从而形成了详尽的用户画像。这些用户数据最终能够直接支持公司的各个部门更好地为用户提供服务。

4. 数据分析预测：数据预测推演，提前应对问题

在未建立数据平台前，传统企业主要依赖高管多年的经验积累和前瞻性的洞察来进行选款决策，然而这种方式容易受到个人主观因素的左右，若市场效果不佳，也难以精准地追踪复盘以找到原因。波司登依托数据中台，运营人员能更便捷高效地进行圈选和调用所需数据来进行提前预测，基于消费者数据资产和历史消费数据的深入分析，从而为营销和用户全生命周期服务赋予更精准的能量；企划人员也能够更有针对性地为不同客群设计符合其偏好的商品，以提前应对各项问题。

案例思考题

虽然不同产品的分类模型各有不同，但共通的是企业不能忽视用户数据的重要性。随着智能终端和移动互联网应用的迅速普及，用户数字化进程正在加速，公司可以通过数据库中的用户编号、购买时间、销售金额等数据，计算平均销售金额、消费频率、购买间隔、满意度、复购可能性等关键指标。定期整理用户特征数据，

对其进行分类并构建用户数据库。通过对用户特征的数据分析，能够揭示用户行为的动因及预测未来行为趋势，从而实现物质与文明相协调的现代化发展目标。

作为初创跨境公司的广州跨境网络科技有限公司团队，在学习波司登集团对用户信息分析过程后，请思考：

（1）数据分析员建立数据库的难度在哪里？

（2）数据分析员可以用什么维度搭建会员画像？

（3）波司登集团分析员用了 RFM 模型哪些维度来搭建会员画像？

SHEIN 是如何留住中东客户的？

任务 3.1　用户属性与数据采集

用户特征代表着用户属性，在数据时代，实现用户属性的逻辑是通过给用户打标签和分类。用户特征分析实际上涵盖了理解用户个人特点、需求以及喜好等方面，属于信息分析的一个精细领域。由图 3-1 可见，用户特征的建立路径包括以下步骤：首先，确定需要解决的主要问题，利用行业数据，用户访谈，或者前中后台数据来建立基础数据；其次，采用建模的方式进行分类、分析；再次，构建用户画像；最终，根据问题的性质提出解决方案。该构建路径具备一定的层次性和系统性，而用户特征是信息分析过程中的基础要素。

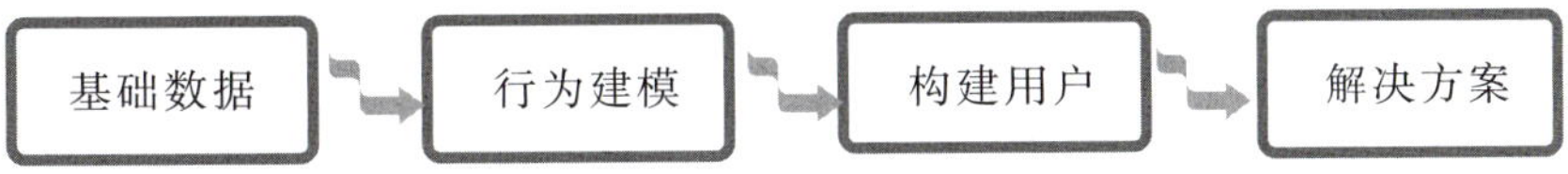

图 3-1　构建路径

3.1.1　跨境电商用户特征收集的作用与难点

跨境电商用户特征收集的作用是帮助企业更好地理解不同国家或地区用户的行为习惯、偏好和需求，从而优化产品或服务，提升用户体验和市场竞争力。然而，跨境电商用户特征收集也面临着诸多难点，包括语言和文化差异、数据隐私和法律合规性、数据采集技术和工具的适应性等。

（1）跨境电商用户信息的作用

①跨境电商用户信息是用户价值分级的基础。跨境电商用户信息为用户分级做准

备。用户分级包括一次性购买者（包括少量或大量购买，且排除团购等影响因素）、普通购买者、忠实用户以及深度绑定用户。一次性购买者需要促销策略引导再次购买；普通购买者可采取保持品牌联系的方法，忠实用户则需要针对性地提供个性化服务以维护他们的忠诚度。跨境用户信息是用户分级的基础。

②跨境电商用户信息是企业生产的导向。通过深入了解来自不同文化和背景的用户，企业可以更准确地捕捉市场趋势和用户偏好，有助于打造更具竞争力和实用性的产品，从而更有针对性地设计产品和提供服务，确保产品的成功推出。

③跨境电商用户信息是企业营销的方向。通过跨境电商用户信息，运营人员能抓取准确的推广关键词。同样的产品在不同地域，面对不同流量来源时，转化率有比较大的差异；在营销资源有限的情况下，商家需要明确目标人群的偏好和诉求，以及明确产品价格的设定，才能为用户匹配满意的价格满减方案、产品组合方案。

④跨境电商用户信息是企业让用户满意的分析前提。准确了解目标用户的需求和偏好，有助于通过提升满意度从而增加用户的复购率。

（2）跨境电商用户信息收集的难点

①跨境电商用户有区别，导致收集的信息内容不同。例如，不同国家文化与语言的不同，企业用户与个人用户的不同等。所以，在考虑用户需求时，就应该从不同内容去分析。

②用户信息敏感，收集工作受多方约束。针对不同人群收集用户信息、精准地传播个性化广告，是互联网推广的核心，此时用户仿佛是一个“透明人”，处在隐私大量暴露的网络环境中，暴露着自己的一切行为习惯、爱好、生活轨迹、交友信息等隐私。

2018 年 5 月 25 日，欧盟史上最严格的个人信息保护法案《欧盟通用数据保护条例》（GDPR）正式生效实施；2017 年 6 月 1 日，《中华人民共和国网络安全法》（以下简称《网络安全法》）正式生效；2021 年 9 月 1 日，《中华人民共和国数据安全法》（以下简称《数据安全法》）正式生效；2021 年 11 月 1 日，《中华人民共和国个人信息保护法》（以下简称《个人信息保护法》）生效。大量法律提及：通过自动化决策方式向个人进行信息推送、商业营销，应提供不针对其个人特征的选项或提供便捷的拒绝方式；处理生物识别、医疗健康、金融账户、行踪轨迹等敏感个人信息，应取得个人的单独同意；不得非法收集、使用、加工、传输他人个人信息；不得因用户不同意提供信息拒绝服务。

随着各国出台的法规，预示着互联网行业“野蛮生长”的时代渐渐落幕。企业应合法合规地收集和使用用户数据，在创造商业价值的同时，更要关注社会价值，让用户感受到自己的隐私和权利得到尊重。

③跨境电商用户信息日积月累，信息量过大容易忽视有效信息。被动获取的信息只能提供线索，所积累的跨境用户信息需要依靠企业基于线索主动获取相关信息，最终形成体系。因此，面对日益庞大的用户数据如何构建管理体系从而形成特定的用户特征库，也是考验每个企业的重点。

3.1.2 跨境电商用户的特征

不同领域的用户画像有着不同的组成元素和侧重点，跨境电商营销领域的用户画像会侧重于研究用户的价值属性，通过其消费行为反映用户的消费习惯。本教材从静态与动态两个维度来建立标签体系（图3-2），构建出全面细致的用户特征，包括基础属性、社会关系、消费能力等静态数据，以及行为特征等动态属性。

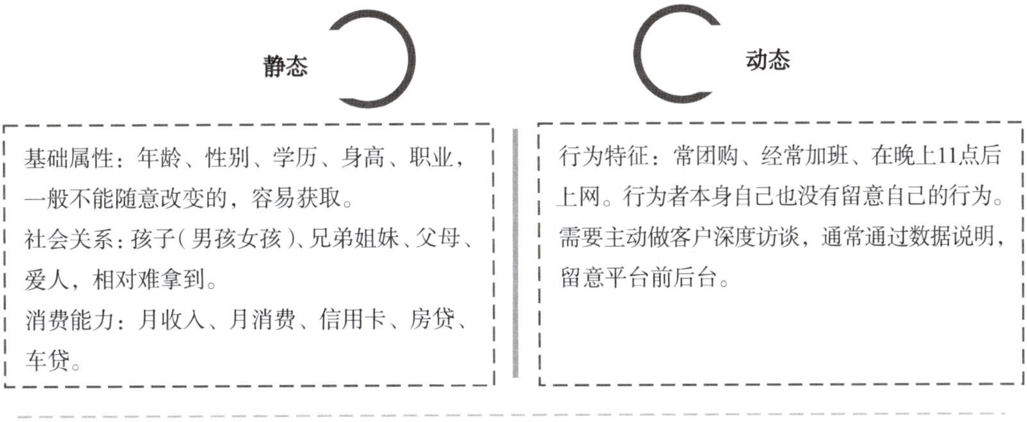

图3-2 跨境电商用户的静态及动态数据

（1）跨境电商用户的静态数据

跨境电商用户的静态属性指在一定时间范围内保持不变的特性、性质或属性，不受外部影响而固定的属性。这包括用户注册时提供的信息，如国籍、年龄、性别、地区、教育经历、职业和收入等。构建用户画像时，常以等级层次划分，如年龄段、工作领域（图3-2）。将这些自然属性作为模型输入，分析其对用户行为习惯的影响。

（2）跨境电商用户动态数据

跨境电商用户动态数据除了用户的行为特征，常用的特征信息还有用户活动规律特征、用户偏好特征、用户消费特征、用户社交特征。用户的行为特征包括已登录用户在网站或平台上的浏览信息、购买信息、收藏信息、点击信息、搜索信息、评价信息等一系列行为数据，主要体现了用户的偏好特征。与用户基础属性特征不同的是，个人用户行为特征往往是隐含的、难以直观解释的。

用户的行为特征包括：用户的购买频率、单笔最高消费金额、平均购买的交易金额、购物主要时段、最近一次购买的时间以及主要购买的商品种类。通过了解这几个消费属性，可以定位到用户喜好商品类型、消费习惯以及消费水平，针对用户的习惯特性为用户进行商品推荐，提高平台的交易收入。

例如，京东商城将用户相关的数据变量分为五类：行为变量；用户标签变量；账号变量；产品变量；商家变量。结合这五大变量，企业将从销量、会员、用户这三个视角去寻找用户的购买趋势和影响因素。针对用户的性别分布、年龄分布、用户注册情况、会员级别等的分析，最终结果表明，京东的用户以男性为主，男性用户的会员级别相对于女性用户更高。另外，女性用户的复购比率仅为20%，仅有男性用户的一半水平。因此，京东应着重提升女性用户在产品体验方面的感受，优化女性相关产品，同时推广更多有利于女性购买的促销活动。此外，拥有4年以上购买经验的用户是企业产品销售的主要支撑力量，增强这一用户群体的留存率将为其带来更多收益。京东可以通过为老用户提供福利回馈等方式，加强与他们的联系，从而增强用户的忠诚度。

通过有针对性的措施，如提升新用户体验和老用户福利计划，企业能够更好地满足不同用户群体的需求，提高用户的复购率和留存率，进而实现更稳健的业务增长。这类对于用户特征的精准分析，为企业的产品和服务定位、营销方式等都提供了有益的指导。

3.1.3 特征数据采集与整理

随着各国用户隐私政策的出台，用户的信息越来越受到保护。企业在收集、存储、应用个人信息时要取得用户的同意，用户对自己的个人数据有绝对的掌控权。 面对各国新政策的调整，跨境电商平台如亚马逊限制卖家对用户详细信息的访问，更加严格地管控用户的数据。但是，商家依然可以通过行业调研、用户访谈、用户信息填写及问卷调查、平台的前后台数据采集等方式收集数据。

（1）通过国家统计局等各国数据统计网站

除了上述的收集途径和方法，商家还可以利用通用的参考资料来收集用户的群体信息。如国家统计局、各国各类统计网站等，其中包含了各国经济民生、居民消费支出等多方面的数据，数据权威且全面。如图3-3所示，在经济指标官网上就可以采集数据。

国家	近期数据	前次数据	参考日期	单位
阿富汗	1 083 952	1 378 386	2021-12	AFN - 百万
阿尔巴尼亚	306 516	299 660	2023-03	- 百万
阿尔及利亚	9 645 102	8 684 553	2021-12	DZD - 百万
阿根廷	550 299	491 959	2023-03	ARS - 百万
亚美尼亚	1 566 186	1 325 638	2023-06	AMD - 百万
澳大利亚	288 137	287 480	2023-03	澳元 - 百万

图3-3 经济指标官网

属性中的收入指标具有重要意义。人均个人收入的计算方法是用总收入除以人口数。人均个人收入能够反映出个人或家庭在经济上的状况和生活水平，例如，当观测到个人收入增加，个人或家庭的购买力随之提升，导致人们更倾向于购买更高档次的商品和服务以提升生活品质；旺盛的购买力促进了各行业经济的发展。

（2）通过用户访谈收集

用户访谈特别适用于采集用户行为特征数据。访谈时的一个基本准则是“让用户更好地诉说”。常用的提问方式是 5W2H，同时也需要理解 5W2H 的直接询问容易引起用户反感，或由于用户自我认知的能力有限，无法对问题进行准确回答。所以，可以把问题转化成用户只需回忆或者陈述事实的问题，以获取更丰富的信息量。

以“某品牌耳机”为例，用户为什么购买本品牌耳机（以下简称为 A 耳机），需要转化为具体问题，例如：①最开始怎么知道 A 耳机的（广告、朋友推荐、论坛）？关于介绍的内容，吸引您的是什么？②以前有没有用过、接触过、听说过类似产品？为什么决定买了 A 耳机？③买了之后谁使用得最多？主要用它听什么内容？④使用起来和自己的预期是否相符？⑤会不会推荐给其他人？推荐 / 不推荐的理由是什么？通过这种提问方式，用户只需要进入对事实的回忆和阐述之中，而由访谈者帮助梳理事情发生的“原因”。

（3）通过海外社交网站收集

社交网站一般是以共同兴趣聚合在一起的群体，人们基于各自的兴趣组合在一起，产生群组，在群组里面交换各种信息。卖家可以利用群组工具，寻找相关的群组，通过观察点赞人数来了解最活跃的群组。加入这些群组，关注群成员的兴趣信息，从而获取用户相关的关键信息。

微案例

A 企业作为国产手机在海外的领军企业之一，自 2006 年创立以来，一直专注于拓展海外新兴市场。在众多国内企业在南亚、欧洲等海外市场遭遇挑战时，该企业凭借对用户信息的精准洞察，在非洲市场成功跻身前三名，成为真正的“非洲之王”。从 A 企业的营销战略来看，可以深挖以下这几点原因。

首先，评估消费需求。当该企业决定全面关注非洲市场时，为了充分发现和创造机会，第一阶段的重点是对用户需求的评估。公司派遣多个调研小组与不同层次的用户展开沟通，深入了解非洲各大城市和中小城镇的消费能力、支付习惯以及手机使用习惯等信息。这些调研活动有助于企业更好地了解不同地区的市场特点，为后续决策提供有力的支持。

其次，定制化产品满足。在第二阶段，为了满足定制化需求，该企业考虑到不同年龄、不同层次用户的个性化需求。例如，针对非洲的不同年龄段青少年，商家发现他们喜欢自拍。然而，由于非洲人的肤色较深，在光线不足的情况下难以拍摄出令人满意的照片。为了解决该问题，企业开展了谈话交流，深入了解了该群体的实际需求。接着，他们收集了近万张非洲人的照片，不断进行面部轮廓曝光补偿等分析，最终研发出适应非洲人群肤色特点的拍摄功能。这一举措使得手机在非洲青年群体中获得了极大的欢迎。

最后，双向互动提升口碑与价值。进入第三阶段，企业着重于赢得口碑和声誉，以提升价值型需求。在此阶段，常常以“匹配”为契机，与用户展开双向互动，了解他们的满意度和意见，同时构建用户的信任机制。同时，海外线上购物需求成为该阶段的关注重点，为了识别隐性需求，企业需要充分利用数字化技术来捕捉该需求。例如，通过跟踪用户的使用习惯，为其提供有针对性的解决方案，以实现最大程度的价值提升。

案例解析：企业通过评估消费需求、定制化产品满足、双向互动提升口碑与价值的三阶段策略，将专业的用户访谈与数字技术相结合的方式，最终达到揭示用户隐性需求、深入分析用户需求并解决用户主要问题的效果。

3.1.4 操作示范

（1）任务描述

广州跨境网络科技有限公司数据分析员章宏，在美国亚马逊平台开展数据调研，拟运用数据采集工具收集美国加利福尼亚州用户信息。

（2）操作演示

步骤一 整理用户地址信息。

整理用户地址信息需要了解不同国家的地址格式。以美国为例，地址格式从小到大：门牌号 + 街道名 + 公寓号（或办公室号）+ 城市 + 州缩写 + 邮编。例如：35210 Corlas Dee Boulevard APT 888，Hayward，CA 98582（美国加利福尼亚州海沃德市科拉斯迪大道 888 号公寓 35210 号）。35210 为门牌号；Corlas Dee Blvd 为街道名；Boulevard 是街道类型；APT 888 表示公寓号为 888（办公楼使用 Suite+ 号码，独栋别墅则无此部分）；Hayward 为城市名；CA 为加利福尼亚州缩写；98582 为邮编（邮编和州名间用空格，无逗号）。

一般情况下，从用户数据中下载的 ship-state（收货地）信息可能是不规范的国家简写，需要进行清洗和转换成标准简写。以美国为例，如果选择美国市场并下载数据，可以整理国家和城市信息，最终与美国的地理矢量图进行对比，为后续的地区分析做好准备。

如果用户在沟通中发过来的地址是 430 Fig Street，Madera，California 93638，USA（美国加利福尼亚州马德拉市无花果街 430 号 93638），整理用户的地址信息如表 3-1 所示。

表 3-1　整理后的用户地址信息

地址	相应信息
街道	无花果街 430 号
城市	马德拉市
州名	加利福尼亚州
邮编	93638
国家	美国

步骤二　获取模拟跨境用户数据。

假设数据从亚马逊后台下载，请扫码打开数据源“任务 3.1 练习”。在数据中，“ship-state 收货地”显示的是不规则的国别简写，因此需要进行数据清洗，将其改写成统一格式。首先，筛选出包含“products-sold（已售产品）”和“ship-state 收货地”的数据。然后，在 Excel 中对“products-sold（已售产品）”进行订单排序。选中所有数据，进入“插入”选项，选择“图表”，并选择“柱状图”，以进行数据的可视化处理。通过店铺数据的可视化展示，尤其是消费者的分布区域，可分析出这些区域的消费者静态和动态特点。

任务 3.1 练习

此外，针对用户在不同区域的消费情况，可根据其重要性进行划分。例如，按照二八定律划分，将市场总体的前 20% 归类为第一市场，而剩余的 80% 则划分为第二市场。另一种方法为根据每个区域的“products-sold（已售产品）”总和占整体的百分比来划分市场。具体做法是：将各区域的“products-sold（已售产品）”总和除以整体总和，再乘以 100%，得到各区域市场占比的比率。根据该比率，可将市场划分为不同的层级，如大于等于 1% 的为第一市场、大于等于 0.1% 小于 1% 的为第二市场，小于 0.1% 的为第三市场（图 3-4）。

州英文缩写	州名	销售产品数量	占据比例	分类
CA	加利福尼亚州	273	9.43%	第一市场
FL	佛罗里达州	211	7.29%	第一市场
TX	得克萨斯州	205	7.08%	第一市场
NY	纽约州	179	6.18%	第一市场
IL	伊利诺斯州	126	4.35%	第一市场
PA	宾夕法尼亚州	107	3.69%	第一市场
GA	乔治亚州	98	3.38%	第一市场
NJ	新泽西州	92	3.18%	第一市场
OH	俄亥俄州	78	2.69%	第一市场
VA	弗吉尼亚州	75	2.59%	第一市场

图 3-4　区域市场占比比率部分截图

通过以上可视化和市场划分的分析，商家可以更好地理解消费者分布和消费趋势，为制定精准的市场策略提供支持。

步骤三 打开美联储经济数据官网，在搜索框搜索加利福尼亚州的个人收入“California personal income”，查看该地区人群的近年收入数据，并下载 Excel 表（图 3-5、图 3-6）。

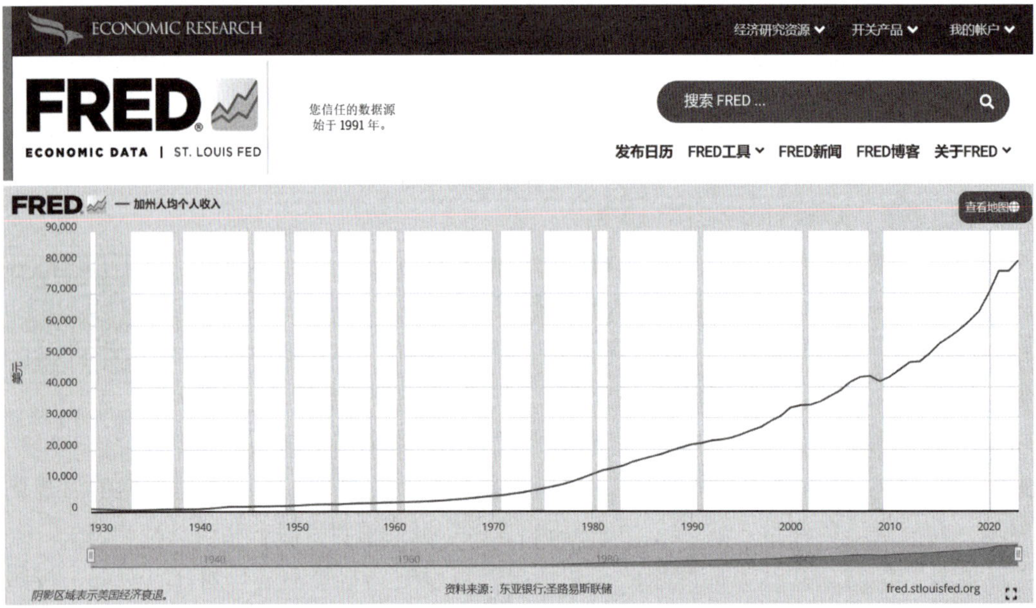

图 3-5 美联储经济数据官网搜索页面截图

图 3-6 美联储经济数据官网资源下载页面截图

步骤四 查找到有关 2023 年加利福尼亚州个人人均收入信息的表格，最终得到加利福尼亚州的“个人人均收入”是 80 423 美元。

3.1.5　任务实训

<table>
<tr><th colspan="2">实训内容</th><th colspan="3">数据图表</th><th colspan="2">分析</th></tr>
<tr><td colspan="2">选择亚马逊平台的“美妆”类目的某个子类目，整理该类目产品的用户特征。已知该用户地址为：3427 Ocello Street，Milwaukee，Wisconsin 53201（美国威斯康星州密尔沃基市奥塞洛街道 53201 号公寓 3427 号），职业是工程师。需要做以下几件事：
（1）整理其地址信息
（2）整理用户该区域的消费趋势
（3）获知该用户地区的人均收入</td><td colspan="3">使用 Excel 整理出美妆个护子类目产品用户的地理属性分析</td><td colspan="2"></td></tr>
<tr><th colspan="2">评价内容</th><th colspan="3">评价标准</th><th>分值</th><th>得分</th></tr>
<tr><td rowspan="5">工作过程</td><td>整理用户地址信息</td><td colspan="3">地址整理和地址简写整理的准确度</td><td>10</td><td></td></tr>
<tr><td>整理用户在该地区的消费趋势</td><td colspan="3">买家国家占比整理的准确度</td><td>20</td><td></td></tr>
<tr><td>采集用户地区的人均收入</td><td colspan="3">采集数据的准确度</td><td>20</td><td></td></tr>
<tr><td>协调能力</td><td colspan="3">与小组成员之间合作交流</td><td>10</td><td></td></tr>
<tr><td>职业素质</td><td colspan="3">能合法合规收集数据、爱岗敬业</td><td>5</td><td></td></tr>
<tr><td rowspan="4">任务成果</td><td>工作完整</td><td colspan="3">能按时完成任务</td><td>5</td><td></td></tr>
<tr><td>工作规范</td><td colspan="3">能按照规范要求开展实训</td><td>10</td><td></td></tr>
<tr><td>工作成效</td><td colspan="3">能运营分析工具进行行业分析</td><td>10</td><td></td></tr>
<tr><td>成果展示</td><td colspan="3">能准确表达、汇报工作成果</td><td>10</td><td></td></tr>
<tr><td colspan="5">合计</td><td>100</td><td></td></tr>
<tr><td colspan="2" rowspan="2">综合评价</td><td>自评 /
20%</td><td>小组互评 /
30%</td><td>教师评价 /
50%</td><td colspan="2">综合得分</td></tr>
<tr><td></td><td></td><td></td><td colspan="2"></td></tr>
<tr><td colspan="7">拓展思考题：美甲与耳机两种产品之间，对消费者的特征维度要求是否不一样</td></tr>
</table>

任务 3.2 用户特征数据分析

理想消费者是指具备购买力、需求旺盛且与企业价值观契合的用户。而如何找寻这类“理想用户”，需要企业在海量跨境用户数据中剔除不相关的信息，筛选出“理想用户”信息。以下介绍两种用户信息分析模型。

3.2.1 用户信息分析模型

（1）金字塔模型

金字塔模型是一个常见的根据用户的消费额度来管理的方法。该模型按照消费额度，根据二八定律，用户里有 20% 带来 80% 的业绩，其中的 20% 有可能发展成为关键用户，余下 80% 是潜在用户和总销售额较少的用户，从而把用户分为关键用户、优质用户、潜在用户和次要用户（图 3-7）。据此，用户信息收集与分析以 20% 的重点用户为主，是以关键用户与优质用户为采集重点。

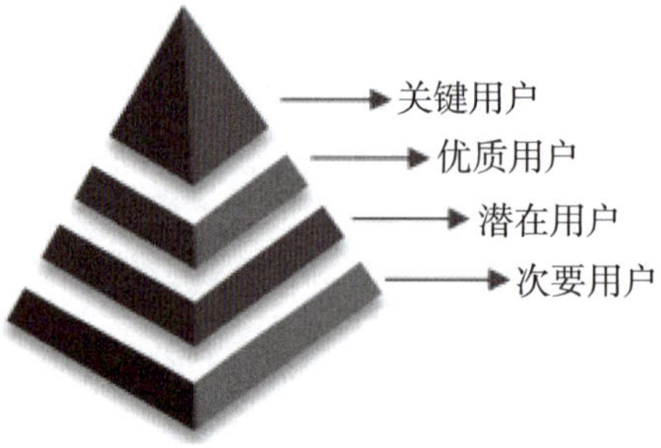

图 3-7 金字塔模型

（2）RFM 模型

另一种常见的方法是从行业的角度，根据跨境电商用户的消费行为和消费特性来衡量用户。美国数据库营销研究所的研究人员提出可以使用三个要素构成用户价值指标，用于用户细分。指标 1 是 recency（最近一次消费至今的间隔）；指标 2 是 frequency（消费频率）；指标 3 是 monetary（某一段时间的消费金额），称为 RFM 模型。

RFM 模型通过一个用户的近期购买行为、购买的总体频率以及消费金额三项指标来描述该用户的价值状况。一般而言，最近一次消费的用户应该是更好的用户，因为其最有可能对即时商品或服务的提供做出响应。F 值越大，用户忠诚度越高，再次购买意愿就越强。一般来说，M 值越高，用户的忠诚度越高。它可以直接衡量用户的收入水平与购买能力，是所有数据报告的基础。

RFM 模型构建需要对用户信息进行分类和筛选。具体而言，首先要建立 RFM 模型，根据交易数据中买家用户 ID 身份、下单时间、买家姓名、收货地址、联系电话、实收用户总额等数据获取每个用户的最近一次消费、消费频率和消费金额这三个评价指标，并且计算出其得分，进而获得用户最近一次消费得分、消费频率得分、消费金额得分以及用户整体的 RFM 总分。

微案例

一家购物商城对积分卡数据库的顾客交易数据进行整理，以建立 R-F-M 变量与顾客未来购买行为的关联。首先，对 R（recency）进行整理，基于顾客的活跃程度概率分布，排除过去半年内购买次数少于 3 次的不活跃顾客；其次，对 F（frequency）进行整理，删除具有团购倾向的顾客，因为该类顾客购买次数较少但金额较大，且购买大量相同商品。计算顾客购买次数和金额的乘积，得出顾客的经济贡献 M（monetary）。最后，根据 R、F、M 值为用户打分。例如，对 M 值采用二八法则，将前 20% 定为高价值用户，其余排名逐渐降低。对于 R 值的分数，可以按照一周为单位，给予在一周内消费 7 次的最高分，一周内消费 1 次的较高分，两周内没有消费的较低分，依次类推。

案例解析：在用户数据分析中，存在多种算法可供选择。除了企业后台的算法分析外，还可以根据企业的个性化需求进行自我分析，从而确定最合适的方法。该过程可以根据不同情况进行调整，以更好地理解和服务不同类型的顾客。

3.2.2　基于模型对理想用户的分析

（1）用户购买间隔时间的整理

用户购买间隔时间是指从最近一次购买的时间至今的时间间隔，反映了用户的购买频率和忠诚度。通过对购买间隔时间的整理，可以识别出不同用户群体的购买习惯。较短的购买间隔可能表明用户更加活跃且愿意频繁购买，而较长的购买间隔可能意味着用户的购买较为稀少。

（2）用户的某一段时间消费金额整理

该指标能够揭示出用户的消费水平和购买力。通过对用户在特定时间段内的消费金额进行整理和分析，企业可以更好地了解不同用户群体的消费习惯和行为。对于高消费金额的用户，企业可以将其归类为高价值用户，并采取一系列措施来增强其满意度，例如，提供个性化的服务、专属优惠等，以促使其继续保持高消费水平。而对于低消费金额的用户，企业可以通过针对性的推荐和促销活动，鼓励他们提升消费水平，从而提高用户价值。

（3）用户重复购买率的整理

用户的重复购买率是衡量用户忠诚度的核心指标。计算重复购买率可以通过以下两种方法：①根据购买频次进行整理。以月、季度或年为单位，计算每个用户在特定时间段内的购买次数。这能够显示出用户在一段时间内的购买频率。②根据购买次数与总交易次数的比率进行计算。以月、季度或年为单位，假设企业总共有 100 次交易，其中有 20 个用户多次重复购买，那么重复购买率即为 20/100，即 20%。

通过对重复购买率的整理，企业可以了解用户的忠诚度和对产品的喜好程度。高重复购买率意味着用户对产品的满意度较高，愿意多次购买，这对于企业来说非常有价值。低重复购买率可能意味着用户体验不佳，或者竞争对手存在更有吸引力的产品或优惠。

（4）划分不同类型的用户群体

RFM 模型是一种常用于数据分析的工具，特别适用于生产消费品、化妆品、小家电等单价较低的商品。该模型基于三个关键指标：最近购买时间（recency）、购买频率（frequency）以及购买金额（monetary）。通过对这些指标的综合分析，可以划分出不同类型的用户群体。

次要用户占据用户群体中的比重最大。该类用户在一段时间内没有购买，购买频率和金额较低，处于沉默状态。首先，若该用户关系处于发展初期（典型是新介入的新用户，还没形成用户对购物商城的信任、忠诚等社会价值），此时激活这类用户相对困难，需要花费较高的运营成本，可以通过大型活动进行触达，继续保持用户关系慢慢培育；其次，若该用户关系已经处于衰退期，建议企业应理性衡量挽回用户的成本和可能的收益，以此决定是退出还是争取该群体；最后，若用户对价格极其敏感，不愿意忠诚于任何一家，且感化成本较高，成效甚微，建议尽量避免投入大量的成本进行维护，也可以给小额优惠唤醒用户。

潜在用户占据第二大比例。该类用户购买间隔较短，购买频率和金额较低，通常是新的付费用户，在培育后可转换为优质或关键用户。对这部分用户，可挖掘其行为和需求，针对性地推送促销信息，以提升其购买频率。

优质用户属于潜在价值较高的用户。该类用户占比较少也容易受竞争对手的优待所吸引，后期用户价值变化的不确定性较高，因此应该给予适当关照以确保用户忠诚度。

关键用户是企业最有价值的用户类型。由于其为企业提供更高的价值，需要特别维护。针对优质用户，可以刺激其消费行为，提高下单频次。例如，通过提供专属会员权益、专属用户服务、定期发放会员优惠礼包等方式加强该类用户黏性。另外，也可根据用户的消费习惯推荐高价值产品，以激发其购买欲望。

3.2.3 用户的呈现

为了更直观地观察用户，可以根据数据分析结果，将其整合并以用户画像的方式展示出来。

（1）用户画像

用户画像的定义在不同领域有不同的侧重点。表 3–2 展示了不同用户画像的区别。商业模式管理优化领域常使用“customer segment（客户细分）”，当企业的客户数量达到一定规模时，不同客户公司的规模、所属行业、所在地等因素都会有很大的差异。如果将它们整合到一起进行统一管理，可能导致整个商业流程变得混乱。此时，可以通过“customer segmentation（客户细分）”的方式来优化管理。另外，“user profile（用户概况）”是由 Digital Balance 创始人首次在大数据领域提出的概念，它呈现了泛化的用户特征，如年龄、性别、学历等。一般情况下，“user profile（用户概况）”的展示方式，有助于更好地呈现“user persona（用户角色）”，后者是相对抽象、感性的画像，侧重于展现用户的动机，即用户想要做什么。此外，“user persona（用户角色）”是从大众用户中抽象出来的，代表群体行为、目标和动机的虚构性用户。

跨境电商
用户标签化

表 3–2　不同领域的用户画像的定义

起源（领域）	英文	定义
商业模式	customer segmentation	企业根据用户的属性、特征等，依照一定的规则将用户分为多个类别
大数据	user profile	数据庞大的、泛化的用户表征
设计	user persona	比较抽象的，比较感性的画像

结合以上三种不同领域的用户画像定义，根据用户的属性、特征，依照一定的规律将用户分为多个类别，设计成较为能想象的、感性的画像，从而更好地应用这些数据。

（2）标签化步骤

在实际呈现中，可以采取以下方式进行标签化：

①对用户的自然属性进行分类，如年龄、性别、教育程度等；

②基于自然属性，进一步对用户的兴趣、行为等进行分类；

③根据用户所处的环境，选择相应的场景来呈现信息；

④将上述分类中包含的所有行为特征和场景进行归纳和总结，可以根据不同人群的喜好来进行分类；

⑤根据不同的人群和场景，将标签应用在合适的位置上进行呈现。

整个过程涵盖三个关键因素：人（自然属性和社会属性）、物（用户对产品的兴趣、行为等）、环境（时间、地点、场景）。例如，广州跨境网络科技有限公司团队要在圣诞节期间推广 3C 产品，为了了解用户画像，首先可从地域或年龄角度对用户进行分群，找出对圣诞节感兴趣的群体；其次，通过分析该群体的消费观念、生活习惯、价值观等，找到与 3C 产品和品牌宣传的价值观相匹配的核心用户；最后，将这些用户细分，赋予其特定的形象，使用感性的描述，赋予标签，从而使该类用户成为一个“可见的顾客”。通过以上方式，商家可以更好地理解不同用户群体，并将其特点和需求有机地结合起来，以更有针对性的方式进行营销和推广。

（3）数据可视化

数据可视化即对群体或个人的用户画像进行可视化呈现，包括直方图/饼图/表格等。

从理论上来说，标签越多意味着人群越精准。越是有经验的、敢想、多维度思维的用户画像描绘者，越能呈现出“可见的顾客”。

通过数据分析和用户画像的建立，商家能够更好地了解用户的行为习惯、偏好和需求。从静态属性到动态行为，用户画像能够被全面而准确地展示出来。优质用户的静态与动态特征描述为商家提供了有力的依据，可以采取有针对性的策略来提高用户黏性。例如，通过个性化的促销活动、精准的产品推荐，以及创造更好的购物体验，商家能够激发用户的购买欲望，增强消费者的忠诚度，并实现业绩增长的目标。在竞争激烈的市场环境中，用户画像的建立将成为企业取得成功的重要工具之一，为企业的战略规划和市场营销提供科学支持。

3.2.4 操作示范

（1）任务描述

广州跨境网络科技有限公司数据分析员章宏，在美国亚马逊平台开展数据调研，采集了美国加利福尼亚州用户的相关信息，呈现出目标用户的用户画像。

（2）操作演示

步骤一 扫码打开数据源“任务 3.2 练习”。

步骤二 整理后台数据中的信息。

把用户、交易类型、交易日期、单价和交易数量复制到一个新的工作表里。在新的工作表上，新增 7 个辅助列。表头是时间间隔、R、F、M、R 评分、F 评分、M 评分。

任务 3.2 练习

客户数据初步整理操作示范

A	B	C	D	E	F	G	H	I	J	K	L	M
用户	交易类型	交易日期	单价	交易数量	总金额	时间间隔	R	F	M	R评分	F评分	M评分

图 3-8　新工作表表头

步骤三 数据清洗。

在开始数据分析之前，应进行数据清洗。需去掉不合理的数值或字段，以及去重。比如，用户并没有实际成交的、其他交易用途的或者数据库中出现重复 id 的等情况。

步骤四　需要先计算每个用户的“最后一次消费的时间间隔”。首先选择数据列—鼠标下移，找到分列功能，把日期与时间给分隔开来（图 3-9、图 3-10、图 3-11）。

插入一个辅助列，计算出每个订单日期到今天的时间间隔，这个可以用 TODAY 函数减去订单日期这一列得出（图 3-12）。

图 3-9　分列

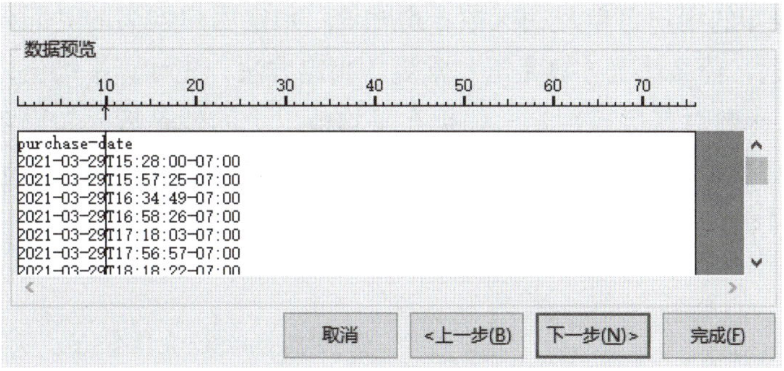

图 3-10　分列—固定宽度

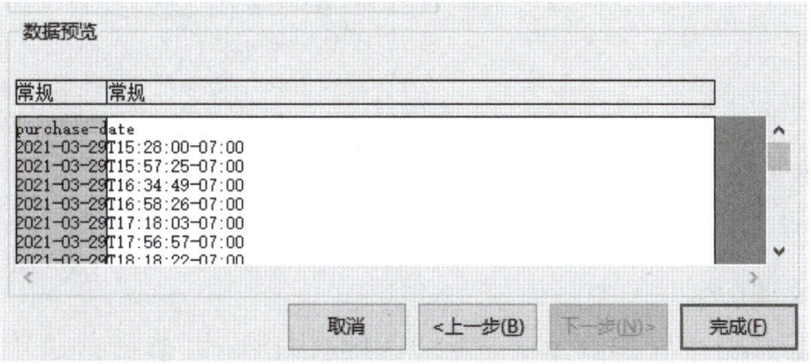

图 3-11　完成情况

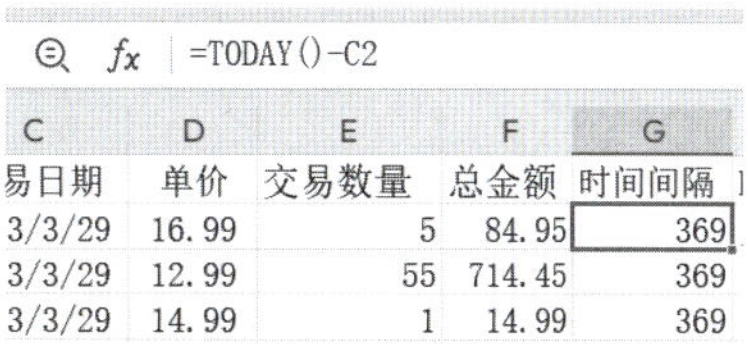

图 3-12　时间间隔

步骤五 找出同一个用户的最后一次消费时间。

每个用户可能会存在多个订单，而且每个订单的购买时间可能不在同一天。如果要做用户人群分析，我们需要的是用户的最近一次的消费时间。选中数据区域，依次单击【插入】—【数据透视表】，找到每位用户的最小值（图 3-13）。

客户	最小值项:时间间隔
14937797381	217
15003037851	207
15024803371	207
15024803391	173
15066625891	191
15132931951	183
15198330031	179
15267358601	173
15337427281	160
15400529711	141
15468702781	129
(空白)	45233
总计	**129**

图 3-13 用户最近购买时间间隔

步骤六 计算 R（购买间隔时间）及评分。

在完成数据初步整理后，开始计算 RFM 的数值与对其评分。可以根据图 3-13 中得知的用户订单最短天数，得知 R。判定用户购买的时间什么情况才算是远，什么情况才算是近。常规的判定方法，先计算平均值，然后再利用 IF 函数对其进行判定，如果在平均值以上的就是近，如果在平均值以下的那就是远，这样便可以得出每个用户的购买间隔时间近、远的情况（图 3-14）。

客户 RFM 数据整理操作示范

K2388 fx =IF(H2388>AVERAGE($G:$G),"远","近")

	D	E	F	G	H	I	J	K
1		交易数量	总金额	时间间隔	R	F	M	R评分
2388		2	43.98	292	129	191	326.8485	近
2389		2	31.98	292	129	191	326.8485	近
2390		2	29.98	292	129	191	326.8485	近

图 3-14 对 R（购买间隔时间）进行评分

步骤七 计算 F（购买频率）及评分。

在完成 R 值评分后，开始计算购买的总体频率 F。需要先根据用户的订单数量得出用户购买的次数，这是指消费者或用户在一定时期内购买某种或某类商品的次数，这在辅助列 F 利用 COUNTIF 去对用户这一列进行计算，就可以得出每个用户的购买次数（图 3-15）。

I2388　f_x =COUNTIF(A:A, A2388)

	D	E	F	G	H	I
1		交易数量	总金额	时间间隔	R	F
2388		2	43.98	292	129	191
2389		2	31.98	292	129	191
2390		2	29.98	292	129	191

图 3-15　计算 F（购买频率）

另外，还需要判定何种情况下用户购买次数多，何种情况用户购买次数少。常规的判定方法是先计算平均值，然后再利用 IF 函数对其进行判定，如果在平均值以上的，便判定为频率高，在平均值以下的判定为频率低，据此规则，可得出每个用户的购买频率的高低。具体如图 3-16 所示。

L2388　f_x =IF(I2388>AVERAGE($I:$I),"高","低")

	E	F	G	H	I	J	K	L
1	量	总金额	时间间隔	R	F	M	R评分	F评分
2388	2	43.98	292	129	191	326.8485	近	低
2389	2	31.98	292	129	191	326.8485	近	低
2390	2	29.98	292	129	191	326.8485	近	低

图 3-16　对 F（购买频率）进行评分

步骤八　计算 M（消费金额）及评分。

完成计算用户在时间段内的购买频率后，整理该用户群体每次的消费金额。每次消费金额 = 用户的总消费金额 / 用户的订单数量。反映在 Excel 中，可先用 SUMIF 函数把某个用户订单总金额求出，再利用 COUNTIF 函数求出该用户的订单数量。该数值也是 RFM 模型中的 F 值，最后两个数相除，便可以得出 M 的数据（图 3-17）。

J2388　f_x =SUMIFS($F:$F, $A:$A, A2388)/COUNTIF($A:$A, A2388)

	C	D	E	F	G	H	I	J
1	期	单价	交易数量	总金额	时间间隔	R	F	M
2388	/15	21.99	2	43.98	292	129	191	326.8485
2389	/15	15.99	2	31.98	292	129	191	326.8485
2390	/15	14.99	2	29.98	292	129	191	326.8485

图 3-17　计算 M（消费金额）

此外，还需要判定何种情况下该用户购买金额高，何种情况购买金额少。常规的判定方法为先计算平均值，然后再利用 IF 函数对其进行判定，如果在平均值以上的，判定为用户购买金额总支付高，反之为低，这样便可以得出每个用户的消费金额的高低（图 3-18）。

M2388　fx　=IF(J2388>AVERAGE($J:$J),"高","低")

	G	H	I	J	K	L	M	N
1	时间间隔	R	F	M	R评分	F评分	M评分	
2388	291	129	191	326.8485	近	低	低	
2389	291	129	191	326.8485	近	低	低	
2390	291	129	191	326.8485	近	低	低	
2391	291	129	191	326.8485	近	低	低	

图 3-18　对 M（消费金额）进行评分

步骤九　把远近、频率、销售金额这三个字段用“&”连接起来，还要准备一个 RFM 模型辅助表，辅助表里也要把远近、频率、销售金额这三个字段用“&”连接起来。

RFM 模型结论操作示范与分析

步骤十　判断 RFM 值对应的用户类型。

- RFM = 近 & 高 & 高，是重要价值用户，最近有购买行为，累计交易次数多，累计交易金额高，属于优质用户。
- RFM = 远 & 高 & 高，是重要唤回用户，交易次数和交易金额高，但是最近没有交易，需要唤回。
- RFM = 近 & 低 & 高，重要深耕用户，交易金额高，而且最近有交易，只是频率不高。
- RFM = 远 & 低 & 高，重要挽留用户，交易金额大，但是最近没有交易而且交易次数比较少，需要重要挽留。
- RFM = 近 & 高 & 低，潜力用户，交易次数多，且最近有交易，需要挖掘跟进。
- RFM = 近 & 低 & 低，新用户，最近刚开始交易的用户，属于有推广价值的用户。
- RFM = 远 & 高 & 低，一般维持用户，交易次数多，但是都是小额消费的，且最近没有交易，属于一般维持。
- RFM = 远 & 低 & 低，流失用户，RFM 值都较低，基本流失了。

步骤十一　进行用户基本特征呈现与分析。

理想用户是企业认为有较大潜力为其带来额外销售收入或利润的目标用户市场。用户基本特征分析如图 3-19 所示。

以上类型的技术爱好者 John，是广州跨境网络科技有限公司的用户群体里最理想的关键用户的化身。在用户中，John 有良好的财务状况，一年内购买金额超过 10 000 美元，具有较强购买力。购买时间间隔最长的是 40 天，最短是 12 天。全年购买了 34 次，复购率高，对自己所拥有产品和服务比较满意。生活在加利福尼亚州，青年，已婚，IT 工程师岗位，认可公司的文化且经常浏览科技网站。John 代表了在美国购买中

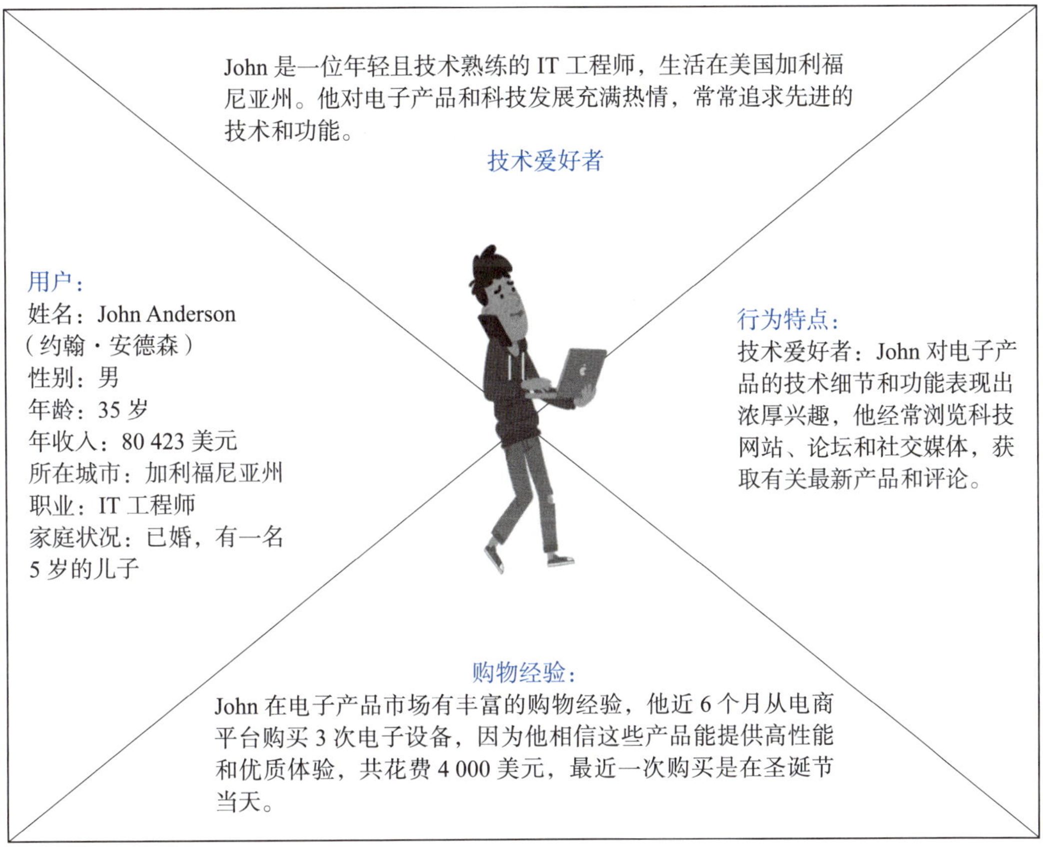

图 3-19　理想用户“技术爱好者”的用户画像

国电子产品的用户类型，他对技术的追求、性价比和全球化购物体验将在未来继续影响他的购买决策。

随着技术的不断发展，跨境购物将变得更加普遍，更多的用户可能会像 John 一样，选择从中国购买电子产品，以满足他们的技术需求和购物愿望。跨境电商企业应提供更加专属的产品和服务，例如通过提供专属会员权益、专属用户服务、定期发放会员优惠礼包等方式加强该类用户黏性。另外，也可根据用户的消费习惯推荐高价值产品，以激发其购买欲望。

3.2.5　任务实训

实训内容	推导过程	分析
对用户的 RFM 三大指数进行计算	使用 Excel 整理出三大指数	
根据 RFM 三大指数，指出美妆个护类目下的用户有哪些，各占比多少	使用 Excel 辅助计算占比	

续表

实训内容	推导过程	分析

根据以上结果，以及以下描述，画出美国美妆个护消费画像，并给出总结

用户代表 Emily

静态属性：Emily 是一名年轻的职场女性，年龄 25～35 岁，已知该用户地址为：3427 Ocello Street，Milwaukee，Wisconsin 53201（美国威斯康星州密尔沃基市奥塞洛街道 3427 号公寓 53201 号），年收入 90 543 美元，本科学历

购买动机：Emily 购买中国美妆个护产品的动机主要有两方面。首先，她认为这些产品往往能够提供不同于美国本土品牌的创新和独特性。其次，价格相对亲民，具有较高的性价比。Emily 认为中国美妆品牌在皮肤保养领域有着丰富的传统和经验，因此她对这些产品的信任度较高

购买特点：Emily 的购买行为呈现较高的忠诚度，她经常在同一家或几家中国美妆品牌的官方网站或跨境电商平台购买产品。她倾向于选择搭配套装，以便尝试不同的产品。在购买过程中，Emily 会查看产品成分、使用方法和效果，并根据自己的需求做出购买决策

购买行为：RFM = 近 & 低 & 高

<table>
<tr><th colspan="2">评价内容</th><th colspan="3">评价标准</th><th>分值</th><th>得分</th></tr>
<tr><td rowspan="7">工作过程</td><td>地区属性分析</td><td colspan="3">正确使用 Excel 等工具画出分析图表</td><td>10</td><td></td></tr>
<tr><td>分析 R 值</td><td colspan="3">正确使用 Excel 等工具画出分析图表</td><td>10</td><td></td></tr>
<tr><td>分析 F 值</td><td colspan="3">正确使用 Excel 等工具画出分析图表</td><td>10</td><td></td></tr>
<tr><td>分析 M 值</td><td colspan="3">正确使用 Excel 等工具画出分析图表</td><td>10</td><td></td></tr>
<tr><td>分析 RFM 模型得出的不同种类用户的应对方式</td><td colspan="3">分析深度与广度</td><td>5</td><td></td></tr>
<tr><td>画像总结描述</td><td colspan="3">资料整合、分析</td><td>10</td><td></td></tr>
<tr><td>职业素质</td><td colspan="3">能合法合规收集数据、爱岗敬业</td><td>5</td><td></td></tr>
<tr><td rowspan="4">任务成果</td><td>工作完整</td><td colspan="3">能按时完成任务</td><td>10</td><td></td></tr>
<tr><td>工作规范</td><td colspan="3">能按照规范要求开展实训</td><td>10</td><td></td></tr>
<tr><td>工作成效</td><td colspan="3">能运营分析工具进行行业分析</td><td>10</td><td></td></tr>
<tr><td>成果展示</td><td colspan="3">能准确表达、汇报工作成果</td><td>10</td><td></td></tr>
<tr><td colspan="5">合计</td><td>100</td><td></td></tr>
<tr><td colspan="2" rowspan="2">综合评价</td><td>自评 / 20%</td><td>小组互评 / 30%</td><td>教师评价 / 50%</td><td colspan="2">综合得分</td></tr>
<tr><td></td><td></td><td></td><td colspan="2"></td></tr>
<tr><td colspan="7">拓展思考题：在分析出来的不同种类的用户中，你认为哪三类最有价值</td></tr>
</table>

知识巩固

一、单项选择题

1. 跨境电商特征收集的作用不包括（　　）。

A．能作为用户价值分级的基础　　B．能作为企业生产的导向

C．作为企业营销的方向　　D．能让用户自动购买

2. 跨境电商用户信息收集的难点不包括（　　）。

A．用户信息敏感，收集工作受多方约束

B．跨境电商用户有区别，导致收集的信息内容不同

C．很难收集到用户信息

D．用户信息日积月累，信息量过大容易忽视有效信息

3. 跨境电商用户的属性可以分成很多类型，其中地址属于（　　）类型？

A．自然属性　　B．行为特征

C．兴趣属性　　D．预测属性

4. 发布广告时，可以用多种条件选定目标受众，这些条件主要分为三类，下列哪一项不正确？（　　）

A．人口统计特征　　B．兴趣

C．行为　　D．宗教

5. 利用社会化媒体开发用户时，往往最关注获取（　　）。

A．用户姓名　　B．用户背景信息

C．用户联系方式　　D．用户收入状况

6. 用户跟进过程中，要考虑不同地域的买家特点和喜好，下列关于买家特点的描述，哪一项可能与事实偏离最远？（　　）

A．中东用户重视宗教信仰　　B．北美用户强调契约精神

C．欧洲用户内敛被动　　D．非洲用户追求性价比

7. 对“某一段时间的消费金额”的解释正确的是？（　　）

A．用户某时间段购买次数的多少　　B．用户某时间段购买金额的多少

C．用户某时间段总购买量的多少　　D．用户某时间段忠诚度的高低

二、多项选择题

1. 根据金字塔模型，用户可以分成（　　）。

A．潜在用户　　B．次要用户

C．优质用户　　D．关键用户

2. 用户忠诚度越高，会出现下面哪种情况？（　　）

A．再次购买意愿越强　　B．总购买量越高

C．用户与企业沟通越多　　D．用户点击网页越多次

3. 计算复购率有什么方法（　　）?

A. 按照购买频次　　B. 计算物流配送的频率

C. 计算售后服务质量　　D. 按照购买次数与总交易次数的比率

4. 发布广告时，可以用多种条件选定目标受众，这些条件主要分为三类，下列哪一项正确？（　　）

A. 人口统计特征　　B. 兴趣

C. 行为　　D. 宗教

5. 用户画像的英文翻译可以是（　　）。

A. Product Profile　　B. User Profile

C. User Personas　　D. Customer Segmentation

三、判断题

1. 对于营销型企业来说，用户数据库是企业的生命。（　　）

2. 通常来说，北欧的用户对错误的容忍度极低。（　　）

3. 目标用户群体每个站点都差不多的，不用分站点分析。（　　）

4. 用户体系数据化旨在搭建店铺卖家自己的用户画像体系，帮助卖家明确自己的店铺及产品定位，实现精准营销。（　　）

5. 金字塔模型按照消费额度，把用户分为关键用户、优质用户、潜在用户、次要用户。（　　）

四、简答题

1. 简述 RFM 模型。

2. 简述用户画像。

项目 4

产品需求分析

学习目标

●知识目标

► 理解跨境电商产品需求分析的基本理论。
► 掌握 Excel 数据处理的方法。
► 掌握线性回归模型原理。
► 掌握跨境电商产品需求分析的数据指标体系。

●能力目标

► 能够完成跨境电商产品需求分析的数据指标体系设计。
► 能够利用第三方软件采集跨境电商平台的产品需求数据。
► 能够规范处理并保存产品需求数据资料。
► 能够建立线性回归模型并进行产品需求分析。

●素质目标

► 具备产品思维和创新意识。
► 具有一定实践创新能力和精益求精的工匠精神。
► 合法合规使用数据、爱岗敬业。

案例导入

亚马逊是全球较大的跨境电商平台之一，提供了从书籍到电子产品、日用商品等各种商品的销售。随着全球电商市场的发展，亚马逊逐渐扩展了其在全球范围内的市场份额，其中包括了对不同国家和地区用户需求的深度分析与产品定制。

为了提升其跨境电商的运营效率，亚马逊开发了高度复杂的数据分析模型，帮助其深入了解不同市场的消费者需求。这些模型基于消费者购买行为、市场趋势、地理位置、季节性需求等多维度因素，为亚马逊的供应链管理、库存优化、定价策略和营销推广等方面提供了支持。通过对这些数据的分析，亚马逊能够预测各个国家和地区市场的需求变化，从而在跨境电商的操作中有效降低库存成本、提高产品的市场响应速度，并提升用户体验。例如，在进入印度市场时，亚马逊通过分析消费者的购买历史、地区文化差异以及当地节庆等因素，定制了符合当地消费者需求的产品类型和营销策略，成功吸引了大量新用户，并扩大了其市场份额。

案例思考题

广州跨境网络科技有限公司正在筹备无线耳机项目，准备打造一款爆款无线耳机，进入美国市场。经过前期探索性的市场调研发现，这类耳机在亚马逊（美国）平台上面运营的品牌和型号非常多，也给了用户很多的选择。那么，该运营商应该如何打造这款耳机呢？

无线耳机的价格、音质、设计、降噪功能、防水性能、蓝牙连接等多方面，可能都是用户选择产品时关注的要点。那么广州跨境网络科技有限公司应该如何挖掘用户需求，是否能够利用马斯洛需求理论对产品进行需求分析呢？

任务 4.1 产品需求数据采集

产品需求分析的任务是使用平台数据工具及第三方调研工具，采集目标产品数据，达到产品需求分析要求。在开展工作之前，要先制定数据采集的方案，即设计产品需求分析的数据指标体系，以及明确数据采集的途径和工具。

4.1.1 产品需求分析的指标体系

无线耳机产品需求分析指标

数据分析的指标体系构建主要由四个关键点组成：业务背景、明确问题、设计指标以及指标评估，其中业务背景已经在案例导入的环节进行了说明，下面介绍明确问题、设计指标和指标评估。

（1）明确问题

明确问题，即明确需要解决什么问题。产品需求分析的核心问题是明确产品的刚需特征，以及分析这些刚性特征对产品销量和用户评价的影响。产品不同，消费者需求的关注点也不尽相同。比如消费者对汽车的需求点，主要有行驶、空间、安全、可靠性、性价比、健康环保以及品牌等几个方面。本项目案例导入的无线耳机产品，则主要有音质、外观设计、电池续航、佩戴舒适度、蓝牙连接、降噪、防水性能等方面。

（2）设计指标

根据需求设计具体的数据指标，比如，产品销量可以用产品近 30 天的销售量衡量，无线耳机的防水性能通常用 IPX（国际工业防水等级标准）的等级来衡量，无线耳机的电池续航通常使用播放时长来衡量等。用户对不同产品的需求点不尽相同，行业实践中常使用马斯洛需求理论，对产品需求分析的指标进行分层归类。马斯洛的需求层次理论构建人类需求的五级模型，从层次结构的底部向上，需求分别为：生理需求（吃饱和穿暖），安全需求（工作保障），社交需求（友谊），尊重需求和自我实现需求。

（3）指标评估

数据指标的评估主要有三个方面：一是考察数据指标来源是否准确可靠；二是考虑指标的落地性，即在现有的技术手段与成本限制下，是否能够采集到数据；三是评估数据来源的合规性，采集前应梳理各指标数据类型以及在收集、使用、共享、转让等各个环节中的数据合规风险点，在清楚自身数据类型以及存在的风险点的基础上，进行业务上的整改，以满足合规的要求。

跨境电商企业要做好数据合规，而在数据的规范与治理方面，各个国家有不同的规则与制度，监管重点可能也有所不同。对于这类高度依赖大量的境内外数据信息的跨境电商企业，应当提前熟悉国内外不同的数据规则的规范与监管要点，防止“合规点”变为威胁企业生存发展的“风险点”。比如，采集我国境内数据则应遵守我国境内的数据保护规则，我国境内收集、使用、传输数据主要由《网络安全法》《数据安全法》《个人信息保护法》和《数据出境安全评估办法》调整和约束。对于来自欧洲市场的数据，数据活动主要应当遵守《通用数据保护条例》《数据治理法案》《数据法案》《数字市场法案》等。对于美国市场的数据活动主要应当遵守《儿童在线隐私保护法》《联邦贸易委员会法》《加州消费者隐私法案》《美国数据隐私和保护法》等。当然美国各个州也有自己不同的要求，如《华盛顿隐私法》《犹他州消费者隐私法案》等。

4.1.2　产品需求数据的来源

在亚马逊平台上可以获取大量的产品需求数据，如产品评分、评价数量以及评价文本等。以亚马逊美国站为例，在平台主页搜索栏上搜索关键词“earbuds wireless（无线耳机）”，如图 4-1 所示。

图 4-1　输入搜索关键词

单击搜索后，亚马逊平台的 A9 算法根据搜索词的相关性和转化率推荐符合条件的产品。采集这些产品数据，可供后续深入挖掘和分析。

（1）亚马逊搜索曝光页数据

搜索曝光页的产品数据主要有产品价格、产品评分、产品评论数量以及产品标题信息等内容。如图 4–2 所示，其中产品标题包含了关于产品的主要功能和特点，为文本数据，可以从中提取诸多有关产品具体功能的参数。例如，图 4–2 的产品标题中，“Bluetooth 5.2”是该产品的蓝牙连接技术，“Deep Bass Sound”是该产品的音质描述，“38H Playtime”代表产品的电池续航能力，“IPX8 Waterproof”是产品的防水性能级别等。另外还有一项隐含的信息，对后续的分析至关重要，这项信息是产品在曝光页的排名顺序。众所周知，产品的排名是亚马逊平台的 A9 算法根据搜索关键词推荐给用户的产品列表，产品排名越靠前，成交的可能性越大。产品排名靠后，甚至连曝光的概率都会降低，所以，产品所处页面以及在页面当中的排名顺序信息，也是产品需求分析的关键数据。

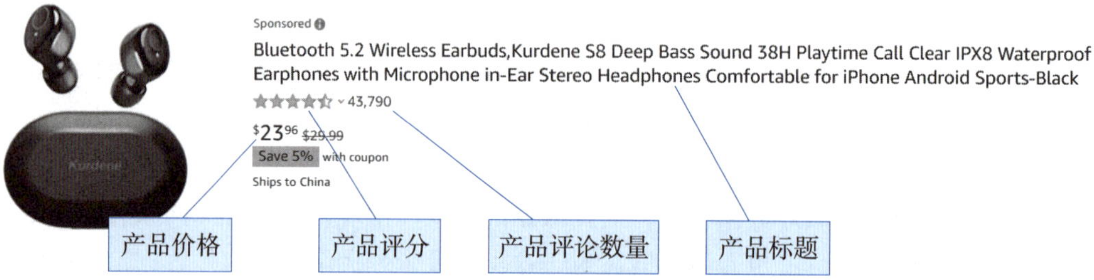

图 4–2　搜索曝光页的产品数据

（2）亚马逊产品详情页数据

单击曝光页的产品图片或者标题后，页面会跳转到产品详情页。该页面可以采集产品的 5 点描述文本信息，如图 4–3 所示。产品的 5 点描述文本详细介绍了产品的功能

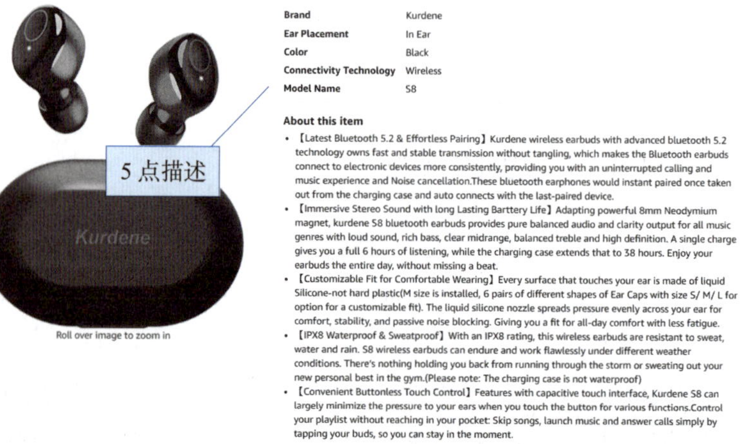

图 4–3　产品 5 点描述

以及特点，是用户了解产品的重要途径。可以发现，亚马逊平台上有关产品的各项具体性能参数和特点都是以文本的形式展示，而产品标题可以看作产品 5 点描述文本的浓缩版本。采集这些文本信息后进一步利用，需要借助文本处理工具对文本信息进行处理。

（3）卖家精灵插件的产品需求数据

安装卖家精灵的插件后，打开亚马逊网站，可以加载更丰富的产品数据。如图 4-4 所示，单击网页中右下角的卖家精灵图标。

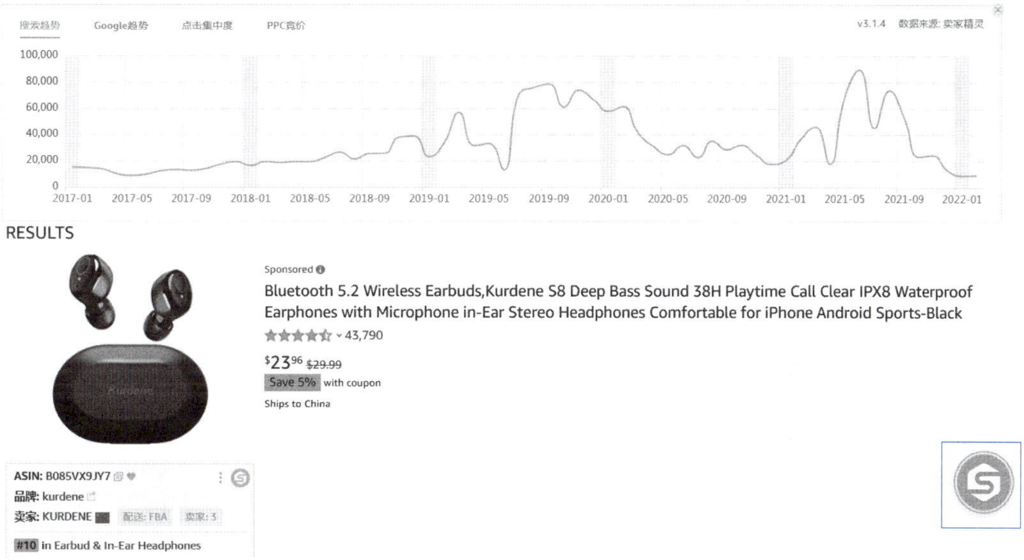

图 4-4　卖家精灵插件

单击图标后，卖家精灵会加载当前页面全部产品的详细信息，如图 4-5 所示。用户对产品的需求数据，最终都会反映在产品的销售数据上面。卖家精灵能提供比较详细的产品销售数据指标，具体包括产品标题、价格、评分、评论数、月度新增留评数、留评率、Q&A 数、近 30 天销量、近 30 天销售额等。多次单击下方“加载更多”按钮，还能加载更多的产品需求数据。

图 4-5　卖家精灵的产品数据窗口

4.1.3 操作示范

利用卖家精灵插件，采集产品需求数据，具体包括以下步骤。

步骤一 在亚马逊美国站网站中，搜索关键词“earbuds wireless（无线耳机）”，如图 4-1 所示。

步骤二 单击卖家精灵按钮，打开卖家精灵产品数据窗口，如图 4-5 所示。

步骤三 多次单击“加载更多”，直至加载到足够的产品数量为止，如 250 条产品数据。

步骤四 单击插件串口右下方的“导出”按钮，即可导出全部产品数据，数据表格如图 4-6 所示。

导出的数据表格，如图 4-7 所示。

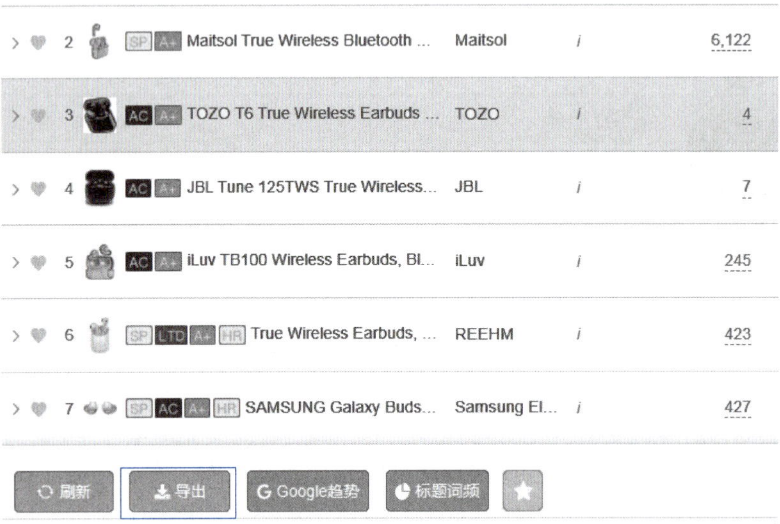

图 4-6 导出数据

图 4-7 earbuds wireless（无线耳机）的产品数据

4.1.4　任务实训

<table>
<tr><th colspan="2">实训内容</th><th colspan="3">操作要求</th><th colspan="2">成果</th></tr>
<tr><td colspan="2">利用卖家精灵插件，采集产品数据</td><td colspan="3">利用第三方软件在亚马逊平台采集关键词为“dress（连衣裙）”的产品数据</td><td colspan="2">产品数据表</td></tr>
<tr><th colspan="2">评价内容</th><th colspan="3">评价标准</th><th>分值</th><th>得分</th></tr>
<tr><td rowspan="4">工作过程</td><td>产品数据采集</td><td colspan="3">操作规范，数据资料妥善保存</td><td>30</td><td></td></tr>
<tr><td>工作态度</td><td colspan="3">态度端正、认真主动</td><td>10</td><td></td></tr>
<tr><td>协调能力</td><td colspan="3">与小组成员之间合作交流</td><td>10</td><td></td></tr>
<tr><td>职业素质</td><td colspan="3">能合法合规收集数据、爱岗敬业</td><td>10</td><td></td></tr>
<tr><td rowspan="4">任务成果</td><td>工作完整</td><td colspan="3">能按时完成任务</td><td>10</td><td></td></tr>
<tr><td>工作规范</td><td colspan="3">能按照规范要求开展实训</td><td>10</td><td></td></tr>
<tr><td>工作成效</td><td colspan="3">能满足后续产品需求分析需要</td><td>10</td><td></td></tr>
<tr><td>成果展示</td><td colspan="3">能准确表达、汇报工作成果</td><td>10</td><td></td></tr>
<tr><td colspan="5">合计</td><td>100</td><td></td></tr>
<tr><td colspan="2" rowspan="2">综合评价</td><td>自评 / 20%</td><td>小组互评 / 30%</td><td>教师评价 / 50%</td><td colspan="2">综合得分</td></tr>
<tr><td></td><td></td><td></td><td colspan="2"></td></tr>
</table>

任务 4.2　产品需求数据处理

要对采集到的产品需求数据进行处理，首先需要确定哪些数据指标需要处理；其次是观察所需指标存在的问题，如空缺值、重复值以及文本数据的数据提取等，进而制定数据处理方案；最后根据处理方案，分步处理数据。

数据是分析的基石，如果没有完整、真实可靠的数据，数据分析便失去了基础，由此得出的结论是不可信的。因此，要认真、细致地考察采集数据的质量，为进一步的数据分析奠定基础。通过第三方软件，比如卖家精灵采集的产品数据，通常有比较高的质量，但也难免会有一些问题。其中最常见的是数据缺失以及数据重复的问题。另外不同的数据分析方法，通常需要不同的数据类型，这要求对采集回来的数据进行换算或者定向提取等操作。

4.2.1 数据查重

Excel 软件有着强大的数据处理功能，其中数据查重功能也能方便实现。比如，要对如图 4-8 所示的数据进行查重，具体的操作如下：首先打开数据表，选中需要查重的数据，然后依次单击“开始”—“条件格式”—“突出显示单元格规则”—“重复值”。

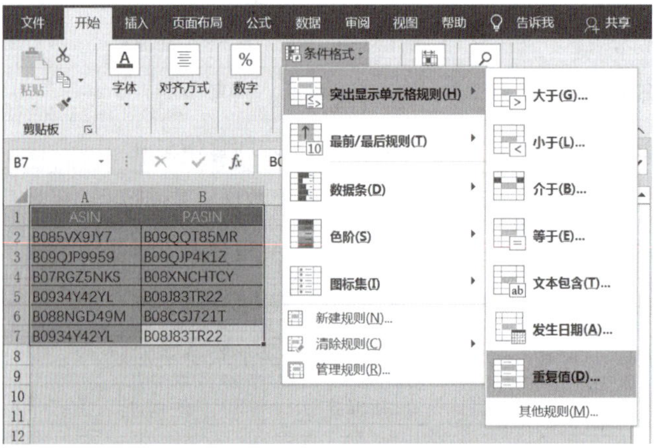

图 4-8 excel 查重操作

系统会弹出如图 4-9 所示的对话框，单击“确定”。

此时，数据中的重复值会标记为红色，突出显示，如图 4-10 所示。只需手动删除多余的数据，仅保留一条重复数据即可。

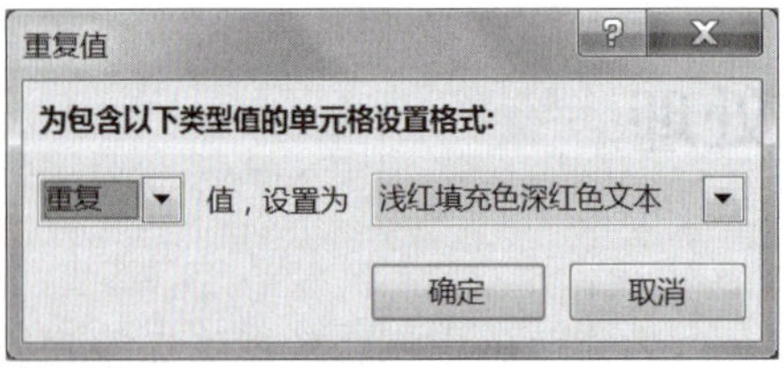

图 4-9 重复值对话框

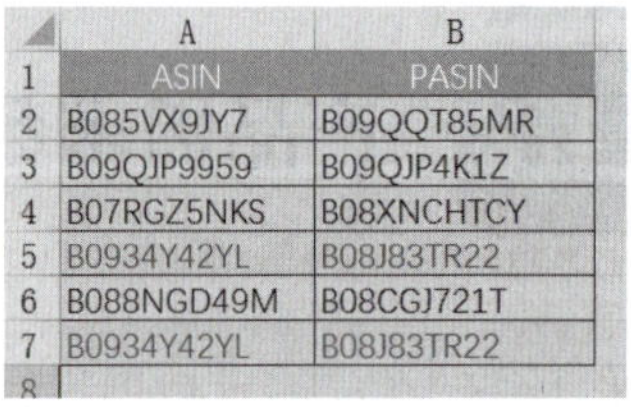

图 4-10 显示重复值

4.2.2 缺失值处理

通过第三方平台采集的产品数据，缺失值问题是几乎必然会出现的。这主要是由于第三方软件在抓取数据时，会遇到部分数据加载不成功的问题。为了保证数据指标的完整性，以及后续分析的可利用性，需要对缺失值进行规范的处理，主要有以下两种方法。

（1）直接删除

对于数据数量较大，而缺失值的数量相对较少的情况。可以考虑直接删除含有缺失值的数据（行），毕竟缺失值数据的占比很低，就算删除了也不会影响数据分析的结果。另外，如果某个数据指标（某列）缺失值占比很高，对于进一步分析的作用很有限，也可以直接删除该数据指标（列）。具体操作可以使用Excel的筛选功能，勾选“空白”选项，即可筛选出缺失值的数据，如图 4-11 所示。

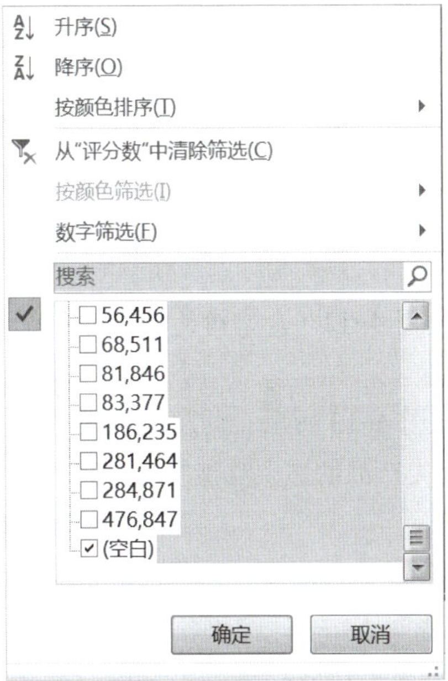

图 4-11　筛选缺失值

产品需求数据预处理的方法

（2）缺失值插补

如果数据指标对于后续分析很重要，而且缺失值占比较低，可以选择适当的方法对缺失值进行插补。具体的插补方法要根据该数据指标的业务特点来定，需要考虑数据指标的含义、获取方式、计算逻辑以及为什么会出现缺失值和缺失值代表什么含义等问题。比如，用户年龄指标缺失，每个人都应该有年龄，缺失是由随机因素造成的，那么可以使用全局性的常量来填充，如均值、中位数、众数等。再如，某产品的防水参数缺失，可能代表了该产品不具备防水的功能，那么就应该填充“0”。另外对于数据之间前后关联较大且呈现出一定变化趋势的指标，如时间序列指标，可以采用缺失值前后值的均值进行插值填充。

4.2.3　文本数据预处理

产品需求数据中，有大量关于产品的信息是由文本数据的形式展示的，所以产品需求分析离不开对文本数据的预处理，即从文本数据中提取出结构化的数据标志。上述提到，亚马逊平台的产品标题中往往含有大量关于产品功能和参数的信息，如果能充分挖掘和利用，对产品需求分析来说将十分有用。卖家精灵插件提供产品标题的词频分析功能，单击插件窗口下方的“标题词频”按钮，如图 4-12 所示。

图 4-12　卖家精灵的标题词频

输出的产品标题词频如图 4-13 所示，词频结果相对比较粗糙，需要进一步分析利用，但是基本能得到有关该类产品的主要功能特点信息。

图 4-13　产品标题词频

如果需要充分利用产品标题信息，还需要用好 Excel 的文本处理工具。Excel 有强大的数据处理能力，其中就包含了文本处理的功能。

（1）Excel 提取字符函数

Excel 的 LEFT、RIGHT 和 MID 三个函数，可以在文本中的指定位置提取字符，其中，LEFT 函数从文本的开头提取前若干个字符；RIGHT 函数从文本结尾提取后若干个字符；MID 函数从文本中指定位置开始提取若干个字符。三个函数的具体用法，如表 4-1 所示。

表 4-1　Excel 提取字符函数介绍

样例文本	提取字符	公式说明
IPX7 Waterproof 25H Battery	IPX7	=LEFT（A2，4），从 A2 文本开头提取前 4 个字符
IPX7 Waterproof 25H Battery	25HBattery	=RIGHT（A2，11），从 A2 文本结尾提取后 11 个字符，这里需注意空格和标点符号也是字符
IPX7 Waterproof 25H Battery	25H	=MID（A2，17，3），从 A2 文本中第 17 个字符开始提取前 3 个字符

（2）Excel 查找字符函数

Excel 的 FIND 函数和 SEARCH 函数的功能类似，都是查找某个字符串在文本中的位置，并返回位置数。但是两者在使用中有一些小差别，如表 4-2 所示。

表 4-2　Excel 查找字符函数介绍

样例文本	输出结果	公式说明
IPX7 Waterproof 25H Battery	1	=FIND（"IPX"，A2），从 A2 文本查找字符串"IPX"，返回该字符串的起始位置 1
IPX7 Waterproof 25H Battery	1	=SEARCH（"IPX"，A2），从 A2 文本查找字符串"IPX"，返回该字符串的起始位置 1
IPX7 Waterproof 25H Battery	#VALUE!	=FIND（"h"，A2），FIND 函数严格区分大小写字母，返回空值
IPX7 Waterproof 25H Battery	19	=SEARCH（"h"，A2），SEARCH 函数不区分大小写字母，返回大写"H"的位置
IPX7 Waterproof 25H Battery	#VALUE!	=FIND（"IPX?"，A2），FIND 函数不能使用通配符"?"
IPX7 Waterproof 25H Battery	1	=SEARCH（"IPX?"，A2），SEARCH 函数可以使用通配符"?"

从上表中可以看出来，FIND 函数和 SEARCH 函数的主要差别在于两点：

① FIND 函数区分大小写，而 SEARCH 函数不区分；

② FIND 函数不支持通配符，而 SEARCH 函数支持。

（3）Excel 转换字符函数

UPPER 函数可以将文本变为大写的形式，LOWER 函数可以将文本变为小写的形式，PROPER 函数将文本的首字母变为大写。这三个函数的具体用法如表 4-3 所示。

表 4-3 Excel 转换字符函数介绍

文本	转换结果	公式说明
IPX7 Waterproof 25H Battery	IPX7 WATERPROOF 25H BATTERY	= UPPER（A2），A2 文本转换为大写字母
IPX7 Waterproof 25H Battery	ipx7 waterproof 25h battery	= LOWER（A3），A3 文本转换为小写字母
IPX7 WATERPROOF 25H BATTERY	Ipx7 Waterproof 25H Battery	= PROPER（A4），A4 文本转换为首字母大写

（4）Excel 替换字符函数

SUBSTITUTE 函数可以将文本的某一个字符串替换成另一个字符串，具体的用法如表 4-4 所示。

表 4-4 Excel 替换字符函数介绍

文本	转换结果	公式说明
IPX7 Waterproof 25Hours Battery	IPX7 Waterproof 25H Battery	SUBSTITUTE（A22，“Hours”，“H”），将 A22 文本中的“Hours”替换为“H”

4.2.4 操作示范

（1）明确需要处理的数据指标和处理办法

从卖家精灵导出关键词为“earbuds wireless”产品数据表，提取需要利用的数据指标，观察数据情况，确定需要处理的问题，如表 4-5 所示。

表 4-5 数据处理问题

指标名称	性质	存在问题	处理办法
ASIN	文本型	无	无
品牌	类别型	空缺值	空缺数量较少，直接删除空缺对应的数据记录（行）

续表

指标名称	性质	存在问题	处理办法
商品标题	文本型	需要提取产品信息	提取产品信息
近 30 天销量	数值型	空缺值	空缺值填补为“0”
价格 / 美元	数值型	空缺值	空缺数量较少，直接删除空缺对应的数据记录（行）
评分	数值型	空缺值	采用平均值填补
变体数	数值型	无	无

（2）产品标题信息提取

从图 4-13 的无线耳机产品标题高频词中，可以挖掘无线耳机产品的主要功能点。比如，“bluetooth”代表了耳机的蓝牙连接功能；“charging”代表耳机的充电方式；“in-ear”代表了入耳式设计；“noise”和“canceling”代表了耳机的降噪功能；“bass”和“sound”代表耳机音质；“sport”“run”“gym”“work”和“office”等词代表了耳机的使用主要场景——运动和办公；“IPX7”和“IPX6”等词代表了耳机的防水性能。要得到上述产品主要功能点的数据，需要深挖产品标题中的信息，并生产新的数据指标，具体任务如表 4-6 所示。

无线耳机产品标题信息提取

表 4-6　新增指标的处理办法

新增指标名称	处理办法
入耳式设计	检查标题中是否含有“in-ear”字段
降噪功能	检查标题中是否含有“noise”字段
音质	检查标题中是否含有“sound”字段
运动场景	检查标题中是否含有“sport”或“run”或“gym”字段
办公场景	检查标题中是否含有“work”或“office”字段
防水功能	检查标题中是否含有“IPX”或“ipx”字段
蓝牙连接	检查标题中是否含有“Bluetooth”字段

①生成“入耳式设计”指标。“入耳式设计”指标的含义是检查标题中是否含有“in-ear”（入耳式）字段，如果含有指标值为 1，否则为 0。要实现这个任务，可以利用

Excel 的查找函数。而 SEARCH 函数不区分大小写的特点，因此比 FIND 函数更适合这次任务。在“入耳式”列的第一行 B2 中输入公式为“=SEARCH（‘in-ear’，A2）”，回车后将公式复制到其他行。公式的输出结果为“in-ear”字段所在的位置数。有具体数值的行代表标题中包含了“in-ear”字段，而返回“#VALUE”值的行代表不包含该字段，如图 4-14 所示。

	A	B
1	商品标题	入耳式
2	Bluetooth 5.2 Wireless Earbuds,Kurdene S8 D	125
3	Maitsol True Wireless Bluetooth Earbuds Buil	#VALUE!
4	TOZO T6 True Wireless Earbuds Bluetooth H	127
5	JBL Tune 125TWS True Wireless In-Ear Head	31
6	iLuv TB100 Wireless Earbuds, Bluetooth, Built	#VALUE!
7	True Wireless Earbuds, REEHM IPX7 Waterpr	123
8	SAMSUNG Galaxy Buds 2 True Wireless Earb	#VALUE!
9	Apple AirPods (2nd Generation)	#VALUE!
10	Wireless Earbuds, Redzeo MDots Bluetooth	#VALUE!
11	Powerbeats Pro Wireless Earbuds - Apple H1	#VALUE!
12	Wireless Earbuds Sport, MSTHOO Punchy Ba	#VALUE!
13	Beben True Wireless Bluetooth Earbuds, 31H	153
14	Bluetooth Headphones with 4 Microphones	#VALUE!
15	JBL Tune 225TWS True Wireless Earbud Heac	#VALUE!
16	Beben IPX7 Waterproof Bluetooth Earbuds, T	131
17	Beats Fit Pro – True Wireless Noise Cancellin	#VALUE!
18	Beats Studio Buds – True Wireless Noise Can	#VALUE!

图 4-14　返回“in-ear”字段的位置

接下来，使用 Excel 的筛选功能，手动将“#VALUE”行的值改为“0”，其余行的值改为“1”，生成“入耳式设计”指标列，如图 4-15 所示。

	A	B
1	商品标题	入耳式
2	Bluetooth 5.2 Wireless Earbuds,Kurdene S8 D	1
3	Maitsol True Wireless Bluetooth Earbuds Buil	0
4	TOZO T6 True Wireless Earbuds Bluetooth H	1
5	JBL Tune 125TWS True Wireless In-Ear Head	1
6	iLuv TB100 Wireless Earbuds, Bluetooth, Built	0
7	True Wireless Earbuds, REEHM IPX7 Waterpr	1
8	SAMSUNG Galaxy Buds 2 True Wireless Earb	0
9	Apple AirPods (2nd Generation)	0
10	Wireless Earbuds, Redzeo MDots Bluetooth	0
11	Powerbeats Pro Wireless Earbuds - Apple H1	0
12	Wireless Earbuds Sport, MSTHOO Punchy Ba	0
13	Beben True Wireless Bluetooth Earbuds, 31H	1
14	Bluetooth Headphones with 4 Microphones	0
15	JBL Tune 225TWS True Wireless Earbud Heac	0
16	Beben IPX7 Waterproof Bluetooth Earbuds, T	1
17	Beats Fit Pro – True Wireless Noise Cancellin	0
18	Beats Studio Buds – True Wireless Noise Can	0

图 4-15　生成“入耳式”指标列

②生成“降噪功能”指标。与“入耳式设计”指标的处理类似，输入公式“=SEARCH（‘niose’，A2）”，然后将公式复制到该列的全部行，最后手动将“#VALUE”行的值改为“0”，其余行的值改为“1”，生成“降噪功能”指标列。

③生成“蓝牙连接”指标。与“入耳式设计”指标的处理类似，输入公式“=SEARCH（‘bluetooth’，A2）”，然后将公式复制到该列的全部行，最后手动将“#VALUE”行的值改为“0”，其余行的值改为“1”，生成“蓝牙连接”指标列。

④生成“防水功能”指标。与“入耳式设计”指标的处理类似，输入公式“=SEARCH（‘IPX’，A2）”，由于 SEARCH 函数不区分大小写，所以能同时查找字段“IPX”和“ipx”。同样是将公式复制到该列的全部行，最后手动将“#VALUE”行的值改为“0”，其余行的值改为“1”，生成“防水功能”指标列。

⑤生成“音质”指标。除非通过专业机构的检测，在一般情况下很难给耳机的音质做出评价。但是如果产品标题中包含了“sound”字段，说明产品的卖家在重点推广耳机音质的卖点，这往往也意味着产品的音质有较好的表现。基于这样的分析逻辑，生成“音质”指标。可以按照“入耳式设计”指标的处理办法，生成“音质”指标，该指标值为“1”时代表文本中含有“sound”字段，否则为“0”。

⑥生成“运动场景”指标。当标题中包含“sport”“runing”或“gym”字段时，“运动场景”指标值为“1”，否则为“0”。具体操作如下：

第一步，按照“入耳式设计”指标的处理办法，生成“sport”指标，该指标值为“1”时代表文本中含有“sport”字段，否则为“0”；

第二步，按照“入耳式设计”指标的处理办法，生成“run”指标，该指标值为“1”时代表文本中含有“run”字段，否则为“0”；

第三步，按照“入耳式设计”指标的处理办法，生成“gym”指标，该指标值为“1”时代表文本中含有“gym”字段，否则为“0”；

第四步，将“sport”“run”和“gym”三个指标相加，得到新的指标“运动场景”，如图 4-16 所示；

第五步，将“运动场景”指标中非“0”的值都改为“1”，如图 4-17 所示。

	A	B	C	D	E
1	商品标题	sport	run	gym	运动场景
2	ZZN Wireless Earbuds Bluetooth Headphones, Sports Headsets witl	1	1	1	3
3	XClear Wireless Earbuds with Immersive Sounds True 5.0 Bluetooth	1	0	0	1
4	WYZE Earbuds Pro, 40 dB Active Noise Cancelling Wireless Earbuds	0	0	0	0
5	Wireless-Earbuds IPX7 Waterproof Headphones Sport Weetla True	1	0	0	1
6	Wireless Headphones, TWS F9-5 Wireless Earbuds, Waterproof Hea	1	0	0	1
7	Wireless Headphones, Otium Bluetooth Running Headphones Sport	1	1	1	3
8	Wireless Headphones 10 Hours Playtime Picun Bluetooth V5.0 Runr	1	1	1	3
9	Wireless Earbuds-Bluetooth Headphones, DOODA Touch Control E	1	0	0	1
10	Wireless Earbuds,True Active Noise Cancelling Earbuds,Bluetooth 5.	0	0	0	0
11	Wireless Earbuds,Supfine V10 Bluetooth 5.2 Ear Buds with Microphc	0	0	0	0
12	Wireless Earbuds,MOZOTER Bluetooth 5.2 Earbuds Call Noise Canc	0	0	0	0
13	Wireless Earbuds,Lanteso S21 Waterproof Mini Bluetooth Earbuds w	0	0	0	0
14	Wireless Earbuds,JOYHOOSH Bluetooth Earbuds ANC Active Noise	0	0	0	0
15	Wireless Earbuds,IPX5 Waterproof Bluetooth Earbuds Stereo Earphc	0	0	0	0

图 4-16　三个指标相加

	A	B	C	D	E
1	商品标题	sport	run	gym	运动场景
2	ZZN Wireless Earbuds Bluetooth Headphones, Sports Headsets with	1	1	1	1
3	XClear Wireless Earbuds with Immersive Sounds True 5.0 Bluetooth	1	0	0	1
4	WYZE Earbuds Pro, 40 dB Active Noise Cancelling Wireless Earbuds	0	0	0	0
5	Wireless-Earbuds IPX7 Waterproof Headphones Sport Weetla True	1	0	0	1
6	Wireless Headphones, TWS F9-5 Wireless Earbuds, Waterproof Hea	1	0	0	1
7	Wireless Headphones, Otium Bluetooth Running Headphones Spor	1	1	1	1
8	Wireless Headphones 10 Hours Playtime Picun Bluetooth V5.0 Runr	1	1	1	1
9	Wireless Earbuds-Bluetooth Headphones, DOODA Touch Control E	1	0	0	1
10	Wireless Earbuds,True Active Noise Cancelling Earbuds,Bluetooth 5.	0	0	0	0
11	Wireless Earbuds,Supfine V10 Bluetooth 5.2 Ear Buds with Microphc	0	0	0	0
12	Wireless Earbuds,MOZOTER Bluetooth 5.2 Earbuds Call Noise Canc	0	0	0	0
13	Wireless Earbuds,Lanteso S21 Waterproof Mini Bluetooth Earbuds w	0	0	0	0
14	Wireless Earbuds,JOYHOOSH Bluetooth Earbuds ANC Active Noise	0	0	0	0
15	Wireless Earbuds,IPX5 Waterproof Bluetooth Earbuds Stereo Earphc	0	0	0	0

图 4-17　生成“运动场景”指标

⑦生成“办公场景”指标。按照“运动场景”指标的处理办法，可生成“办公风格”指标。当标题中包含“work”或“office”字段时，“办公风格”指标值为“1”，否则为“0”。

（3）数据去重

观察数据时，可以发现有个别产品，存在着相同的产品标题却对应着不同的产品编码问题。比如，有两个产品编码对应同一个产品标题“Apple AirPods Pro”，从产品数据分析的角度，应该将这两条数据合并为一条数据。

无线耳机产品数据去重与空缺值处理

首先需要找出产品标题重复的数据。在 Excel 数据表中，选中产品标题列，单击“开始”—“条件格式”—“突出显示单元格规则”—“重复值”，如图 4-8 所示。在弹出的对话框中，单击“确定”，如图 4-9 所示。系统将重复的标题数据标记为红色背景，如图 4-18 所示。

	A	B	C	D	E
1	ASIN	品牌	商品标题	近30天销量	排序
125	B083M7B6CJ	Motast	Wireless Earbuds, Bluetooth 5.1 Earbuds with 140H Playtime, Blueto	15 135.0	166. 0
126	B09DT48V16	TAGRY	TAGRY Bluetooth Headphones True Wireless Earbuds 60H Playback	35 924.0	23. 0
127	B09P9KL2RY	RIZIZI	RIZIZI Wireless Earbuds Bluetooth Headphones Noise Reduction Mi	26 829.0	41. 0
128	B09MCNTPWR	joyroom	joyroom Wireless Earbuds Bluetooth Headphones 56H Playtimet Ea	196.0	154. 0
129	B09LD2D1TV	TAGRY	TAGRY Bluetooth Headphones True Wireless Earbuds 60H Playback	16 902.0	158. 0

图 4-18　重复值提示

将两条重复标题的数据进行合并，其中“近 30 天销售量”指标采用“加总”的方法，“排序”指标取较小的值，“评分”指标取较大的值，“价格”指标取平均值处理。比如，将图 4-18 所示的两条标题重复的数据进行合并。新的“近 30 天销量”指标等于 35 924 加上 16 902 等于 52 826；新的“排序”指标取较小的“23”；另外两个产品的价格相同，取平均值后为原价格不变。

（4）查漏补缺

以上关于产品性能特点的指标都是从产品标题中提取的，但是观察数据时发现有一款产品比较特殊，产品标题只有短短几个单词“Apple AirPods Pro”，所以以上文本信息处理的方法无法提取到信息，需要手动补充相关性能指标。比如，苹果耳机 Apple

AirPods Pro 具备防噪和防水的功能，是“入耳式”设计，音质好，有蓝牙连接功能等。按照上述特征，可以补充对应指标为“1”。同样的方法也可补充产品标题为“Apple AirPods with Wireless Charging Case”和“Apple AirPods (2nd Generation)”的产品特征数据。

最终处理好的产品需求分析数据表，命名并妥善保存数据。

4.2.5　任务实训

<table>
<tr><th colspan="2">实训内容</th><th colspan="3">操作要求</th><th colspan="2">成果</th></tr>
<tr><td colspan="2">产品需求数据处理</td><td colspan="3">（1）发现数据指标问题，并制定对应的处理办法
（2）使用 Excel 对数据进行处理
（3）根据“dress（连衣裙）”产品特点，从产品标题中提取产品的主要需求特征数据</td><td colspan="2">产品需求分析表</td></tr>
<tr><th colspan="2">评价内容</th><th colspan="3">评价标准</th><th>分值</th><th>得分</th></tr>
<tr><td rowspan="4">工作过程</td><td>产品数据处理</td><td colspan="3">操作规范，数据资料妥善保存</td><td>30</td><td></td></tr>
<tr><td>工作态度</td><td colspan="3">态度端正、认真主动</td><td>10</td><td></td></tr>
<tr><td>协调能力</td><td colspan="3">与小组成员之间合作交流</td><td>10</td><td></td></tr>
<tr><td>职业素质</td><td colspan="3">能合法合规使用数据、爱岗敬业</td><td>10</td><td></td></tr>
<tr><td rowspan="4">任务成果</td><td>工作完整</td><td colspan="3">能按时完成任务</td><td>10</td><td></td></tr>
<tr><td>工作规范</td><td colspan="3">能按照规范要求开展实训</td><td>10</td><td></td></tr>
<tr><td>工作成效</td><td colspan="3">能满足后续产品需求分析需要</td><td>10</td><td></td></tr>
<tr><td>成果展示</td><td colspan="3">能准确表达、汇报工作成果</td><td>10</td><td></td></tr>
<tr><td colspan="5">合计</td><td>100</td><td></td></tr>
<tr><td colspan="2" rowspan="2">综合评价</td><td>自评 /20%</td><td>小组互评 /30%</td><td>教师评价 /50%</td><td colspan="2">综合得分</td></tr>
<tr><td></td><td></td><td></td><td colspan="2"></td></tr>
</table>

任务 4.3　产品需求数据分析

挖掘用户对产品需求的关注点，并分析其对产品销售和评价的影响，从而提出对产品和服务的改进建议。

4.3.1 产品需求层次理论

马斯洛需求层次理论把需求分成生理需求、安全需求、社交需求、尊重需求和自我实现需求五类，依次由较低层次到较高层次排列，如图 4-19 所示。在自我实现需求之后，还有自我超越需求，但通常不作为马斯洛需求层次理论中必要的层次，大多数会将自我超越合并至自我实现需求当中。

图 4-19　马斯洛需求层次理论

社会上不同产品服务的生产和销售，是为了满足人们在不同层次上的需求。甚至同一个产品的不同功能特点，能满足用户在不同层次的需要。在对产品需求数据进行分析时，要注意结合马斯洛需求层次，归类整理产品的主要功能特点。

4.3.2 产品需求影响因素分析——线性回归模型

产品需求分析需要分析产品的不同功能特点对产品销量和产品评价的影响，从而挖掘出用户的主要需求点。亚马逊平台上某款产品的销量可能受到多种因素的影响，如产品价格、产品评分、变体数、产品搜索排名等，当然还包括产品本身的设计和功能因素。线性回归模型常用于分析一个变量与另外一个或多个变量的影响关系的分析任务。通常人们将业务分析中的关键指标，比如，产品销售量被称为因变量；将影响该关键指标的影响因素变量称为自变量，如产品价格、产品评分、产品设计等。

（1）一元线性回归模型

如果线性回归模型中的自变量只有一个，那么该模型可称为一元线性回归模型。它

假定 X 与 Y 之间存在“近似”的线性关系。在数学上，可以将这种线性关系记为：

$$Y \approx \beta_0 + \beta_1 X \qquad (4-1)$$

式（4-1）中的“≈”表示“近似”的关系，可以将式（4-1）描述为 Y 对 X 的线性回归。通常跨境电商产品的销量跟其推广费用有较大关系。比如，在图 4-20 中，Y 代表市面上某款葡萄酒产品的销量，而 X 代表推广费用，二者呈现明显的正向相关关系，可以通过一条直线“近似”地表示 Y 与 X 的变化趋势。如图 4-20 中的直线。

在数学上，可以将这种线性关系记为：

$$Y = \beta_0 + \beta_1 X + e_i \qquad (4-2)$$

式（4-2）中的 β_0、β_1 是两个未知的常量，它们分别表示图中直线的截距和斜率。β_0、β_1 被称为模型的系数。一元线性回归模型，是基于图 4-20 中的数据“点”估计出回归“直线”的方法，即使用葡萄酒销量与推广费用数据估计 β_0 和 β_1 的值。直观地看，图 4-20 中有三条不同斜率的直线，哪一条更能代表数据点的变化趋势呢？

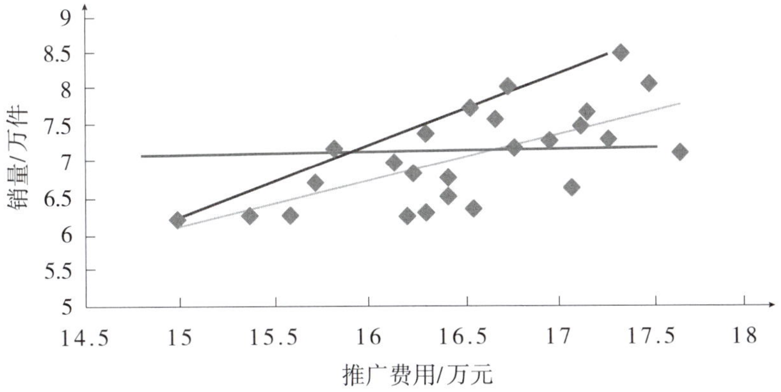

图 4-20　最优回归线的选择

事实上，我们还可以在图 4-20 中画出更多（无数条）具有正斜率的直线。我们的目标是在无数条可能的回归直线中选一条最好的。换一种说法，就是在无数种 β_0 和 β_1 组合中，选择一组最优的估计值 $\hat{\beta}_0$ 和 $\hat{\beta}_1$，使得由此所产生的直线 $\hat{Y} = \hat{\beta}_0 + \hat{\beta}_1 X$ 尽可能地接近图中的 25 个数据点。

（2）残差平方和

如图 4-21 所示，数据点与回归线的垂直距离称为残差，通常用 e_i 来表示。将每一个点到回归线的垂直距离取平方和，定义残差平方和（缩写为 RSS）为：

$$RSS = e_1^2 + e_2^2 + \cdots + e_n^2 \qquad (4-3)$$

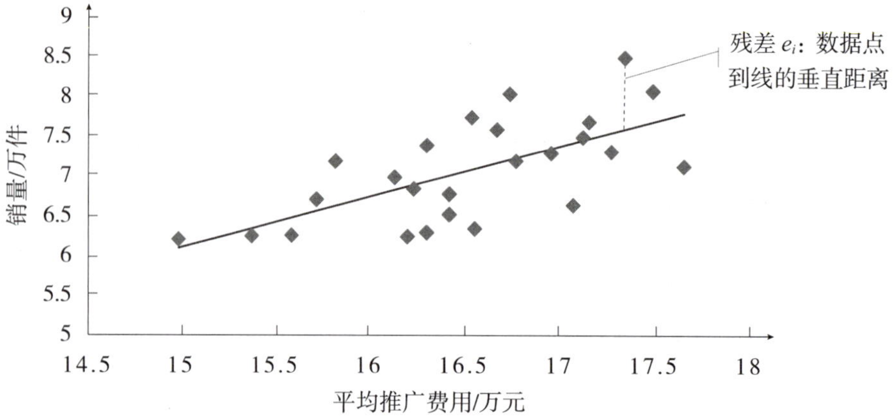

图 4-21　数据点到回归线的垂直距离

（3）系数估计

使用最小二乘法选择 $\hat{\beta}_0$ 和 $\hat{\beta}_1$，使得 *RSS* 达到最小。通过微积分运算可知，使 *RSS* 最小的参数估计值为：

$$\hat{\beta}_1=\frac{\sum_{i=1}^{n}(x_i-\bar{x})(y_i-\bar{y})}{\sum_{i=1}^{n}(x_i-\bar{x})^2}$$

$$\hat{\beta}_0=\bar{y}-\hat{\beta}_1\bar{x} \tag{4-4}$$

式（4-4）中，$\bar{y}=\frac{1}{n}\sum_{i=1}^{n}y_i$ 和 $\bar{x}=\frac{1}{n}\sum_{i=1}^{n}x_i$ 是样本均值，详细的数据推导略。如图 4-22 所示，最小二乘法估计的回归方程为：

$$y=-3.4178+0.6351x \tag{4-5}$$

斜率 $\hat{\beta}_1=0.6351$，截距 $\hat{\beta}_0=-3.4178$。根据回归方程，斜率估计的系数为正，说明产品销量与推广费用存在正向的相关关系（图 4-22）。

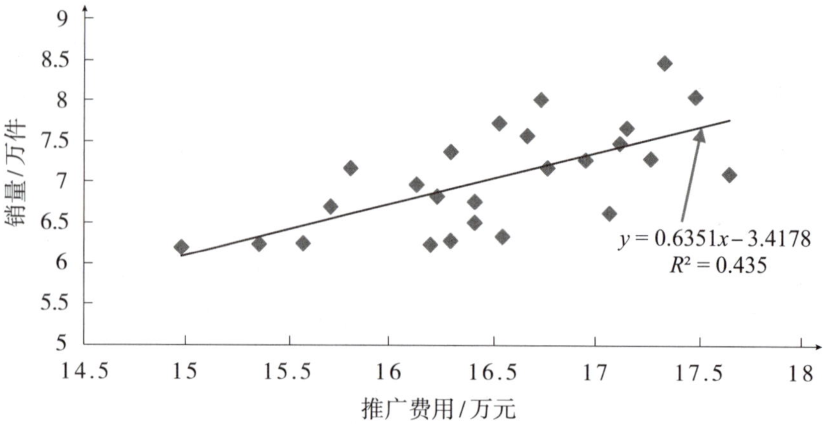

图 4-22　回归方程

（4）多元线性回归

通常情况下，一个变量往往受到其他多个变量的影响。例如，葡萄酒的价格除了平均温度，还受到当年的光照、雨水、温度等各种因素的影响。表现在线性回归模型中的自变量 x 会有多个，这样的模型称为多元线性回归模型。一元线性回归模型为多元线性回归模型的特例。设因变量 Y 与多个自变量 X 之间的关系是线性的，其回归方程的一般形式为：

$$y_i = \beta_0 + \beta_1 x_{1i} + \beta_2 x_{2i} + \cdots + \beta_k x_{ki} + e_i \quad (4\text{-}6)$$

式中 k——自变量的个数；

$\beta_j\,(j = 1,2,\cdots,k)$——回归系数；

β_0——常数项；

e_i——残差。

为了更好理解，图4-23为多元回归分析的系数估计中 $k = 2$ 的例子，有两个自变量和一个因变量构成一个三维空间。最小二乘法最优估计结果由回归直线变成了一个回归平面，这个平面使得每个数据点离平面的垂直距离的平方和最小。多元回归模型系数估计的数学推导略。

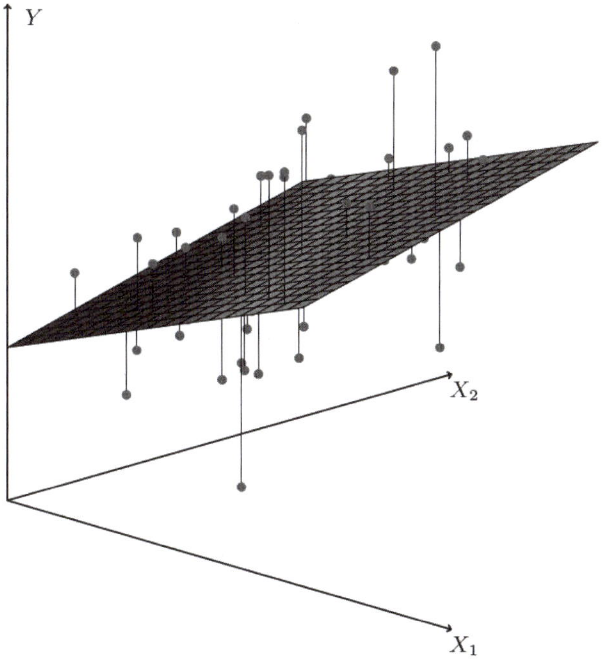

图4-23 多元回归分析的系数估计[①]

① 资料来源：James G, Witten D, Hastie T, et al. An Introduction to Statistical Learning[M]. Springer. New York, 2013.

（5）线性回归模型检验

线性回归模型的参数估计出来后，还需进一步检验以判断模型的可靠性，包括回归方程拟合优度检验以及变量的显著性检验等。

①拟合优度检验。拟合优度检验是检验模型对样本观测值的拟合程度，可用 R^2 统计量来衡量。R^2 代表回归模型能够解释因变量变异程度，计算公式为：

$$R^2 = \frac{\sum(\hat{Y}_i - \bar{y})^2}{\sum(Y_i - \bar{y})^2} \tag{4-7}$$

其中 $\bar{Y}$ 为自变量 Y 的平均值，$\hat{Y}_i$ 为回归方程计算出来的 Y 的条件期望值，R^2 取值在 0 ~ 1 之间，R^2 值越接近于 1，代表回归方程对样本观测值的拟合程度越高，反之亦然。一般情况下，模型引入的自变量个数越多，R^2 值越高。在应用中不必对 R^2 过分苛求，重要的是考察模型的经济关系是否合理，特别是 $\hat{\beta}_j$ 的正负号是否符合逻辑规律。

②变量的显著性检验。R^2 值较高并不意味着方程内每一个自变量都对因变量有影响，如果某个自变量对因变量影响很小时，应该删除该自变量，让回归方程更简捷。因此需要对每一个自变量的系数进行显著性检验。

应用中常用 $\hat{\beta}_j$ 系数的 P 值来检验该自变量对因变量是否有显著的影响（即 $\hat{\beta}_j$ 系数是否显著地拒绝 0 假设）。P 值是用来判定假设检验结果的一个参数，在绝大多统计软件中，都会在回归分析的结果中输出 P 值。如果 P 值足够小（如小于 0.05），说明模型设置的自变量 X 对因变量有显著影响，可以考虑保留该自变量。估计系数的正负号代表该自变量对因变量正向或反向的影响。

（6）含虚拟变量的回归模型

线性回归模型中自变量（X），如果是连续变量，如产品销售量、价格、评论数等，可以直接引入模型。但产品数据集中，可能会有大量离散变量，例如，产品是否有防水性能（数据表现为“是”或“否”）等。这时需要构造只取“0”和“1”的人工变量来对离散变量进行“量化”，称为虚拟变量（Dummy Variable）。例如，性别虚拟变量可以设置为：

$$D_0 = \begin{cases} 1，男性 \\ 0，女性 \end{cases}$$

一个以性别为虚拟变量来考察员工薪酬水平的模型如下：

$$Y_i = \beta_0 + \beta_1 X_i + \beta_2 D_{i0} + e_i$$

其中，Y_i 为员工薪酬；X_i 为工龄；$D_{i0} = 1$ 代表男性，$D_{i0} = 0$ 代表女性。

4.3.3　操作示范

无线耳机产品需求数据分析

（1）根据马斯洛需求层次分类产品功能点

根据无线耳机产品的标题词频分析，提炼出产品在品牌、外观设计、防噪功能、音质、蓝牙连接及运动场景和办公场景等指标。根据马斯洛需求层次对上述产品主要特点进行分类，如图 4-24 所示。用户对无线耳机的外观设计需求点主要体现在耳机佩戴方式，如挂耳式和入耳式等，直接影响用户的佩戴舒适度，和音质一样，属于用户生理层面的享受需求。防噪功能可以屏蔽外界的噪声，防水功能实现下雨天也能使用耳机，这两个功能可以带来更多安全感，属于安全需求。而运动场景和办公场景属于用户佩戴耳机时的社交场景，所以属于社交需求。耳机的品牌定位和价格在某种程度上反映用户的社会地位，属于尊重需求。

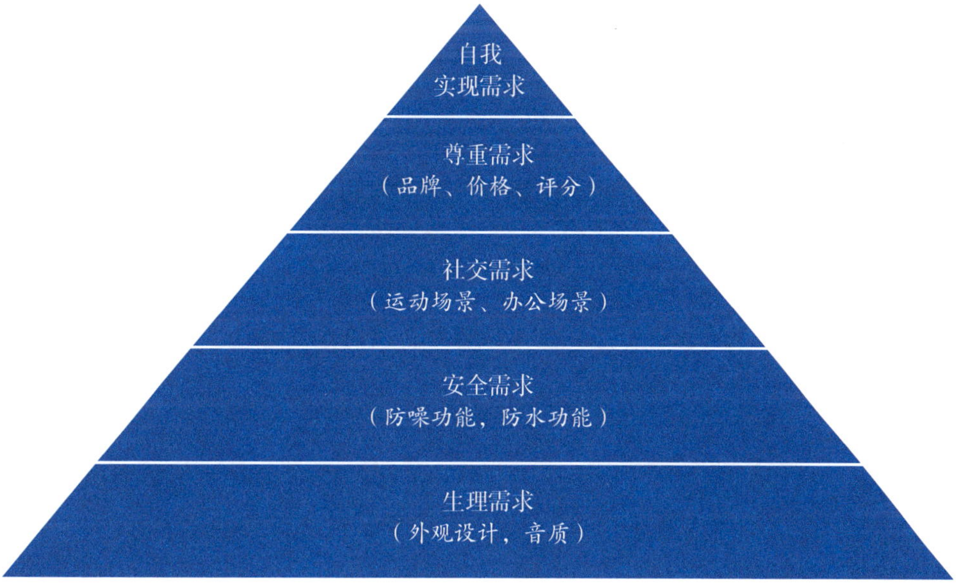

图 4-24　无线耳机的马斯洛需求层次分析

本任务需要打开上节处理好的产品需求数据集最终处理好的产品需求分析数据集进行分析。

（2）加载 Excel 的数据分析模块

使用 Excel 的线性回归分析功能前，需要先加载 Excel 的数据分析模块。单击 Excel 界面中的“文件”—“选项”—“加载项”，弹出的对话框如图 4-25 所示。

单击图 4-25 所示界面中的“转到”选项，弹出的对话框如图 4-26 所示。勾选“分析工具库”，然后单击“确定”，完成数据分析模块的加载。

加载完成后，可以在 Excel 的“数据”界面中找到“数据分析”的按钮，如图 4-27 所示。

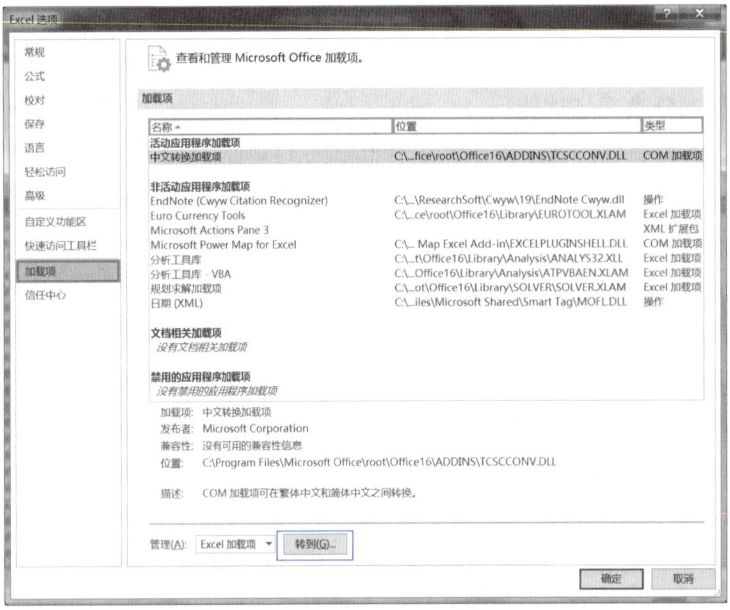

图 4-25 选项界面

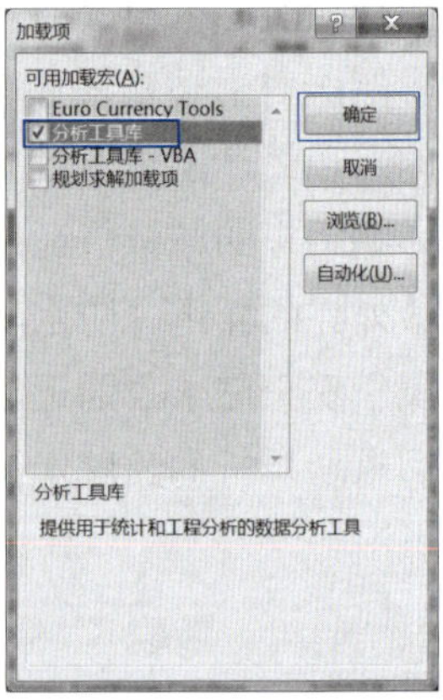

图 4-26 加载项界面

图 4-27 数据分析模块

（3）建立线性回归模型

步骤一 建立模型。

单击“数据”—“数据分析”，弹出的窗口如图 4-28 所示。在左侧窗口中选中“回归”，然后单击“确定”。

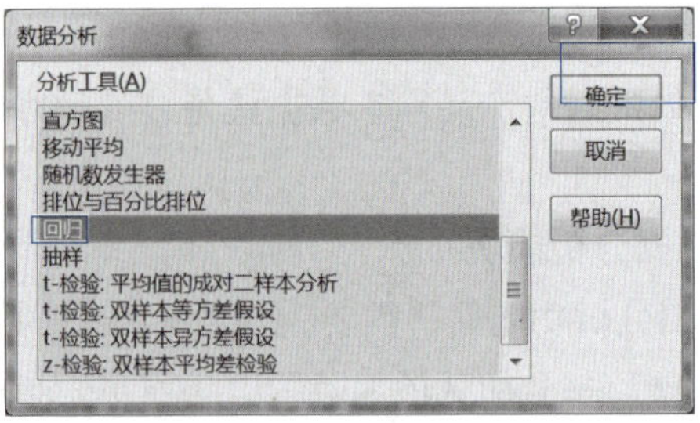

图 4-28 导入代码文件

弹出的对话窗口如图 4-29 所示。“Y 值输入区域”为输入因变量 Y 的数据区域，单击对应图标“ ”后，选中“近 30 天销量”列的数据（包括指标名和数值）。“X

值输入区域”为输入自变量 X 的数据区域，单击对应图标“⬆”后，选中“排序”“价格”“评分”“变体数”“入耳式设计”“降噪功能”“防水功能”“音质”“运动场景”“办公场景”和“蓝牙连接”等列的数据（包括指标名和数值）。勾选“标志”“常数为零”和“新工作表组”选项，然后单击“确定”。

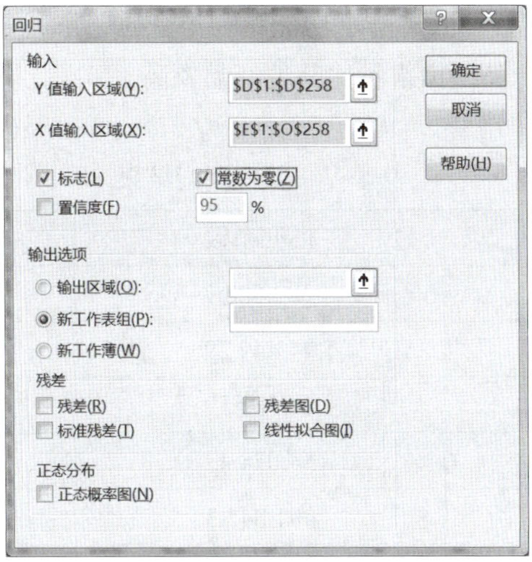

图 4-29　建立回归模型

系统会新建一个工作表输出回归模型的结果，如图 4-30 所示，其中“R Square”是模型的值 R^2，“Coefficient”为各自变量的估计系数值，“P-value”为系数估计的显著性水平。

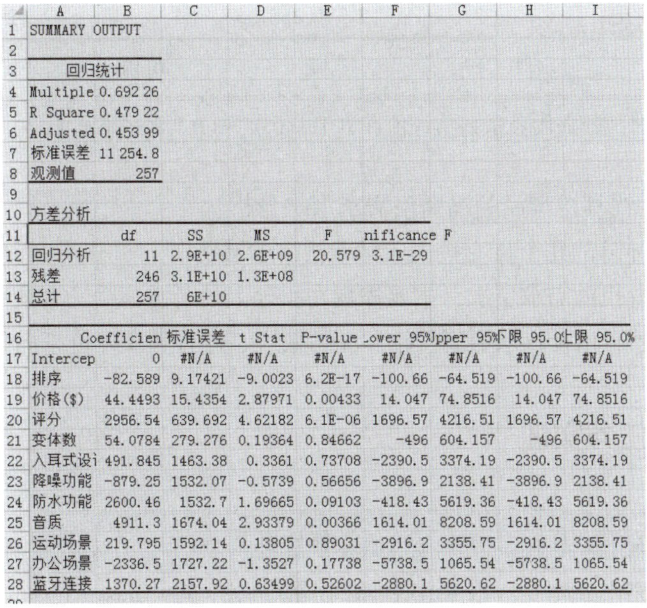

	A	B	C	D	E	F	G	H	I
1	SUMMARY OUTPUT								
2									
3	回归统计								
4	Multiple	0.692 26							
5	R Square	0.479 22							
6	Adjusted	0.453 99							
7	标准误差	11 254.8							
8	观测值	257							
9									
10	方差分析								
11		df	SS	MS	F	nificance F			
12	回归分析	11	2.9E+10	2.6E+09	20.579	3.1E-29			
13	残差	246	3.1E+10	1.3E+08					
14	总计	257	6E+10						
15									
16		Coefficien	标准误差	t Stat	P-value	ower 95%	pper 95%	下限 95.0	上限 95.0%
17	Intercep	0	#N/A	#N/A	#N/A	#N/A	#N/A	#N/A	#N/A
18	排序	-82.589	9.17421	-9.0023	6.2E-17	-100.66	-64.519	-100.66	-64.519
19	价格($)	44.4493	15.4354	2.87971	0.00433	14.047	74.8516	14.047	74.8516
20	评分	2956.54	639.692	4.62182	6.1E-06	1696.57	4216.51	1696.57	4216.51
21	变体数	54.0784	279.276	0.19364	0.84662	-496	604.157	-496	604.157
22	入耳式设i	491.845	1463.38	0.3361	0.73708	-2390.5	3374.19	-2390.5	3374.19
23	降噪功能	-879.25	1532.07	-0.5739	0.56656	-3896.9	2138.41	-3896.9	2138.41
24	防水功能	2600.46	1532.7	1.69665	0.09103	-418.43	5619.36	-418.43	5619.36
25	音质	4911.3	1674.04	2.93379	0.00366	1614.01	8208.59	1614.01	8208.59
26	运动场景	219.795	1592.14	0.13805	0.89031	-2916.2	3355.75	-2916.2	3355.75
27	办公场景	-2336.5	1727.22	-1.3527	0.17738	-5738.5	1065.54	-5738.5	1065.54
28	蓝牙连接	1370.27	2157.92	0.63499	0.52602	-2880.1	5620.62	-2880.1	5620.62

图 4-30　回归结果解读

步骤二 回归结果解读。

将图 4-30 的回归结果整理成规范的表格，如表 4-7 所示。排序、价格、评分和音质的系数估计的 *P* 值小于 0.01，防水功能系数的 *P* 值小于 0.1。所以以上变量对产品销售有显著的影响，其余指标对产品销售没有发现明显的影响。排序的回归系数为负数，表明产品的搜索排序越靠前，对销售越有利；价格和评分系数为正数，说明产品价格和评分越高，该产品的销量越高；“防水功能”和“音质”系数显著为正，说明主打“防水”和“音质”卖点的产品，销售量比其他产品要高。

表 4-7　整理回归结果

变量	回归系数	*P* 值
排序	−82.588 7	6.21E−17***
价格 / 美元	44.449 29	0.004 331***
评分	2 956.539	6.14E−06***
变体数	54.078 43	0.846 619
入耳式设计	491.845 3	0.737 08
降噪功能	−879.249	0.566 563
防水功能	2 600.463	0.091 028*
音质	4 911.303	0.003 665***
运动场景	219.794 6	0.890 314
办公场景	−2 336.48	0.177 38
蓝牙连接	1 370.265	0.526 023
R^2	0.48	

注：“***”“**”“*”分别代表系数估计值在 0.01，0.05 和 0.1 水平下显著。

步骤三 无线耳机产品的马斯洛需求层次分析。

将表 4-7 中显著的几个自变量代入马斯洛需求层次中，如图 4-24 所示。可以得出结论，用户对无线耳机的需求层次，主要体现在生理上的听觉享受（音质），通过防水功能获得更多的安全感，以及追求更高价格和品牌效应、迎合大众评价来满足尊重需求。

4.3.4　任务实训

实训内容	操作要求	成果
根据马斯洛需求层次分类产品需求特点	根据马斯洛需求层次理论，对“dress（连衣裙）”产品的需求特点进行分类	马斯洛需求分类图

续表

<table>
<tr><th colspan="2">实训内容</th><th colspan="3">操作要求</th><th colspan="2">成果</th></tr>
<tr><td colspan="2">建立回归模型</td><td colspan="3">（1）设置回归模型的数据区域和参数
（2）建立模型
（3）解读回归模型结果</td><td colspan="2">回归模型结果表</td></tr>
<tr><td colspan="2">产品需求层次分析</td><td colspan="3">根据回归结果，对产品不同的需求层次进行分析</td><td colspan="2">马斯洛需求层次分析图，以及主要结论</td></tr>
<tr><th colspan="2">评价内容</th><th colspan="3">评价标准</th><th>分值</th><th>得分</th></tr>
<tr><td rowspan="6">工作过程</td><td>产品需求特点分类</td><td colspan="3">操作规范，分析有理有据</td><td>10</td><td></td></tr>
<tr><td>线性回归模型分析</td><td colspan="3">分析过程严谨，回归结果解读充分</td><td>20</td><td></td></tr>
<tr><td>产品需求层次分析</td><td colspan="3">分析过程严谨、充分，能发掘有效的新洞见</td><td>15</td><td></td></tr>
<tr><td>工作态度</td><td colspan="3">态度端正、认真主动</td><td>5</td><td></td></tr>
<tr><td>协调能力</td><td colspan="3">与小组成员之间合作交流</td><td>5</td><td></td></tr>
<tr><td>职业素质</td><td colspan="3">能合法合规收集数据、爱岗敬业</td><td>5</td><td></td></tr>
<tr><td rowspan="4">任务成果</td><td>工作完整</td><td colspan="3">能按时完成任务</td><td>10</td><td></td></tr>
<tr><td>工作规范</td><td colspan="3">能按照规范要求开展实训</td><td>10</td><td></td></tr>
<tr><td>工作成效</td><td colspan="3">能满足后续产品需求分析需要</td><td>10</td><td></td></tr>
<tr><td>成果展示</td><td colspan="3">能准确表达、汇报工作成果</td><td>10</td><td></td></tr>
<tr><td colspan="5">合计</td><td>100</td><td></td></tr>
<tr><td colspan="2" rowspan="2">综合评价</td><td>自评 /
20%</td><td>小组互评 /
30%</td><td>教师评价 /
50%</td><td colspan="2">综合得分</td></tr>
<tr><td></td><td></td><td></td><td colspan="2"></td></tr>
</table>

知识巩固

一、单项选择题

1. 下列不属于产品需求数据的是（　　）。

   A．近 30 天成交量　　B．变体数量

   C．产品 5 点描述　　D．店铺成交额

2. Excel 的 LEFT 函数的主要功能是（　　）。

   A．从文本结尾提取后若干个字符

B．从文本的开头提取前若干个字符

C．从文本中指定位置开始提取若干个字符

D．从文本头尾两端提取后若干个字符

3．应用中常用 $\hat{\beta}_j$ 系数的（　　）来检验该自变量对因变量是否有显著的影响。

A．估计值　　B．R^2 值

C．P 值　　D．正负号

4．一元线性回归模型的原理，是使用最小二乘法选择 $\hat{\beta}_0$ 和 $\hat{\beta}_1$，使得（　　）达到最小。

A．残差　　B．残差平方和

C．P 值　　D．R^2 值

二、多项选择题

1．数据分析的指标体系构建的四个关键有（　　）。

A．业务背景　　B．明确问题

C．形成指标　　D．指标评估

2．数据指标的评估主要包括（　　）。

A．考察数据指标来源是否准确可靠　　B．考虑指标的落地性

C．不需要评估　　D．确定指标的计算方法

3．卖家精灵采集的产品数据中常见的问题有（　　）。

A．数据缺失　　B．数据重复

C．出现乱码　　D．数据错误

4．对缺失值进行规范的处理，主要方法包括（　　）。

A．直接删除　　B．缺失值插补

C．不需要处理　　D．随机值插补

5．FIND 函数和 SEARCH 函数的主要差别在于（　　）。

A．FIND 函数不区分大小写，而 SEARCH 函数区分

B．FIND 函数支持通配符，而 SEARCH 函数不支持

C．FIND 函数区分大小写，而 SEARCH 函数不区分

D．FIND 函数不支持通配符，而 SEARCH 函数支持

三、判断题

1．产品需求分析的核心问题是明确产品的刚需特征，以及分析这些刚性特征对产品销量和用户评价的影响。（　　）

2．产品不同，消费者需求的关注点也不尽相同。（　　）

3．亚马逊平台上，产品的 5 点描述文本信息在搜索曝光页。（　　）

4．用户对产品的需求数据，最终都会反映在产品的销售数据上面。（　　）

5．产品标题详细介绍了产品的功能以及特点。（　　）

6. 数据是分析的基石，如果没有完整、真实可靠的数据，数据分析便失去了基础。（　　）

7. 对于数据数量较大，而缺失值的数量相对较少的情况，可以考虑直接删除。（　　）

8. 产品的周销售量指标，可以采用缺失值前后值的均值进行插值填充。（　　）

9. 卖家精灵插件没有提供产品标题的词频分析功能。（　　）

10. 社会上不同产品服务的生产和销售，是为了满足人们在不同层次上需求。（　　）

11. 线性回归模型常用于分析一个变量与另外一个或多个变量的影响关系的分析任务。（　　）

12. 一元线性回归模型为多元线性回归模型的特例。（　　）

13. 一般情况下，模型引入的自变量个数越多，R^2 值越低。（　　）

14. 在线性回归模型引入“是否降噪”功能变量作为自变量时，不需要构造虚拟变量。（　　）

四、简答题

1. 请简述马斯洛需求层次理论。

2. 请简述 Excel 的三个提取字符函数。

项目 5

用户体验分析

学习目标

● 知识目标

► 理解跨境电商用户访谈方案设计方法。
► 掌握跨境电商用户访谈资料整理的方法与工具。
► 熟悉亚马逊商品评论数据采集方法与工具。
► 掌握亚马逊商品评论数据分析方法与工具。

● 能力目标

► 能够完成跨境电商用户访谈方案设计。
► 能够准确判断跨境电商用户体验数据来源。
► 能够完成亚马逊平台用户评论数据采集。
► 能够完成亚马逊平台用户评论数据分析。

● 素质目标

► 理解用户的差异化需求，培养用户导向思维。
► 提升用户洞察力，对用户的情感反应保持敏感。
► 提升沟通能力和团队分工与合作能力。

案例导入

阿里巴巴作为全球领先的跨境电商平台，致力于为全球中小企业提供 B2B、B2C 和 C2C 等多种电商服务。阿里巴巴的跨境电商平台包括速卖通（AliExpress）、淘宝国际站等，凭借其强大的市场覆盖能力和庞大的用户群体，阿里巴巴在全球电商市场中占有重要位置。在跨境电商的运营过程中，用户体验（user experience，UX）成了阿里巴巴优化其平台服务和提升用户满意度的关键。为了满足不同国家和地区用户的多样化需求，阿里巴巴通过用户体验分析来改进其网站设计、支付方式、物流系统、产品展示等多个方面，以提供更流畅、更本地化的购物体验。

例如，在 AliExpress 平台的优化过程中，阿里巴巴深入分析了不同国家用户的文化背景、购物习惯和支付偏好。针对部分国家用户对中文界面不适应的问题，阿里巴巴加强了多语言支持，同时优化了搜索功能、商品分类和推荐算法，使用户能够更快捷地找到所需商品。此外，阿里巴巴还根据不同国家的物流条件，优化了物流跟踪功能和配送时效，大大提升了用户的购物体验。阿里巴巴还通过用户行为分析收集反馈，实时调整平台设计。例如，通过分析用户的点击路径、购物车弃单率等数据，阿里巴巴不断优化其页面布局和结算流程，减少用户的操作难度，提高了用户的转化率。

案例思考题

广州跨境网络科技有限公司在打造爆款无线耳机以进入美国市场时，公司的设计部可以通过什么方式或途径获取用户体验数据呢？用户体验数据如何进行分析，才能满足业务需要呢？

任务 5.1 用户体验数据采集

用户体验分析的首要任务是通过各种手段收集用户体验数据，以供后续的深入挖掘分析。用户体验数据采集应该能够做到既有深度也有广度，采用定量和定性方法相互补充，兼顾效率与成本。这项任务的实际工作中，结合用户访谈以及第三方调研工具采集等手段收集信息是常用的工具和手段。

5.1.1 亚马逊平台用户体验数据来源

在亚马逊平台上可以获取大量重要的用户体验数据，如产品评分、评价数量以及评价文本等。以亚马逊美国站为例，在平台主页搜索栏上搜索关键词“earbuds wireless（无线耳机）”，如图 5-1 所示。

单击搜索后，亚马逊平台的 A9 算法根据搜索词的相关性和转化率推荐了大量符合条件的产品。采集这些产品的体验数据，可供后续深入挖掘和分析。

图 5-1　输入搜索关键词

（1）搜索曝光页数据

搜索曝光页的用户评论数据主要是产品评分以及评论数量，如图 5-2 所示。

如果将鼠标移动到产品评分的位置，网页会弹出更加详细的评分分布情况，如图 5-3 所示，该款无线耳机总体评分为 4.1，在所有的 11 468 个点评中有 55% 给了 5 星评价，19% 给了四星等。

图 5-2　搜索曝光页用户评论数据

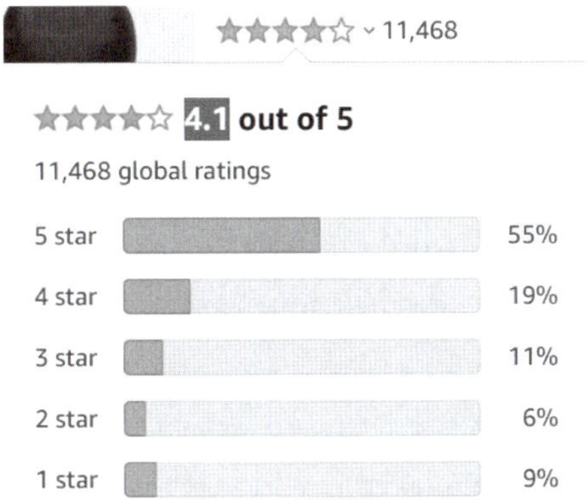

图 5-3　评分分布情况图

（2）产品详情页数据

单击曝光页的产品图片或者标题后，页面会跳转到产品详情页。该页面可以采集用户的评价文本信息，如图 5-4 所示。

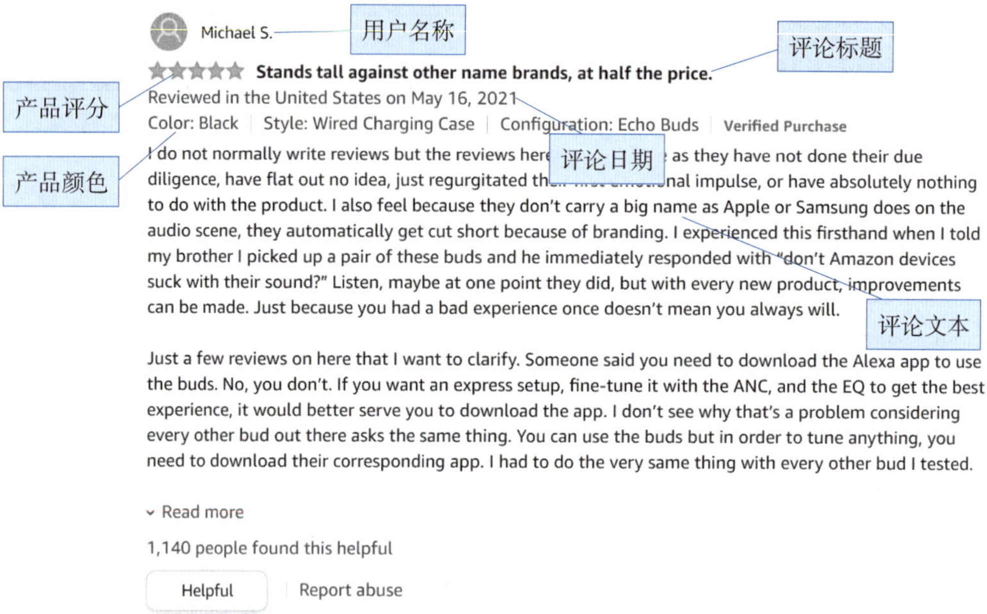

图 5-4　评论文本示例

5.1.2　用户访谈方案设计

用户访谈介绍

（1）用户访谈的概念

用户访谈是一种无结构的、个人的、直接的访问，在访问的过程中，一个具备高级技巧的调查人员深入访谈一个被调查者，以揭示其对某一问题的潜在动机、信念、态度或感情等。访谈的形式有很多种，如果从研究目的出发，用户研究采用的形式主要是探索性访谈。探索性访谈一般处于用户体验数据采集的初步阶段，是为了确定数据采集的具体内容与指标范围而进行的访谈，把一个大而模糊的问题表达为小而明确的问题（通常以假设的形式出现），并识别出需要进一步采集的数据和资料，待后续进一步收集数据后，对访谈总结的假设进行验证。

（2）用户访谈的优缺点

用户访谈的优点：访谈简单易行、形式灵活自由，也是其他定量分析方法的必要补充；虽然常见的问卷调查与产品数据分析（定量分析）可以覆盖更大面积的用户群体，但无法深入了解用户做出某种行为的具体原因和场景。比如，通过产品数据分析只能知道在某个时间点上哪一款产品销售情况最好，但却可能无法了解到用户的实际购买原因。此时，用户访谈就可以起到一定的补充作用（定性分析）。

用户访谈的缺点：调查的成本较高，花费时间较长，调查的范围有限；人力和物力的消耗较大；要求调查人员具备较高的素质；对人员的管理较为困难；可能会因受到一些用户或单位的拒绝而无法完成；访问者的素质、访谈问题的性质以及受访者的合作态度等都会不同程度地影响访谈结果。

（3）用户访谈的程序

用户访谈多数采取三段法，具体方法为：一是先做好访谈前准备，包括提哪些问题，用怎样的方式提问才能达到目的等；二是正式访谈时应当善于随机应变，引导或诱导被访者说出不愿意谈的想法或观点；三是就访谈和回答内容进行梳理，提炼出结果，如图 5-5 所示。

图 5-5　面谈访问法的程序

①访谈前准备阶段。第一，设计访谈提纲。探索性的用户访谈一般没有固定的结构，其形式比较开放。但是在访谈前必须从研究目的出发，预先设定主题方向，也就是设计访谈提纲。这样，访谈者才能在比较开放的形式下始终抓住主线与用户互动，逐步产生该主题下的新知识和新洞见。

用户访谈前准备

更具体地，设计访谈提纲就是概括几个必要问题。必要问题可以偏宏观，如“您如何看待我们公司服务的价值主张”，也可以偏微观；如“为什么您需要这项功能”。总的来说，访谈提纲的问题设计要由易变难，由粗变细。最开始要设计较简单的问题，拉近用户之间的距离，建立信任感。通过这样循序渐进的过程更容易与用户形成良好的互动。例如，在访谈某跨境电商产品用户时，可以先提问“日常购物的习惯”等直观的问题，然后再逐渐切换到产品的功能需求、使用体验以及改进建议等需要用户深入思考的具体细节。

随着访谈的深入，访谈者将逐渐获取研究主题的新观点，所能构建的知识框架也越来越清晰，同时也会发掘出更多新的问题，这是典型的探索性研究的特征。所以，有经验的用户体验设计师会给访谈的每个关键问题提前预设多个子问题，这些子问题可以由访谈者灵活运用，以便从全过程、多维度或者多视角获取问题的答案。访谈的有效实施还需要访谈者提前熟悉研究主题的相关知识或对应的产品，因为用户一般都对该主题或者产品有一定的了解，如果访谈者不熟悉这些内容，就会直接影响访谈的进程和质量。

第二，招募用户。确定用户访谈提纲之后，需要着手招募受访者。那么应该找什么类型的受访者？需要招募多少合适呢？这两个问题需要根据访谈的研究目的来确定。

a. 招募数量。如果研究目的是进行跨境电商运营的成功人物传记创作，那么招募一位受访者就够了。如果研究目的是探索用户在购买产品时主要的需求点有哪些，那么需要招募到比较饱和的状态——即继续做访谈到已经得不到新知识为止。跨境电商的用户访谈受到项目的时间、空间以及成本的限制，不能开展大规模的访问。当访谈者不能从用户那里获取更多信息时，应停止招募。在实际工作中，一般选择 6～8 个用户进行访谈就可以得到想要的信息。

b. 选择受访对象。选择了合适的受访对象，用户访谈所需要的访谈次数将会大大减少。根据研究中所处的阶段不同，招募的受访对象的类型也不尽相同。如果项目正处于发现阶段，并在寻找深层次的答案，那么就需要拓宽用户群体。招募不同类型的参与者，以获得不同的观点。如果研究目的是做产品创新的话，需要选择那些有特殊需求用户，甚至不使用该产品的用户也许会有意想不到的收获，因为对产品或服务很熟悉的目标用户随着时间的推移，已经克服了使用上的困难，养成了固定的习惯，访谈这些用户可能达不到预期效果。

c. 招募形式。用户访谈的用户招募形式主要有两种：自行招募和第三方招募。自行招募节省成本，但会耗费时间和精力。第三方招募价格昂贵，但专业性和效率较高。比较成熟的跨境电商运营公司会建立自己的用户库，方便及时和用户沟通，了解用户需求。这为用户研究提供了极大的便利。无论是公司自带的调研 App，还是公司用户微信群、QQ 群等载体，只要公司通过前期积累和维护形成内部用户信息库，就可以根据项目需要进行用户筛选，找到合适的用户。

大多第三方调研公司会提供专业用户访谈服务，其掌握的各类用户信息量庞大，在时间和精力有限，且预算充足的情况下，可以考虑第三方招募。

d. 安排访谈时间和形式。经过用户招募筛选后，需要确定访谈的具体安排，包括时间和形式（线上线下）等。访谈的具体安排最好能根据受访者方便的形式进行组织。最好能在访谈前一周对用户进行邀约，确认基本信息正确，合理安排参与时间；提前了解他们对产品或服务的使用情况，从侧面了解其思维和表达能力（如果招募的用户表达不清晰，思维混乱，将会比较浪费时间）。

②访谈进行阶段。访谈进行阶段非常考验访谈者的组织和控场能力，需要根据用户访谈过程中出现的各种状况灵活应变，让用户的发言始终围绕访谈的关键问题而谈，并且及时追问，揭示用户发言背后的深层动机，所以，一般用户访谈的主持人会选择一位经验丰富的研究人员担任。另外，跨境电商的用户访谈的主持人还需要具备良好的用户母语的语言能力。

a. 暖场。不管是线上还是线下的访谈，通常可以从一个简短的闲聊开始：介绍一下自己，聊聊家常。通过闲聊来弄清楚受访者可能是哪种类型的性格特点。然后解释一下访谈的大致内容范围。这将帮助用户进入正确的思维模式，回忆他们最近的经历。用户在访谈中发言偏离了主题，需要把谈话引回到话题时，之前设定的访谈范围也能帮助主持人拉回话题。

用户访谈过程控制

进入正式访谈前，建议提醒受访者在接下来的访谈中无论如何都要说实话，不要因为担心反馈伤害到产品经理（或设计师）的感情而有所隐瞒。另外，如果计划录制访谈（强烈建议这样做），必须请求受访者的许可。

b. 访谈中。在访谈中，主持人切记不能随意打断用户，不能给用户关于产品上的解释和意见。这么做除了能保证用户的思路不被打断之外，还能让用户觉得自己被尊重，从而增加访谈的良好体验。

当然，访谈过程中注重聆听，并不等于完全不需要对话。相反主持人需要及时对用户的发言进行验证性反问和追问。首先要及时概括用户的话，并重新组织语言复述出来，反问用户的意见。如“您的意思是说……我的理解对吗”。这样做的目的在于明确用户的意见和反馈问题，以防出现观点理解上的偏差。

另外，对于用户提到的问题要及时追问，目的是深入受访者的回答，揭示他们言行背后的真正动机。作为主持人要不断深挖用户的需求和问题。比如，这个问题对用户造成了多大的影响，当时是如何解决的，结果怎么样等。通过追问，让用户多讲故事，把问题放到具体情境中，从而做到知其然，也知其所以然。

③访谈结束阶段。在每次访谈结束后，及时对访谈内容进行转录并整理。建议可以通过专业的语音识别软件将访谈录音转换成文本的形式保存，识别准确率非常高，大大提高了访谈资料的整理。转录的目的在于方便日后回顾，也形成了文档供后续相关人员参考。

5.1.3　用户评论数据采集方法

（1）人工采集

顾名思义，人工采集是通过运营者人工将平台上的数据信息“复制粘贴”到数据表中保存。人工采集的优点是无技术门槛、灵活，缺点是效率低下。在现如今高昂的人工成本下，人工采集的方式正在被更高效的第三方数据采集软件所替代。但是对于某些采集任务，如采集数量比较少，从成本的角度来看，人工采集依然是最佳选择。再如采集任务灵活多变，涉及的平台众多，无法形成固定重复的采集程序时，人工采集也是可选项之一。

针对人工采集效率低下的问题，可以通过以下两方面提高工作效率。

第一，明确数据采集的目的，通过减少数据采集的变量个数以及采集频次来提升效率。比如，需要研究某个搜索关键词下不同产品的评分分布数据，可以通过人工采集曝光页前 20 页商品的评分来进行估算，同时不需要每天采集一次数据，1 个月采集 2 ~ 3 次即可。因为一个品类的产品评分并不会在短时间内发生变化，这样可以提高数据采集的效率。

第二，合理地利用抽样方法，可以在保证数据质量的前提下，大幅降低数据采集数量。假设研究项目需要采集某个搜索关键词下前 1 000 个商品的用户体验数据。数据分析师自身既没有能力开发爬虫程序，也没有资金购买第三方数据采集服务，这时可以采用抽样采集的方法。利用系统抽样的原理，首先在第一页随机抽中一个产品，如第一页第三位的产品，那么在以后的每一页都采集第三个产品的数据即可。系统抽样可以大幅减少数据采集的数量，同时也保证样本数据能够较好地代表总体数据。

（2）第三方数据工具采集

①竞品用户评论采集。采集亚马逊平台竞品评论数据，可以选用卖家精灵等工具软件，该软件提供下载竞品的问答和评论数据，还能自动生成评论分析报告。

②产品评论采集。产品评论数据采集涉及的产品数量多，工作量巨大。一般会利用自行开发或者第三方开发的自动化数据采集程序来对平台数据进行定时定量的采集。技术实力雄厚、数据采集数量大、频次高的跨境电商公司，通常会组建技术团队自行开发程序，定时定量地采集、处理和保存产品数据，并逐渐积累成具备商业价值的跨境电商产品数据库。自有程序一般使用 python 或者 java 等语言设计，鉴于本书的受众读者属于非技术类学习者，下面重点讲解使用更方便的第三方爬虫工具。

市面上较有名的第三方爬虫软件有八爪鱼采集器、后裔采集器、集搜客采集器等。这些采集软件通常需要收取一定的费用，但好处是操作界面友好、易用，通常还有专门针对亚马逊平台数据采集的策略模板可以使用，初学者可以下载试用版使用体验。

2019 年 5 月 28 日，国家互联网信息办公室发布《数据安全管理办法（征求意见稿）》，确立了利用自动化手段（网络爬虫）收集数据不得妨碍他人网站正常运行的原则。因此，在跨境电商平台上运行爬虫程序之前，要提前了解平台网站的 robots 协议文件，该文件会明确网站的信息爬取的各种限制。在平台网站网址后加上“robots.txt”字段即可查看该网站的 robots 协议文件，比如“www.amazon.cn/robots.txt”，图 5-6 展示了该网站 robots 协议文件的部分内容。

https://www.amazon.cn/robots.txt

```
User-agent: *
Disallow: */s?k=*&rh=n*p_*p_*p_
Disallow: /buycar
Disallow: /cart
Disallow: /checkout
Disallow: /class
Disallow: /com
Disallow: /common
Disallow: /css
Disallow: /dll
Disallow: /doc
Disallow: /dp/e-mail-friend/
Disallow: /dp/manual-submit/
Disallow: /dp/product-availability/
Disallow: /dp/rate-this-item/
Disallow: /dp/shipping/
Disallow: /dp/twister-update/
Disallow: /gp/aws/ssop
Disallow: /gp/cart
Disallow: /gp/css/homepage.html
Disallow: /gp/customer-reviews/common/du
Disallow: /gp/flex
Disallow: /gp/gfix
Disallow: /gp/history
Disallow: /gp/item-dispatch
Disallow: /gp/music/clipserve
Disallow: /gp/music/wma-pop-up
Disallow: /gp/offer-listing
Disallow: /gp/product/e-mail-friend
Disallow: /gp/product/product-availability
Disallow: /gp/product/rate-this-item
```

图 5-6 亚马逊中国网站的 robots 协议

图5-6协议里的User-agent字段，规定了哪些爬虫（程序）需要遵循文件中的规则，“*”号代表所有程序；Disallow 字段，表示 User-agent 规定的爬虫程序不允许访问的内容。提前了解平台网站对爬虫程序的限制和规定，调整采集策略，可以降低爬虫程序被反爬机制封禁的风险。

5.1.4　操作示范

（1）实施用户访谈

①确定访谈目的。了解美国市场用户对无线耳机类产品的需求偏好，筛选出产品的刚需特点，提供给运营部和产品开发部作为依据。

②概括访谈必要问题，如表 5-1 所示。

表 5-1　访谈必要问题

访谈主题	必要问题
基本情况	性别、年龄等
使用场景	请简单聊一聊您使用无线耳机的主要场景
使用耳机类型	请简单介绍下您正在使用的无线耳机（类型、功能以及设计等）
使用中存在的问题	您在使用的这款无线耳机主要的缺点有哪些呢?
希望拥有的功能或特点	您希望您的下一款耳机拥有什么功能和特点呢?
喜好的外形风格	您喜好的耳机外形是什么风格呢?

③招募用户。

研究对象：90 后 /95 后 /00 后、大学生或者刚进入职场的青年用户群体中有使用无线耳机习惯的用户。

样本数：随机邀约 10 例，保证有效样本 5 例，有效果再追加。

招募方式：通过主流社交平台上发布招募公告招募，或在主动联系合适对象招募。

招募小礼品：产品的限时会员、优惠券以及有线耳机 80 元 ×10，活页笔记本 10 元 ×10。

④访谈形式。以线上访谈为主，提前 1 周跟用户确定访谈时间和访谈方式。

⑤访谈人员。访谈主持人1名，访谈观察员/记录员1名，访谈整理与分析人员1名。

⑥实施用户访谈。按照约定时间和方式与用户进行访谈，在征得用户同意的情况，访谈全程录音。

⑦访谈资料整理。利用网易见外智能语音识别等工具，可以快速地将访谈录音转译成中英两种语言的文本资料，方便进一步分析和总结。

除了通过技术手段保存完整的录音文本外，及时地对访谈中的主要发现做出提炼和整理，并记录在表 5-2 中。

表 5-2　访谈记录表

用户姓名			
性别		年龄	
记录人		时间	
使用场景	问题:		
回答:			
使用耳机类型	问题:		
回答:			
使用中存在的问题	问题:		
回答:			
希望拥有的功能或特点	问题:		
回答:			
备注			

（2）亚马逊平台用户评论数据采集

①使用卖家精灵采集某款竞品的用户评论数据，如图 5-7 所示。

使用卖家精灵插件版，进入竞品的详情页，单击“评论下载”，可获取该款产品的评论数据。评论数据包括型号（变体：黑色、绿色）、VP 评论、Vine 评论、标题、内容（翻译）、星级、赞同数、图片数、是否有视频、链接、评论时间等，如图 5-8 所示。

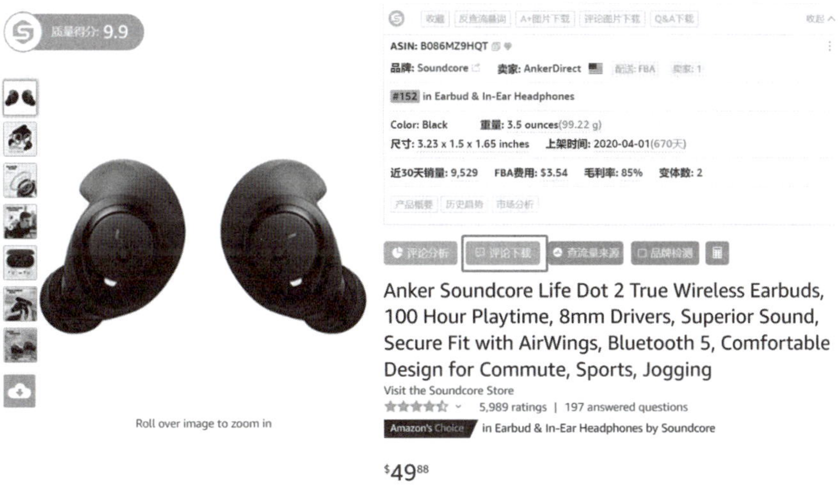

图 5-7　卖家精灵竞品用户评论数据采集

用户体验数据采集

1	型号	VP评论	Vine评论	标题	内容	内容(翻译)	星级	赞同数	图片数量	是否有视频	链接	评论时间
2	Color: Black	Y		Best sound quality in a s	These are the first set of ear buds		5				https://www.amazon.	2022-01-29
3	Color: Black	Y		Good sound but big bud	Good sound and excellent battery		3				https://www.amazon.	2022-01-28
4	Color: Black	Y		Great sound, very comfo	I wear these in a noisy environme		5				https://www.amazon.	2022-01-28
5	Color: Black			Not worth it!	Price wise these earbuds are in th		1				https://www.amazon.	2022-01-28
6	Color: Green	Y		Love em	I live these headphones so much I		5				https://www.amazon.	2022-01-28
7	Color: Black	Y		Excellent earbuds, just te	These earbuds are excellent foe li		4				https://www.amazon.	2022-01-26
8	Color: Black			Bang for the buck!	I bought these from Walmart beca		5		2		https://www.amazon.	2022-01-26
9	Color: Black	Y		Can't use memory foam	Sound is pretty solid however you		5				https://www.amazon.	2022-01-26
10	Color: Black	Y		Long battery, amazing c	Overall, the earbuds are great. Th		5				https://www.amazon.	2022-01-26
11	Color: Black	Y		Great for anything but fc	Trying these earbuds is one of my		4				https://www.amazon.	2022-01-25
12	Color: Black	Y		Best earphones EVER!	If something ever happens to thes		5				https://www.amazon.	2022-01-25
13	Color: Black			One earbud fails	I've had two sets of these eat bud		1				https://www.amazon.	2022-01-23
14	Color: Black	Y		Not worth the price	The only good thing about these i		1				https://www.amazon.	2022-01-22
15	Color: Black			Beats the expensive brar	These are the best earbuds! We h		5				https://www.amazon.	2022-01-22
16	Color: Black	Y		Perfect for the price	I tend to lose things, so this was th		5				https://www.amazon.	2022-01-22
17	Color: Black	Y		Great for the price	For the price these in ear headphc		5				https://www.amazon.	2022-01-22
18	Color: Black	Y		Sounds Great, Stays in S	I have Bose, Jaybird, and now Ank		5				https://www.amazon.	2022-01-21
19	Color: Black	Y		Not fitting properly. Wor	Sound is great, but currently havin		4				https://www.amazon.	2022-01-18
20	Color: Green	Y		The best I've ever had	These things are comfortable and		5				https://www.amazon.	2022-01-16
21	Color: Black	Y		Muy cómodo y sonido d	Me gusta el sonido aunque no sea		4				https://www.amazon.	2022-01-15
22	Color: Black	Y		Best Wireless Headphon	I have tried & returned about		5				https://www.amazon.	2022-01-15
23	Color: Black	Y		Good Quality at a Reasc	I purchased these to wear while ta		5				https://www.amazon.	2022-01-14
24	Color: Black	Y		great pair earbuds	I gave these to my grandson for C		4				https://www.amazon.	2022-01-14

图 5-8　卖家精灵输出评论数据

②使用八爪鱼采集器采集用户评论数据。利用八爪鱼采集器的“Amazon US 评论信息采集”模板采集关键词为“earbuds wireless（无线耳机）”的产品评论信息。在本书项目三的实操任务中，已经采集了该关键词的排序前 20 页共 420 个产品信息，其中就包含了每个产品的详情页网址，见数据表中的“title_url”（标题超链接）字段。

首先，选择八爪鱼采集器的“Amazon US 评论信息采集”模板采集评论数据；其次，自定义任务名，如“earbuds wireless-reviews（无线耳机评论）”；任务组选择其他；再次，将数据表中的“title_url”（标题超链接）列复制粘贴进商品详情页网址；最后，输入要翻页的页数栏为非必填项，如果不填，系统会采集全部评论。另外，单击“保存并启动”按钮，即可运行采集程序。由于评论数量通常比较大，需要花费时间较长（图 5-9）。最小化后台运行，保持电脑和网络正常运作即可。

图 5-9　配置采集参数

数据采集完成后，即可导出评论数据，如图 5-10 所示。表中“Comments Content”列为产品评论数据。后续可以根据业务需要再做处理和分析。

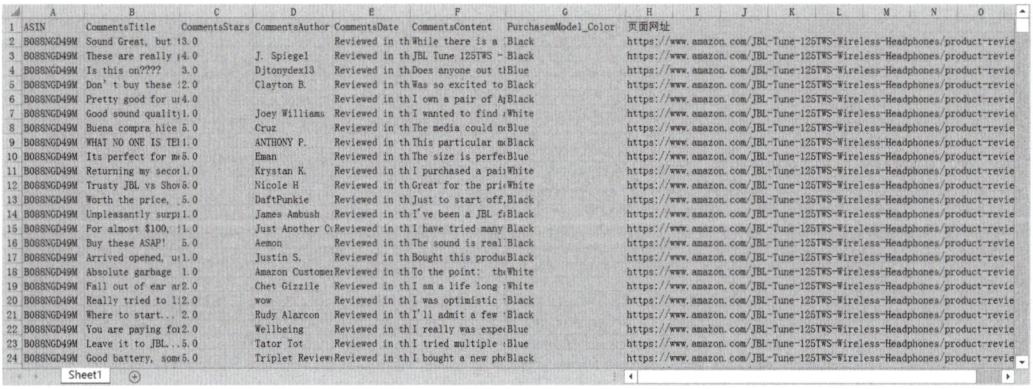

	A	B	C	D	E	F	G	H
1	ASIN	CommentsTitle	CommentsStars	CommentsAuthor	CommentsDate	CommentsContent	PurchasemModel_Color	页面网址
2	B088NGD49M	Sound Great, but	3.0		Reviewed in th	While there is a	Black	https://www.amazon.com/JBL-Tune-125TWS-Wireless-Headphones/product-revie
3	B088NGD49M	These are really	4.0	J. Spiegel	Reviewed in th	JBL Tune 125TWS -	Black	https://www.amazon.com/JBL-Tune-125TWS-Wireless-Headphones/product-revie
4	B088NGD49M	Is this on????	3.0	Djtonydex13	Reviewed in th	Does anyone out t	Blue	https://www.amazon.com/JBL-Tune-125TWS-Wireless-Headphones/product-revie
5	B088NGD49M	Don't buy these	2.0	Clayton B.	Reviewed in th	Was so excited to	Black	https://www.amazon.com/JBL-Tune-125TWS-Wireless-Headphones/product-revie
6	B088NGD49M	Pretty good for u	4.0		Reviewed in th	I own a pair of A	Black	https://www.amazon.com/JBL-Tune-125TWS-Wireless-Headphones/product-revie
7	B088NGD49M	Good sound qualit	1.0	Joey Williams	Reviewed in th	I wanted to find	White	https://www.amazon.com/JBL-Tune-125TWS-Wireless-Headphones/product-revie
8	B088NGD49M	Buena compra hice	5.0	Cruz	Reviewed in th	The media could n	Blue	https://www.amazon.com/JBL-Tune-125TWS-Wireless-Headphones/product-revie
9	B088NGD49M	WHAT NO ONE IS TE	1.0	ANTHONY P.	Reviewed in th	This particular m	Black	https://www.amazon.com/JBL-Tune-125TWS-Wireless-Headphones/product-revie
10	B088NGD49M	Its perfect for m	5.0	Eman	Reviewed in th	The size is perfe	Blue	https://www.amazon.com/JBL-Tune-125TWS-Wireless-Headphones/product-revie
11	B088NGD49M	Returning my seco	1.0	Krystan K.	Reviewed in th	I purchased a pai	White	https://www.amazon.com/JBL-Tune-125TWS-Wireless-Headphones/product-revie
12	B088NGD49M	Trusty JBL vs Sho	5.0	Nicole H	Reviewed in th	Great for the pri	White	https://www.amazon.com/JBL-Tune-125TWS-Wireless-Headphones/product-revie
13	B088NGD49M	Worth the price,	5.0	DaftPunkie	Reviewed in th	Just to start off,	Black	https://www.amazon.com/JBL-Tune-125TWS-Wireless-Headphones/product-revie
14	B088NGD49M	Unpleasantly surp	1.0	James Ambush	Reviewed in th	I've been a JBL f	Black	https://www.amazon.com/JBL-Tune-125TWS-Wireless-Headphones/product-revie
15	B088NGD49M	For almost $100,	1.0	Just Another C	Reviewed in th	I have tried many	Black	https://www.amazon.com/JBL-Tune-125TWS-Wireless-Headphones/product-revie
16	B088NGD49M	Buy these ASAP!	5.0	Aemon	Reviewed in th	The sound is real	Black	https://www.amazon.com/JBL-Tune-125TWS-Wireless-Headphones/product-revie
17	B088NGD49M	Arrived opened, u	1.0	Justin S.	Reviewed in th	Bought this produ	Black	https://www.amazon.com/JBL-Tune-125TWS-Wireless-Headphones/product-revie
18	B088NGD49M	Absolute garbage	1.0	Amazon Custome	Reviewed in th	To the point: th	White	https://www.amazon.com/JBL-Tune-125TWS-Wireless-Headphones/product-revie
19	B088NGD49M	Fall out of ear a	2.0	Chet Gizzile	Reviewed in th	I am a life long	White	https://www.amazon.com/JBL-Tune-125TWS-Wireless-Headphones/product-revie
20	B088NGD49M	Really tried to l	2.0	wow	Reviewed in th	I was optimistic	Black	https://www.amazon.com/JBL-Tune-125TWS-Wireless-Headphones/product-revie
21	B088NGD49M	Where to start...	2.0	Rudy Alarcon	Reviewed in th	I'll admit a few	Black	https://www.amazon.com/JBL-Tune-125TWS-Wireless-Headphones/product-revie
22	B088NGD49M	You are paying fo	2.0	Wellbeing	Reviewed in th	I really was expe	Blue	https://www.amazon.com/JBL-Tune-125TWS-Wireless-Headphones/product-revie
23	B088NGD49M	Leave it to JBL...	5.0	Tator Tot	Reviewed in th	I tried multiple	Blue	https://www.amazon.com/JBL-Tune-125TWS-Wireless-Headphones/product-revie
24	B088NGD49M	Good battery, som	5.0	Triplet Review	Reviewed in th	I bought a new ph	Black	https://www.amazon.com/JBL-Tune-125TWS-Wireless-Headphones/product-revie

Sheet1

图 5-10　产品评论数据表

5.1.5　任务实训

实训内容	操作要求	成果
招募 3～5 位在校女性留学生，设计并实施针对跨境电商连衣裙商品需求分析的用户访谈	（1）明确访谈目的 （2）设计访谈提纲和必要问题 （3）招募用户 （4）实施访谈 （5）访谈资料整理	（1）访谈录音文件 （2）访谈录音中的英文转录文本 （3）访谈记录表
采集亚马逊平台连衣裙商品用户评论数据	利用第三方软件采集亚马逊平台采集关键词为“dress（连衣裙）”的商品用户评论数据	评论数据表

续表

<table>
<tr><th colspan="2">评价内容</th><th colspan="3">评价标准</th><th>分值</th><th>得分</th></tr>
<tr><td rowspan="6">工作过程</td><td>用户访谈设计</td><td colspan="3">访谈方案设计合理、可执行性强</td><td>10</td><td></td></tr>
<tr><td>用户访谈实施</td><td colspan="3">访谈过程严谨、充分，与受访者互动充分，能发掘有效的新洞见</td><td>20</td><td></td></tr>
<tr><td>商品用户评论数据采集</td><td colspan="3">操作规范，数据资料妥善保存</td><td>15</td><td></td></tr>
<tr><td>工作态度</td><td colspan="3">态度端正、认真主动</td><td>5</td><td></td></tr>
<tr><td>协调能力</td><td colspan="3">与小组成员之间合作交流</td><td>5</td><td></td></tr>
<tr><td>职业素质</td><td colspan="3">能合法合规收集数据、爱岗敬业</td><td>5</td><td></td></tr>
<tr><td rowspan="4">任务成果</td><td>工作完整</td><td colspan="3">能按时完成任务</td><td>10</td><td></td></tr>
<tr><td>工作规范</td><td colspan="3">能按照规范要求开展实训</td><td>10</td><td></td></tr>
<tr><td>工作成效</td><td colspan="3">能满足后续用户体验分析需要</td><td>10</td><td></td></tr>
<tr><td>成果展示</td><td colspan="3">能准确表达、汇报工作成果</td><td>10</td><td></td></tr>
<tr><td colspan="5">合计</td><td>100</td><td></td></tr>
<tr><td colspan="2" rowspan="2">综合评价</td><td>自评 / 20%</td><td>小组互评 / 30%</td><td>教师评价 / 50%</td><td colspan="2">综合得分</td></tr>
<tr><td></td><td></td><td></td><td colspan="2"></td></tr>
</table>

任务 5.2　用户体验数据处理与分析

对采集的用户评论、评分等体验数据进行分析，整理用户在使用产品中的反馈，从而识别用户的关注点以及产品偏好特征，提出对产品和服务的改进建议。

5.2.1　用户体验分析

跨境电商企业主要是通过在线评论来获取用户体验数据，从而进行分析。

跨境电商在线评论介绍

（1）跨境电商在线评论的概念和特点

跨境电商平台的在线评论通常是用户对其购买的商品或享受的服务满意或者不满意的评论性文本，可以是好评、差评或中性评论。在线评论是用户体验的重要信息来源。

与传统的离线口碑相比，跨境电商平台的在线评论具有以下特点：第一，长时间保存。跨境电商平台上的评论文本一旦发布，能够一直保留下来，供所有用户阅读；第二，多向互动，评论文本的互动可以是一对一、一对多，甚至是多对多的互动。如图 5-11 所示，亚马逊平台上某款无线耳机的某条评论，有 362 位其他用户觉得有用；第三，无时空局限性，无论何时何地，用户都可以通过网络发布或者浏览评论；第四，匿名性，跨境电商平台上的评论者的真实身份对外是保密的；第五，真实性和可信度较高。跨境电商平台如亚马逊平台对“操控用户评论”的行为出台了严厉的打击措施，情节严重的甚至会直接封店，所以该平台上的用户评论的真实性和可信度较高。

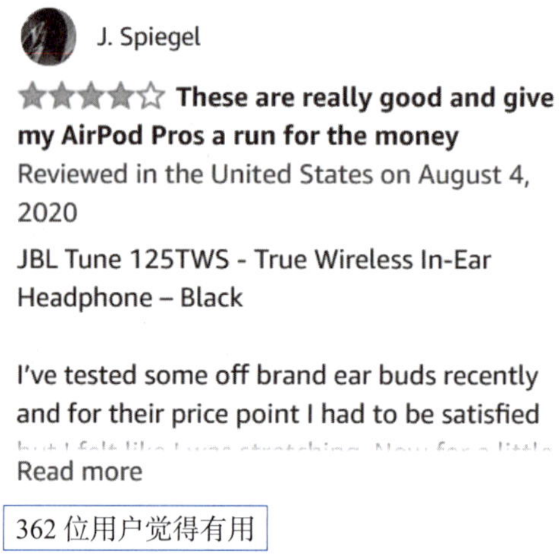

图 5-11　在线评论的互动

（2）跨境电商评论对用户购买决策的影响

①在线评论数量对用户购买决策的影响。在线评论数量是网上购物平台上，用户针对某一商品对其做出评论的总数量。用户在浏览某商品网页时，可以主观地看到关于产品的在线评论数量。由于在线评论都是购买过该商品的用户发布的，因此，评论数量在一定程度上与商品的销量或者受欢迎程度呈较强的正相关性。现在不少研究成果也表明在线评论数量对产品的销量具有正向影响的作用。一方面，大量的在线评论往往会激发用户的从众心理；另一方面，在线评论数量越多说明评论当中包含的产品信息量越多，而用户在掌握更多产品相关信息的情况下，与卖家之间的信息不对称就会减弱，用户感到购买风险降低，就提升了购买的可能性。

②在线评论内容对用户购买决策的影响。跨境电商平台的在线评论内容属性以及特点，决定了其对用户购买决策产生了重要的影响。产品评论对网购用户决策产生“显著”的影响，大多数用户在购买前会阅读产品评论，而且会对其购买决策产生影响。而且这种影响，比起其他渠道的信息更有影响力和感染力。2009 年中国互联网信息中心

的一项调查结果表明，与专家评论相比，消费者似乎更愿意相信网上买家的评论，以及其他亲朋好友的推荐①。

由于在线评论没有模板、格式以及语言表述等方面的要求，所以用户对不同评论内容感知到的信息量以及可信度也有很大程度的不同。从这个角度出发，在线评论可以大致分为两种类型：客观描述性评论和主观评价型评论。客观描述型评论是指客观的、非情绪的，一般跟产品属性、性能相关的，具有实施依据的在线评论。主观评价型评论指的是主观的、带有个人色彩的、无事实依据的、一般多用抽象的言辞表述的在线评论。研究表明，客观描述性评论更有说服力，评价内容质量更高，对用户购买决策的影响更大。

另外，亚马逊平台上有部分的在线评论上方会有红色的字体写着“Verified Purchase（购买确定）”，简称VP标志。当一个产品评论被标示为“Verified Purchase”，表示撰写该产品评论的顾客在亚马逊上购买了该产品。而且不难发现，拥有VP标志的评论都会排在前面，因为根据亚马逊的政策，买家更加信任这些带有标志的评论。

③在线评论内容对用户评分的影响。亚马逊平台上，每个产品的页面都可以看到该产品的星级评分，范围是1～5分的区间。显然，产品的星级评分是用户购买决策的重要参考要素。事实上，该分数的评定并非简单的原始订单评分数据的平均值，而是亚马逊通过复杂的算法计算出来的结果。虽然亚马逊并未公开该算法的规则，但可以肯定的是，产品评论的采纳数，以及评论是否有“VP”标志，对产品星级评定有重要影响。首先，当某条产品评论被其他买家单击“Yes”的数量，即评论被采纳的数量越多，对产品整体评分的影响权重越大。例如，假设某条低星的差评被点“Yes”的数量越多，那么其对整体星级评定将带来越大的负面影响。其次，没有“VP”标志的评论对整体评分几乎不起作用，以此来防止恶意刷单的行为。

5.2.2 用户评论数据分析方法介绍

（1）用户评论词频分析

跨境电商的用户评论数据是非结构化的文本资料，在原始文本的状态下，无法进行量化分析，因此需要先转化成结构化的文本数据。将评论文本结构化的过程就是将以句子、段落或者篇为单位的评论文本资料，分割成一个个单词，并计算每个单词出现的频数，然后将单词以及单词的频数记录在表格中，这就是评论文本的词频分析。

这项工作如果在过去通过人工来做，效率很低，无法实现对大规模文本数据的处理。随着文本挖掘技术的发展，目前已经有不少软件系统能够快速完成这项工作。

（2）用户评论可视化

词云图是文本数据可视化的一个常见图形，也是跨境电商评论文本可视化的常用图

① 资料来源：中国互联网信息中心（CNNIC），2009年中国网络购物市场研究报告。

形。画图的原理很简单，就是根据词在文档中出现的次数多少来决定该词在图中的尺寸大小。一个词在文档中出现的次数越多，在词云图中的尺寸就越大。

5.2.3 操作示范

（1）采集产品评论

利用卖家精灵软件，分析竞品评论。如图 5-12 所示，单击“评论下载”，下载该产品的所有评论。

用户体验数据分析

选择竞品，进入详情页，单击“评论下载”，可查看不同变体的评论数据报告，如图 5-13 所示。

详细报告内容包括变体数、产品图片、价格、型号、评分数、评论星级、评论数、评论数占比、上架时间、评分星级占比、特点评分、评论星级统计、评论类型统计、评论型号统计、变体评论变化趋势、评论标签，形成图表如图 5-14 所示。

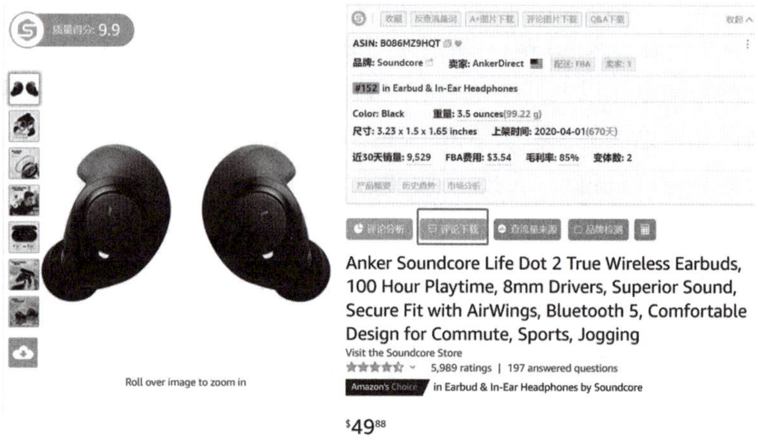

图 5-12　下载评论

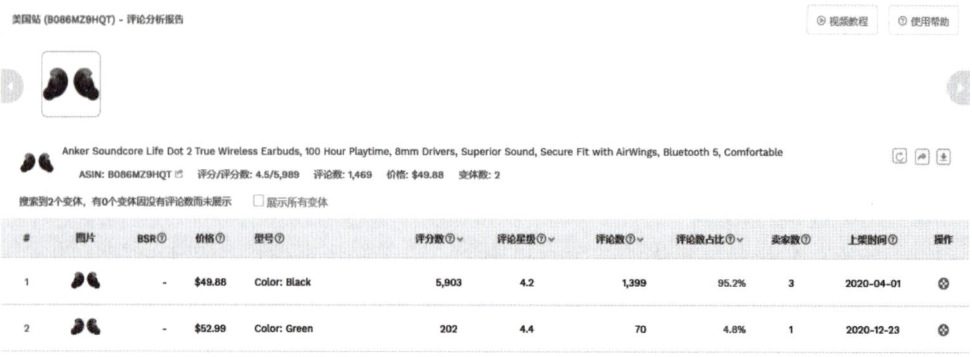

图 5-13　查看变体评论数据报告

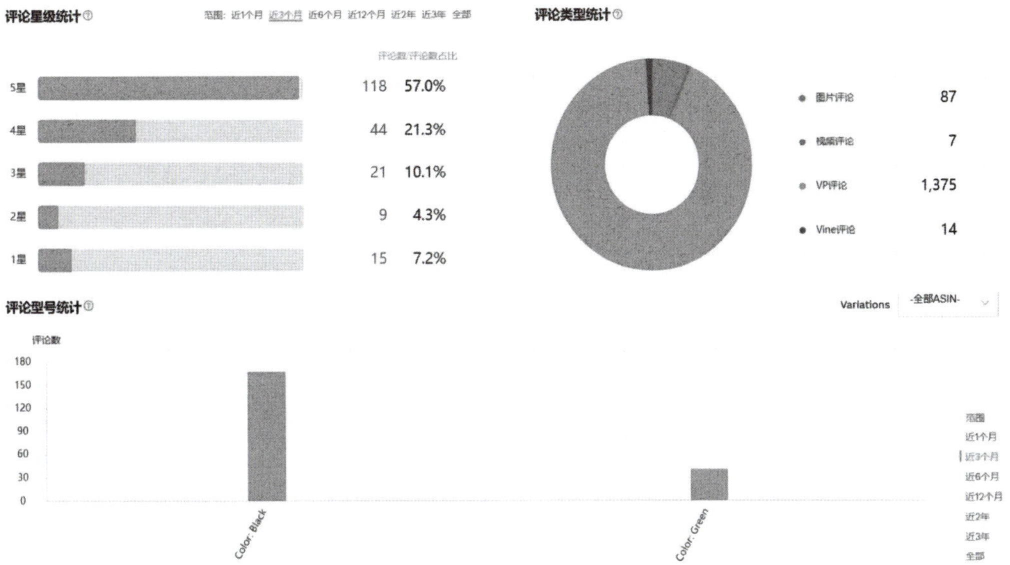

图 5-14　评论数据报告图表

通过图 5-14 可知，该竞品有两个变体，变体（黑色）的评论数远高于变体（绿色），说明黑色产品销量更大、关注度更高。

（2）产品星级评分分析

根据八爪鱼采集的数据，使用 Excel 的数据透视表功能，查看星级评分的部分情况。打开数据表后，单击“插入”—“数据透视表”。系统弹出“创建数据透视表”的对话框，如图 5-15 所示。

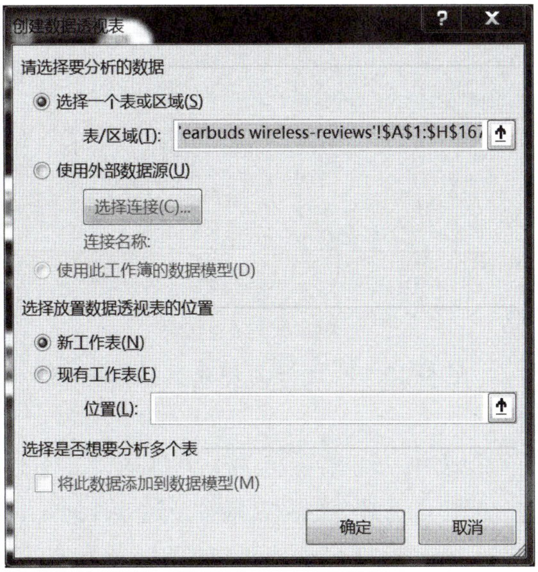

图 5-15　创建数据透视表

“表 / 区域”选中全部数据，通常情况下，系统会自动选中，无须额外操作。“选择放置数据透视表的位置”为“新工作表”，单击“确定”。系统会新建一个表格放置数据透视表，然后需要设置数据透视表。将图 5-16 中的“CommentsStars（星级）”字段，分别拖进“行”和“值”窗口，在“值”窗口的下拉菜单中单击“值字段设置”，弹出窗口的“计算类型”中选择“计数”，单击“确定”，便生成了产品评分数据透视表，如图 5-17 所示。

图 5-16　设置数据透视表

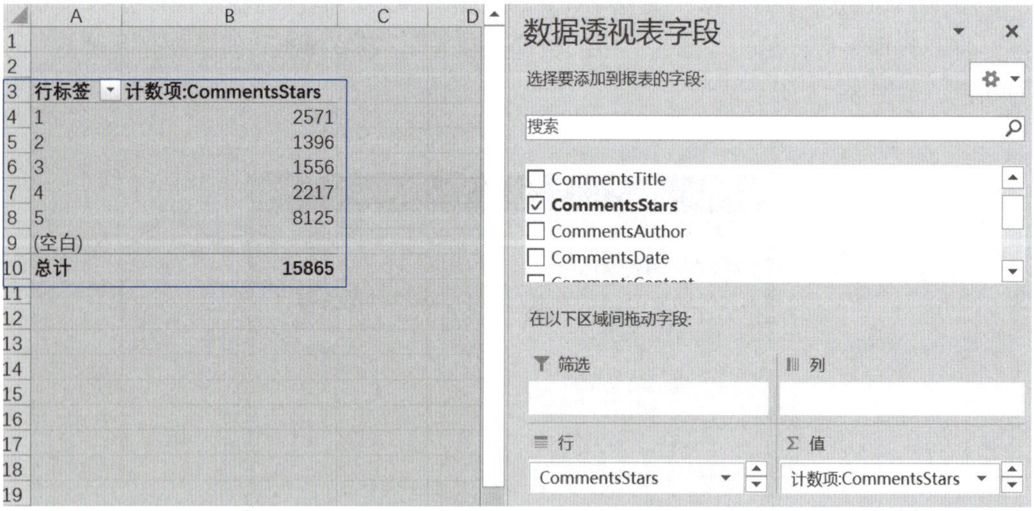

图 5-17　生成产品评分数据透视表

在图 5-17 的数据透视表中，可以看出关于关键词“earbuds wireless”主流产品的 15 865 条有效的评分中，给出 5 星评分的数量最多，达 8 125 条，占比超半数。另外 1 星评价 2 571 条，2 星评价 1 396 条，3 星评价 1 556 条以及 4 星评价 2 217 条。从图 5-17 的整体分布看，呈现出两极分化的趋势，有利于进一步分析用户好评和差评的具体原因。

（3）产品评论文本分析

使用微词云对用户好评和差评文本进行词频分析并生成词云图。微词云是一款实用性强、操作简单的在线文字云和在线词云生成器，分为免费版和付费版，其中免费版为用户提供每天不超过 2M（txt 文件大小）的纯文本分词和词频统计服务。

①好评文本分析。首先打开上节采集的产品评论数据表，筛选出五星好评文本。单击“开始”—“排序和筛选”—“筛选”，对“CommentsStars（星级）”列设置筛选条件，都选“5”，如图 5-18 所示。

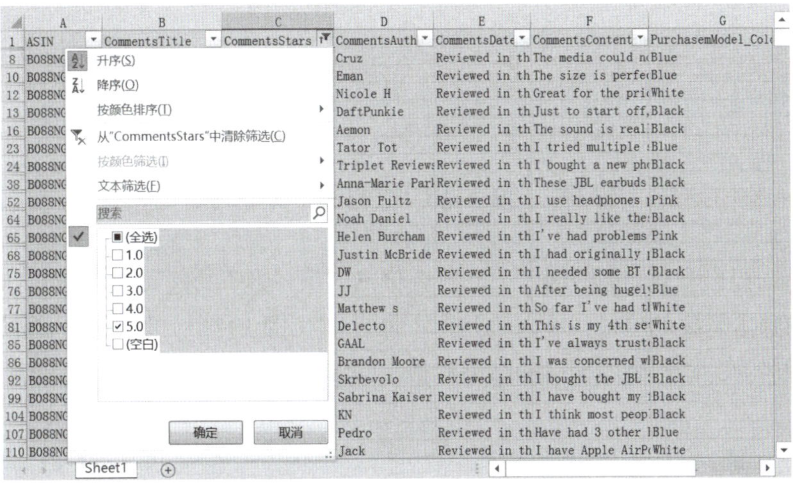

图 5-18 筛选好评文本

打开微词云网站，单击“在线分词”，如图 5-19 所示。

图 5-19 微词云在线分词

在新弹出的页面中单击“去英文分词”，进入英文分词器页面，如图 5-20 所示。直接从 Excel 表中复制 5 星好评的评论文本，粘贴到如图 5-20 所示分词器的文本框中。

图 5-20 微词云英文分词器

单词提取量选“前 200 个”，然后单击“下一步”。进入“筛词”界面，可以根据词性筛选出需要的单词。单击“下载分词结果”（图 5-21），保存好词频统计的结果［数据文件名为：微词云分词后的结果数据（好评）.xlsx］，留作后续进一步分析。

图 5-21 下载分词结果

其中词频前 20 的名词如表 5-3 所示，表中“sound”“quality”“ear”“battery”“price”等高频的名词显示，耳机的音质、佩戴舒适度、电池续航以及价格等是用户给好评的主要需求点。

表 5-3　词频前 20 的好评名词

单词	词频	词性	单词	词频	词性
sound	5 601	名词	life	1 818	名词
quality	3 541	名词	noise	1 737	名词
ear	3 222	名词	love	1 613	名词
case	2 731	名词	work	1 583	名词
battery	2 615	名词	music	1 540	名词
use	2 578	名词	charge	1 461	名词
one	2 076	名词	time	1 414	名词
price	2 031	名词	bluetooth	1 079	名词
pair	1 912	名词	product	1 039	名词
phone	1 889	名词	bass	954	名词

回到微词云主页，单击“创建词云”，来到词云图制作页面，如图 5-22 所示。

单击“导入单词”，下载“模板 2”，并将表 5-3 的“单词”及“词频”两列数据复制粘贴进模板 2 表格中，如图 5-23 所示。

保存好模板的修改后，将词频表格上传至微词云，如图 5-24 所示。单击“生成并使用”，回到词云图的生成界面。

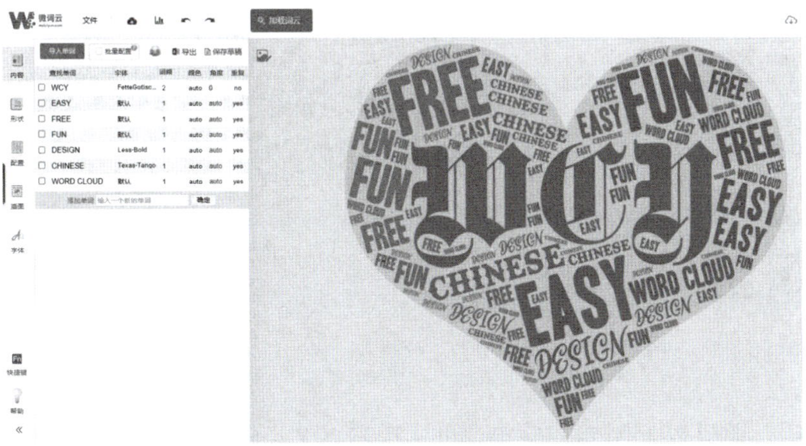

图 5-22　创建词云

单词	词频
sound	5601
quality	3541
ear	3222
case	2731
battery	2615
use	2578
one	2076
price	2031
pair	1912
phone	1889
life	1818
noise	1737
love	1613
work	1583
music	1540
charge	1461
time	1414
bluetootl	1079
product	1039
bass	954

图 5-23　模板 2 的单词及词频数据

图 5-24 导入词频数据

如图 5-25 所示，界面的左侧可以选择词云图的“形状”“配置”“配置”“插图”等方面的属性。单击“加载词云”，便可生成美观的词云图。单击“下载到本地”，可以下载保存为高清图。

图 5-25 生成好评词云图

②差评文本分析。通过以上同样的操作，可生成差评文本的分析结果。首先将“1 星”和“2 星”的评论文本定义为差评文本，共筛选出 3 967 条差评。经过微词云的词频统计后［数据文件名为：微词云分词后的结果数据（差评）.xlsx］，词频前 20 的名

词如表 5-4 所示，表中“sound”“quality”“pair”“charge”“work”等高频的名词显示，耳机的音质、与其他电子设备的适配度、充电速度以及工作场景下的使用情况等是用户给差评的主要需求点。

表 5-4　词频前 20 的差评名词

单词	词频	词性	单词	词频	词性
sound	2 395	名词	battery	1 008	名词
ear	1 771	名词	time	970	名词
one	1 609	名词	right	964	名词
quality	1 441	名词	product	840	名词
pair	1 269	名词	first	768	名词
case	1 246	名词	earbuds	724	名词
work	1 183	名词	noise	674	名词
phone	1 163	名词	music	641	名词
charge	1 142	名词	life	591	名词
use	1 124	名词	volume	569	名词

生成的差评词云图，如图 5-26 所示。

图 5-26　差评词云图

5.2.4 任务实训

实训内容	操作要求	成果
使用数据分析软件分析竞品评论情况	操作卖家精灵软件，下载评论报告,分析报告数据	竞品评论分析
对不同评分的连衣裙商品评论数据进行数据透视表分析	（1）制作数据透视表 （2）分析不同评分的评论数据分布	（1）数据透视表 （2）评论数量分布图表
分析亚马逊平台连衣裙商品用户评论数据	（1）好评用户评论高频词分析 （2）差评用户评论高频词分析 （3）绘制好评与差评词云图	（1）好评用户评论高频词分析结论，包括词频数据表以及词云图 （2）差评用户评论高频词分析结论，包括词频数据表以及词云图 （3）用户需求偏好的关注点分析

<table>
<tr><th colspan="2">评价内容</th><th colspan="3">评价标准</th><th>分值</th><th>得分</th></tr>
<tr><td rowspan="6">工作过程</td><td>评论数据处理</td><td colspan="3">操作规范，分析有理有据</td><td>10</td><td></td></tr>
<tr><td>评论数据分析</td><td colspan="3">分析过程严谨、充分，能发掘有效的新洞见</td><td>20</td><td></td></tr>
<tr><td>评论数据可视化</td><td colspan="3">绘制词云图操作规范，图表美观</td><td>15</td><td></td></tr>
<tr><td>工作态度</td><td colspan="3">态度端正、认真主动</td><td>5</td><td></td></tr>
<tr><td>协调能力</td><td colspan="3">与小组成员之间合作交流</td><td>5</td><td></td></tr>
<tr><td>职业素质</td><td colspan="3">能合法合规收集数据、爱岗敬业</td><td>5</td><td></td></tr>
<tr><td rowspan="4">任务成果</td><td>工作完整</td><td colspan="3">能按时完成任务</td><td>10</td><td></td></tr>
<tr><td>工作规范</td><td colspan="3">能按照规范要求开展实训</td><td>10</td><td></td></tr>
<tr><td>工作成效</td><td colspan="3">能满足后续用户体验分析需要</td><td>10</td><td></td></tr>
<tr><td>成果展示</td><td colspan="3">能准确表达、汇报工作成果</td><td>10</td><td></td></tr>
<tr><td colspan="5">合计</td><td>100</td><td></td></tr>
<tr><td colspan="2" rowspan="2">综合评价</td><td>自评 / 20%</td><td>小组互评 / 30%</td><td>教师评价 / 50%</td><td colspan="2">综合得分</td></tr>
<tr><td></td><td></td><td></td><td colspan="2"></td></tr>
</table>

知识巩固

一、单项选择题

1. 以下不属于用户访谈优点的选项是（　　）。

A．访问简单易行　　B．形式灵活自由

C．是其他定量分析方法的必要补充　　D．成本较高，花费时间长

2. 一般情况下，在线评论数越量大说明评论当中包含的产品信息量越（　　），用户与卖家之间的信息不对称就会减（　　）。

A．多；强　　B．多；弱

C．少；强　　D．少；弱

3. 线上评论文本一旦发布，能够一直保留下来，供所有用户阅读，是线上评论的（　　）特点。

A．长时间保存　　B．多向互动

C．匿名性　　D．真实性和可信度较高

二、多项选择题

1. 以下为用户体验数据的有（　　）。

A．产品评分　　B．评价数量

C．评价文本　　D．产品标题

2. 访谈前阶段包括哪些工作内容（　　）?

A．整理访谈资料　　B．确定访谈提纲

C．确定受访者　　D．确定访谈时间和方式

3. 搜索曝光页的用户体验数据主要是（　　）。

A．产品评分　　B．评价数量

C．评价文本　　D．产品标题

4. 用户访谈是一种（　　）的访问。

A．无结构　　B．个人

C．直接　　D．间接

5. 人工采集效率低下的问题，可以通过以下哪些方面提高工作效率?（　　）

A．加大采集变量个数　　B．增加采集人手

C．明确数据采集的目的　　D．合理地利用抽样方法

三、判断题

1. 问卷调查一般处于用户体验数据采集的初步阶段。（　　）

2. 用户访谈的优点是：访问简单易行、形式灵活自由，也是其他定量分析方法的必要补充。（　　）

3. 对于采集数量比较少的情况，从成本的角度来看，人工采集依然是合适选择。（　　）

4. 合理地利用抽样方法，可以在保证数据质量的前提下，大幅降低数据采集数量。(　　)

5. 卖家精灵可以采集众多产品的评论数据。(　　)

6. 在线评论是用户体验的重要信息来源。(　　)

7. 评论数量在一定程度上跟商品的销量或者受欢迎程度呈较强的正相关性。(　　)

8. 产品评论对网购用户决策产生“显著”的影响。(　　)

9. 用户对不同评论内容感知到的信息量以及可信度没有显著差异。(　　)

10. 亚马逊平台上，买家更加信任带有“VP”标志的评论。(　　)

11. 跨境电商的用户评论数据是结构化的文本资料。(　　)

12. 一个词在文档中出现的次数越多，在词云图中的尺寸就越小。(　　)

四、简答题

1. 请简述用户访谈的优点。

2. 请简述在线评论数量对用户购买决策的影响。

项目 6

推广效果分析

学习目标

知识目标

- 理解跨境电商平台在不同产品周期里进行推广效果分析的作用、目的和指标。
- 熟悉推广投放营销漏斗的转化模型。
- 掌握曝光量及相关的各转化率，如曝光点击率、推广投入产出比、点击转化率之间的含义与关系。

能力目标

- 能够掌握曝光量的计算方法。
- 能够完成漏斗转化模型的绘制。
- 能够完成转化模型各时间的整理。
- 能够完成转化节点的分析，校验产品和用户行为。

素质目标

- 培养市场洞察与策略优化能力。
- 具备数据感知能力和逻辑思维能力。
- 具备批判精神和创新意识。

案例导入

在国家创新驱动发展战略方针的指导下，以茅台为代表的中国企业开始积极布局全球，将触角伸向海外市场，借助各大海外新媒体平台强大的传播力，持续向全球友人讲述品牌的故事、诠释品牌的文化特性。

茅台贯彻落实“文化茅台”海外建设理念，于 YouTube 等海外新媒体平台，持续推出茅台创意贴文、品牌宣传贴文，以及茅台与中国风景、茅台美食等主题贴文，对茅台国际品牌形象进行全球范围内的宣传推广，以更加符合海外粉丝浏览习惯的营销形式，引领海外友人关注民族品牌，品读中华文化的独特韵味。茅台更换了各大新媒体平台的宣传主页，以浅黄绿色为整体主色调，将灯笼、花朵图案、云纹等中国元素作为点缀装饰（图 6-1），围绕在茅台酒瓶周围，向海外友人传递初春时节富有生机、春暖花开的意象，也将茅台生机勃勃的品牌活力展示给全球“茅粉”。

图 6-1　茅台于各大海外新媒体平台发布文化创意图片

随着卖家之间竞争的加剧，推广的费用水涨船高。但是，推广的价值明显，它能赋予产品价值、利于传播、帮助提高消费者的认知，最终推动消费者购买产品。因此，在开展推广工作中，应进行有效的推广效果分析，并借助数据分析工具提升分析效率。

案例思考题

分析推广活动对产品销售的影响效果，有几个关键要点：一是目标制定得当，能够给运营团队以指导；二是企业根据目标策划推广活动；三是分析推广是否取得好的成效。一般而言，互联网推广目标值由主管制定，主管会判断业务处于哪个阶段，其推广目标也会随情况的变动而变动。广州跨境网络科技有限公司创业团队在开展耳机的推广活动时，应注意以下几方面问题。

（1）业务处于企业哪个阶段，目标方案是什么？

（2）衡量推广效果有哪些指标，如何收集与整理这些指标？

（3）如何利用指标分析并优化推广？

任务 6.1　推广效果数据采集与整理

随着跨境电商规模的扩大，跨境企业对在线推广越来越重视。在广告投放成本不断增加，商家投放广告收益逐渐下降的背景下，商家对如何有效投放广告这方面的关注越来越高。

6.1.1　推广效果的概念、分类及指标

解读企业推广周期

一般而言，推广效果是指广告信息对目标受众产生的广告主所期望的影响，也指广告在媒体上进行宣传后，消费者因广告信息而受到的相应影响。这种多方面的影响就是广告效果，也称推广效果。

推广效果的分类，可根据企业经历的不同发展阶段，包括导入期、起步期、成熟期和衰退期进行划分。不同生命周期下的推广效果，制定不同的推广目标、推广方案和衡量指标。

表 6-1　企业生命周期下的推广目标、推广方案、衡量指标

企业生命周期	导入期	起步期	成熟期	衰退期
推广目标	传播效果	近期效果	社会效果	清库存； 新市场

续表

企业生命周期	导入期	起步期	成熟期	衰退期
推广方案	免费使用 关键词测试 知名度活动	精准流量， 提升转化 SEO①、SEM② 效果营销 线下门店	慈善 赞助活动 赞助晚会 排名 代言	打折 找新市场
衡量指标	曝光量 点击量	点击率 转化率 ROI ACOS（推广投入产出比）	转化率 品牌美誉度	忠实客户数量 销售额

如表 6-1 所示，在导入期，商家进行推广的主要目标是传播效果，即商品关键词通过传播媒介到达目标消费者的情况，包括到达人数的多少和覆盖率的大小。传播效果是推广效果的基础，只有商品关键词到达受众，使受众听到、看到广告，才会引发后续在情感、态度和行为上的一系列变化。因此，需要测试关键词与市场、展示产品，并向消费者介绍新产品的特点，设置免费使用，关键词测试等。在该阶段，衡量推广效果的指标包括曝光量、点击量等。

随着企业进入起步期，推广的近期效果应作为关注重点。近期效果是指商品关键词触达用户后，对用户的认知、态度和行为的影响。具体观测的指标包括点击率、转化率、ROI、ACOS 等。在此阶段，商家对用户的行为影响，包括销量和利润等指标应进行重点关注。

企业到达成熟期时，推广的焦点将转向社会效果，即产生超越产品信息及品牌认知以外的社会影响。例如，在推广中融入公司价值观、企业核心文化理念、品牌价值等，让消费者能够认识甚至认可该产品和品牌的价值理念，提升企业的积极形象和影响力。该阶段，衡量推广效果的具体观测指标为转化率与品牌美誉度。

当企业进入衰退期，企业的主要目标是维持产品的出货量，同时考虑是否有可能找到新的市场机会或业务路径。此时，衡量推广效果的指标为忠实客户数量和销售额。

① SEO 是搜索引擎优化（search engine optimization）的缩写，是一种通过优化网站内容、结构和其他相关因素，以提高网站在搜索引擎中排名的过程。

② SEM 是搜索引擎营销（search engine marketing）的缩写，是一种通过支付广告费用在搜索引擎结果页面上显示广告，以增加网站流量和曝光度的营销策略。

6.1.2　推广效果的流程模型

漏斗理论

明确企业周期后，推广效果可以与营销漏斗模型结合，以更全面地理解推广活动的效果。营销漏斗模型描述了消费者在购买决策过程中经历的几个阶段，包括意识、兴趣、考虑、意向和购买等阶段。

（1）营销漏斗模型原理

营销漏斗模型是常用的推广效果理论模型，该模型呈现线性流程样式。在推广活动的各个环节中都可能产生用户流失，呈现漏斗形态（图 6-2）。该模型基于业务流程，通过科学的数据分析，全面呈现用户在整个流程中的行为状态，以及从用户行为的起点到终点，各个阶段的用户转化情况。通过漏斗分析，能够准确定位用户流失的环节和原因，为推广策略的调整提供有力支持。这种数据驱动的分析方法，为企业提供了更深层次的理解，帮助企业更有针对性地制定策略，确保推广活动的高效运作和持续优化。

图 6-2　漏斗形态

营销漏斗模型最初用于生产系统的计划与分析。由于该模型从大到小的形状能够极好地呈现客户的留存问题，因此在工商界得到不断延伸，其中有四种最为知名的分析模型。

- 消费者购买漏斗模型（the purchase funnel）。

  消费者购买漏斗模型后被称为 AIDA 模型，最早由 St. Elmo Lewis 在 1898 年提出，包括意识（attention）—兴趣（interest）—欲望（desire）—行动（action）四个阶段。

- AIDMA 漏斗模型。

  AIDMA 漏斗模型是 AIDA 的衍生版本，在 AIDA 模型基础上添加了记忆（memory），用于打造品牌记忆。

- AISAS 漏斗模型。

  AISAS 漏斗模型即注意（attention）—兴趣（interest）—搜索（search）—行动（action）—分享（share），是互联网发展的产物，强调用户主动参与的搜索和分享过程。

- AARRR 漏斗模型。

  AARRR 漏斗模型即获取（acquisition）—激活（activation）—留存（retention）—商业变现（revenue）—推荐传播（referral），由 Dave McClure（麦克卢尔）提出，是一种业务增长模式。

（2）营销漏斗模型分析五阶段

在跨境电商中，用户从进入首页到最终完成支付的行为，通常需要经过多个环节，包括商品 / 浏览分类、查看商品详情、加入购物车、生成订单、开始支付、完成支付、回购商品等。每个环节都有一定的转化率，从最大的曝光量到最小的订单或复购量，这个过程的转化率有助于理解和分析每一步的数据，尤其在 AARRR 漏斗模型中，转化率扮演了重要角色。

如图 6-3 所示，以跨境电商为例，用户完成从首页到支付的整个过程通常经历多个关键环节，包括从广告投放期的“获客”、刺激客户点击的“激活”、加入购物车后的“留存”、生成订单开始支付的“商业变现”、最终回购环节的“自传播”。每个步骤都涉及一定的转化率。从最初的获客到最终的自传播，这个转化过程每个环节的转化率会越变越小。

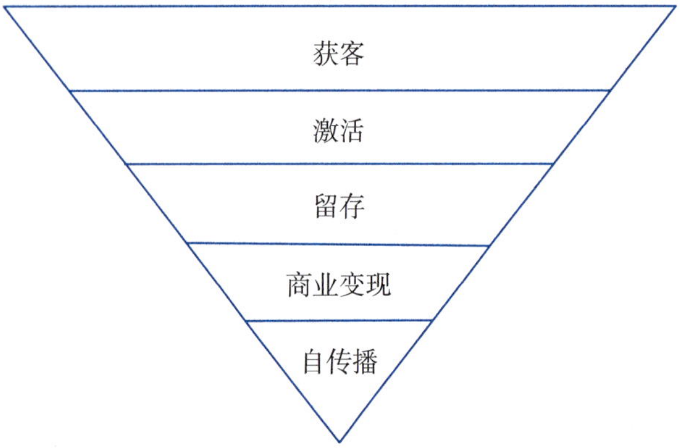

各阶段	数量
获客	曝光量
激活	有效曝光量
留存	点击量
商业变现	订单量
自传播	复购量

图 6-3　AARRR 漏斗模型

①获客阶段。获客阶段是消费者对产品或服务有了初步的认知，可能是通过广告、社交媒体或口碑传播等途径了解到的，即曝光量（E）。曝光量（E）又可细分为有点击的曝光（有效曝光）和无点击的曝光（无效曝光）（总曝光量 = 有效曝光 + 无效曝光），而亚马逊对曝光的定义是客户可能看到的产品。

②激活阶段。激活阶段是消费者对产品或服务产生了兴趣，开始更深入地了解相关信息，可能是通过浏览网站、查看产品说明或咨询朋友等途径实现的，即曝光点击率（CTR）。曝光点击率 = 点击次数 / 有点击的曝光。

③留存阶段。在这个阶段，消费者开始对产品或服务进行比较和评估，考虑自己的需求和预算是否匹配，可能是通过查看竞争对手产品、在线比价或向销售人员咨询等途径实现的。

④商业变现阶段。在这个阶段，消费者做出购买决策，并进行购买，即点击转化率（CVR）。在亚马逊平台上，良好的转化率为10%～15%，点击转化率=出单量/点击量。

⑤自传播阶段。在这个阶段，消费者成为忠实客户，开始不断回购和宣传产品或服务，成为企业的重要资源和支持者，即推广投资回报率（ROI），推广投资回报率

$$\text{ROI} = \text{推广订单利润} / \text{推广总花费} = \frac{\text{广告订单量 O} \times \text{单价 P} \times \text{利润率 R}}{\text{点击量 C} \times \text{点击竞价 B}}$$

（3）营销漏斗模型分析三要素

完成对营销漏斗模型概念的深入理解后，进一步探讨营销漏斗模型分析的三个关键要素。

①时间。这里所指的时间是漏斗转化的周期，即完成每个漏斗层级所需的时间集合。通常情况下，一个漏斗转化周期越短越有利。短周期意味着企业资金能够更迅速地周转，提高业务的灵活性和效率。

②节点。每个漏斗层级都可看作一个节点，其核心指标是转化率。转化率的计算公式为通过该层的流量除以到达该层的流量。节点的转化率是评估漏斗效率和各个层级表现的关键指标。

③流量。同一漏斗下，不同人群表现的情况是多样化的。这里的流量表示在每个漏斗层级的人群数量。通过深入了解不同人群的行为，企业可以优化推广策略，提高整个漏斗的总体转化率。

综合考虑时间、节点和流量，企业可以更全面地了解漏斗模型的运作机制。通过优化漏斗中的每个要素，企业能够提高转化效率，加速业务发展。

6.1.3　推广效果的评估关键指标

通过对推广效果与流程模型的概念和分类的理解，可以得知在不同的业务发展阶段，推广效果的评估关键指标会有所不同。以亚马逊平台为例，在其业务报告中，关键的度量标准以及能够跟踪和改进业务的推广效果评估指标是多样的，表 6-2 主要介绍了几个重要的，其中，在企业新产品导入期，通常以曝光量作为主要指标。

表 6-2　亚马逊平台的重要推广效果评估指标

指标名称	内容	公式
有效曝光率（CTR）	产品吸引力、相关度	$\frac{\text{点击量 C}}{\text{曝光量 E}}$
点击转化率（CVR）	推广总转化	$\frac{\text{出单量 O}}{\text{点击量 C}}$

续表

指标名称	内容	公式
推广投入产出比（ACOS）	推广成本占比	$\frac{\text{点击量 C} \times \text{点击竞价 B}}{\text{广告订单量 O} \times \text{单价 P}}$
推广投资回报率（ROI）	站在长远的角度衡量投资的价值	$\frac{\text{广告订单量 O} \times \text{单价 P} \times \text{利润率 R}}{\text{点击量 C} \times \text{点击竞价 B}}$

（1）曝光量

曝光相当于买家输入关键词进入页面，无论链接是否被点击或被看到，都计为一次曝光。如果链接位于页面底部，部分买家可能无法看到，类似于逛商业街时，每次经过一家店铺，无论是否进入，都算一次曝光。因此，曝光的有效性在很大程度上取决于其位置，但只有能够明显引起买家注意的才被视为有效曝光（表 6-3）。

推广指标解读——广告曝光量

表 6-3　有效曝光与无效曝光效果

是否有效曝光	用户是否点击	平台如何展示
有效曝光	有	跳转后页面顶部，容易看见的
无效曝光	否	跳转后页面底部，不容易看见的

曝光量受多个因素影响。首先是广告类型，包括自动广告、手动广告、品牌广告或展示型广告，相同的出价可能导致不同的曝光量。其次是单次竞价的高低，高竞价通常意味着更多的曝光机会。因此，如果单次竞价较低，选择精准匹配可能会受到限制，建议使用自动广告。关键词的相关性是第三个因素，正确选择关键词能提高广告与用户搜索的相关性，增加曝光量。再次，链接的评论数量也是影响曝光的关键因素。新产品刚上架时评论为零可能影响初始曝光，但随着评论的增加，曝光量往往呈指数增长。最后，商品的定价也是重要因素，如果系统认为产品定价过高且没有促销策略，可能会限制曝光量。因此，在平台上架新品后，通过参与平台的新品培育计划、调整关键词、优化定价和促销策略均有助于提高曝光量。

（2）有效曝光率

产品的关键词X的点击曝光占总曝光的比例越大，客户看到该产品的概率就越高。相对应地，在这个关键词 X 下的权重也就越大，可通过以下公式计算有效曝光率。

$$\text{有效曝光率} = \frac{\text{关键词 X 的点击曝光}}{\text{总曝光}} \times 100\%$$

（3）点击转化率

假设有 100 位顾客浏览了在线商店，其中有 25 位顾客完成了购物订单，该商店的转化率就为25%（即25除以100）。此时，点击转化率R（conversion click rate）的计算公式为：

$$R=\frac{O}{C}$$

式中，O代表出单量，C代表点击量。该比率衡量了通过点击而实现实际购买的效果，商家可据此了解用户的点击活动实际转化为销售的比率。

（4）推广投入产出比

推广投入产出比（advertising cost of sales，ACOS）通常以推广费用占销售总额的比例来衡量，该关键指标被称为推广花费占比或推广费用销售比例。在亚马逊等电商平台上，该比例表现为推广费用与销售收入的比值，用公式表示如下。

$$\text{ACOS}=\frac{\text{推广费用}}{\text{销售收入}}$$

ACOS 指标的计算有助于企业了解其在推广活动中投入的资金与实际销售收入之间的关系，通常该指标越低，说明企业投入较少的推广费用，就能获得较高的销售收入，是推广效果优质的表现。该指标为企业优化推广策略和控制成本提供了重要参考。企业可以通过调整广告策略和预算，以提高广告效果，降低 ACOS，从而提高推广的投资回报率。

（5）推广投资回报率

推广投资回报率（ROI）是一项关键的推广效果指标，其计算方式为：

$$\text{ROI}=\frac{\text{推广订单利润}}{\text{推广总花费}}$$

该指标的核心是通过对比推广所带来的订单利润与实际推广费用，来评估广告活动的盈利能力。在亚马逊等电商平台上，企业通过 ROI 可判断其在推广方面的投资是否得当。高ROI表明广告活动相对成本效益较高，每单位投资都能产生更多的订单利润。而低 ROI 可能意味着推广活动效果不佳，需要进一步优化广告策略，以提高投资回报率。通过不断监测和调整 ROI，企业可有效地管理推广预算，确保最大程度地获取利润并提高整体销售效能。

（6）有效曝光量计算

运营主管会设定一组推广优化的目标作为约束条件，通常产品数据的优化参考值包括曝光点击率（CTR）大于 0.5%，点击转化率（CVR）大于 10%，以及 ACOS 小于15%。运营助理能够从曝光量（E）与出单量（O）的公式关系中推导出以下几个关键方程：

$$\text{点击量（C）}\times\text{转化率（R）}=\text{出单量（O）}$$

$$\text{有效曝光量}\times\text{点击率（CTR）}\times\text{转化率（R）}=\text{出单量（O）}$$

有效曝光量 = 出单量（O）/ 点击率（CTR）/ 转化率（CVR）

假设点击率预期值 = 0.5%，转化率预期值 = 10%，当出单量 =1 时，有效曝光量 = 出单量（O）/ 点击率（CTR）/ 转化率（CVR）= 1/0.005/0.1 = 2 000

为了更好地分析曝光量，可以使用简单的计算表格（表 6-4）。

表 6-4　有效曝光量计算表格

希望订单	点击率	转化率	每次点击费用	有效曝光量	点击量	预估费用

依据前述设定和期望出单量为 1 的前提，通过先前提到的公式进行计算，得到表 6-5 的结果如下。

表 6-5　有效曝光量计算结果示例

希望订单	点击率	转化率	每次点击费用	有效曝光量	点击量	预估费用
1	0.5%	10%	0.76	2 000	10	7.6

在推广活动中，通过对一段时期的推广数据进行详尽计算，企业能够深入了解推广活动的表现。在此过程中，不仅有助于优化推广的目标曝光量，同时也为互联网推广中常用的漏斗分析模型提供了坚实的支持。

6.1.4　操作示范

（1）任务描述

广州跨境网络科技有限公司在亚马逊平台销售“Lolita”品牌耳机，然而，新设立的店铺面临浏览量和成交额不高的问题。运营专员通过市场观察，发现“耳机”关键词搜索量较高，但与品牌“Lolita”相关的关键词搜索量较低，导致店铺排名靠后。在开展推广效果分析前，运营专员应着重分析企业店铺所处的周期，明确企业的推广目标及选取合适的推广指标。

（2）操作演示

步骤一　问题解读。

“耳机”搜索量高反映了对该产品类别的整体需求高，但与“Lolita”相关的搜索量低表明 Lolita 品牌在市场上的知名度可能较低。高“耳机”搜索量说明该产品处于导入期或起步期，而低“Lolita”相关关键词搜索量反映品牌的推广阶段仍是导入期。

步骤二 为衡量推广效果，应关注的指标包括以下几个。

曝光量：确保店铺和产品在平台上有足够的曝光，提高被用户发现的机会。

关键词排名：关注与品牌相关的关键词排名，尤其是“Lolita”品牌的关键词，以提高品牌曝光。

有效曝光量或浏览量：了解店铺整体的表现，确保有足够的流量。

点击率：衡量用户点击产品的意愿，是评估广告吸引力的指标。

成交额：了解店铺的整体表现，确保有足够的流量并追踪销售数据。

点击转化率：观察点击转化为实际销售的比率，帮助了解产品页面的吸引力和购买意愿。

步骤三 确定“Lolita”品牌耳机在推广活动中必须达到的曝光量水平，以确保实现预期的目标。

运营主管设置约束条件为曝光点击率（CTR）大于 0.5%，点击转化率（CVR）大于 10%，ACOS 小于 15%。假设点击率预期值 = 0.5%，转化率预期值 = 10%。那么在出单量为 1 的情况下，最低有效曝光量 = 出单量（O）/ 点击率（CTR）/ 转化率（CVR）= 1/0.005/0.1 = 2 000

6.1.5　任务实训

实训内容	数据图表	分析
找出亚马逊平台“R”品牌假发片的有效曝光推广广告位置		
根据亚马逊平台“R”品牌假发片的店铺推广销售情况，分析“Reecho 牌假发片”属于企业推广周期的哪个阶段		
运营主管设置约束条件为曝光点击率（CTR）大于 0.5%，点击转化率（CVR）大于 12%，ACOS 小于 15%。假设点击率预期值 = 0.5%，转化率预期值 = 10%。那么在出单量为 1 的情况下，最低有效曝光量等于多少		

评价内容		评价标准	分值	得分
工作过程	理解企业所处周期的推广目标与指标	能否准确判断店铺所处周期，所用指标	20	
	所用指标计算公式	所用指标计算公式	10	
	最低有效曝光量	准确计算最低有效曝光量	15	
	工作态度	态度端正、认真主动	5	

续表

<table>
<tr><th colspan="2">评价内容</th><th colspan="3">评价标准</th><th>分值</th><th>得分</th></tr>
<tr><td rowspan="2">工作过程</td><td>协调能力</td><td colspan="3">与小组成员之间合作交流</td><td>5</td><td></td></tr>
<tr><td>职业素质</td><td colspan="3">能合法合规收集数据、爱岗敬业</td><td>5</td><td></td></tr>
<tr><td rowspan="4">任务成果</td><td>工作完整</td><td colspan="3">能按时完成任务</td><td>10</td><td></td></tr>
<tr><td>工作规范</td><td colspan="3">能按照规范要求开展实训</td><td>10</td><td></td></tr>
<tr><td>工作成效</td><td colspan="3">能运营分析工具进行行业分析</td><td>10</td><td></td></tr>
<tr><td>成果展示</td><td colspan="3">能准确表达、汇报工作成果</td><td>10</td><td></td></tr>
<tr><td colspan="5">合计</td><td>100</td><td></td></tr>
<tr><td colspan="2" rowspan="2">综合评价</td><td>自评 /
20%</td><td>小组互评 /
30%</td><td>教师评价 /
50%</td><td colspan="2">综合得分</td></tr>
<tr><td></td><td></td><td></td><td colspan="2"></td></tr>
<tr><td colspan="7">拓展思考题：除了优化关键词，还有什么方法能够提高曝光量</td></tr>
</table>

任务 6.2 推广效果分析

对企业而言，通过深入分析推广效果，能够了解产品的市场反馈、消费者行为和品牌知名度的提升情况，为企业的战略决策提供有力支持。这种全面的数据洞察不仅有助于优化广告投放、改进产品营销和提升客户体验，更有助于实现销售增长和品牌价值的提升。

6.2.1 完整周期所需时间分析

从对推广效果的评估关键指标的理解中可以得知，在启动关键词投放后，需要密切关注关键词流量的展示量、点击量、花费、成本销售比以及订单等重要指标。特别需要关注的是在整个营销漏斗模型中从关键词投放到订单成功成交的整个周期所需的时间，这样能更好地理解整个漏斗模型中的各个环节，尤其是从投放关键词到订单成功成交这一完整周期所需的时间（图 6-4）。

时间是决定整体销售效果和效率的关键时刻，对于优化推广策略、提高转化率以及改进整个销售流程都具有重要意义。

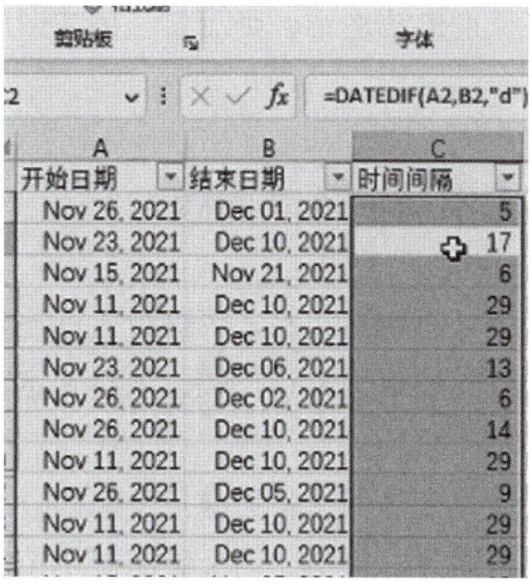

图 6-4　时间整理

6.2.2　漏斗转化理论下的节点分析

通过深入了解整个销售漏斗模型中从关键词投放到订单成功成交的整个周期里的每个节点，能够更精确地调整推广计划，更有效地推动销售并提升整体业绩。

（1）梳理关键节点

绘制流程与路径，根据业务场景的设定规则或节点的定义，绘制事件的流程。如同电商购物、App 获客等场景，有通用的流程与路径描述模板，借助模板可以快速定义关键节点，绘制出漏斗的大致轮廓。

（2）收集各环节的痕迹数据，进行数据分析

整个漏斗形成过程，首先要进行指标的定义和数据的收集。指标的定义可以从行为、时间、比率等角度入手，指标对应数据的获取可以通过爬虫、埋点等方式，收集到相应数据后即可进行数据分析。

（3）绘制漏斗分析模型

整体的步骤大致可分为计算整体转化率—计算占位数据—插入图表—设置坐标轴格式—调整数据顺序。

第一步：计算出单个步骤的转化率，然后快速填充。

第二步：计算单个步骤与初始转化率的差值（即 100%），差值除以 2 后获得占位数据。因为最终的柱状图（选中数据，插入图表即可）是轴对称的，故取差值的一半进行占位即可。

第三步：调整纵坐标轴（选中纵坐标轴，鼠标右键—设置坐标轴格式—坐标轴选项中勾选“逆序类型”），将“人数”数据居中显示（鼠标右键—选择数据—将“人数”单击下移）。

第四步：选中辅助列数据所在的橙色条形，通过设置无色无边框将占位数据条隐藏。

第五步：添加外框连接线、箭头和转化率。

如果数据量较大，需要长期监测运维，则需要连接数据库。可以用专业的数据分析软件或者 BI 软件搭建。

6.2.3 根据转化比率数据诊断问题

通过与同类用户平均水平、行业平均水平等进行指标比较，分析差距、找到自身薄弱环节，以及通过与自身历史同期水平进行比较，最终确定需要优化的节点，采取措施进行针对性整改。

如果是转化率不高，或转化率降低，常见有三个原因：一是曝光输出不精准；二是产品本身的竞争力不高，或在图片、价格、内上无法展示产品的优点；三是竞争环境过于激烈，在选品阶段未挑选准确，导致产品无转化基础。可以采取以下步骤提高准确度：一是正确筛选关键词；二是更换推广曝光主图或降低推广曝光商品价格，以使曝光的产品更具吸引力，从而提高点击率；三是重新回到选品步骤。另外，假如是复购转化率减少，应考虑导致用户购买后不再返回的原因是不是产品使用感不好，客户服务不佳或竞争对手的影响。

如果是转化率较高，或转化率增高，常见有三个原因：一是关键词是否较为正确；二是是否有特殊促销，或改进的产品页面，使得产品更具有吸引力；三是产品是否较为稀缺等。另外，复购率增加，应考虑导致用户购买后复购是不是产品使用感较好，只有客户服务佳，才能形成自传播的作用。

营销漏斗分析模型是一个诊断工具，它可以诊断问题的位置，但无法回答为什么问题会出现，也不能提供如何解决问题。通常需要结合消费者调研和更多的数据分析，以挖掘问题背后的原因并找到改进的方向。通过采用这些方法，可以更准确地理解转化率变化的原因，为进一步的优化提供有针对性的建议。

微案例

某跨境电商公司为了提高自己的耳机品牌在亚马逊的收录商品关键词的精准度，关注了两个重要的指标：相关性和搜索热度。借用卖家精灵的关键词优化平台，按相关性与搜索热度进行排序，把符合条件的关键词加入词库中。

关键词采集与整理

词库中的关键词多而杂乱，为了有针对性地对关键词进行整理，该公司将关键词分为宽泛关键词、精准关键词和长尾关键词三类（表 6-6）。最后宽泛关键词收录了“earbuds”；精准关键词是产品的核心关键词收录了“earbuds mic（耳机麦克风）”；长尾关键词是能够带来搜索流量的组合性关键词，收录了“earbuds mic with inline remote（带线控的耳机麦克风）”。

表 6-6　某公司耳机的关键词分类与整理

分类	举例
宽泛关键词	in-ear（入耳式）、headphones（头戴式耳机）、earbuds（耳塞式耳机）
精准关键词	earbuds mic（耳机麦克风）、earbuds kids（儿童耳机）、earbuds gaming（游戏耳机）、over ear（耳挂式）
长尾关键词	earbuds mic with inline remote（带线控的耳机麦克风）

该公司通过关键词分类与整理，更有针对性地提高了曝光量和点击率。

6.2.4　操作示范

（1）任务描述

广州跨境网络科技有限公司在亚马逊平台销售“Lolita”品牌耳机，运营专员通过观察市场，发现“耳机”关键词搜索量较高，但与品牌“Lolita”相关的关键词搜索量较低，导致店铺排名靠后。在明确企业店铺所处的周期为导入期后，如何进一步分析导入期的推广效果？

（2）案例解读

品牌“Lolita”耳机在导入期最为关心传播效果，并以观察曝光量与点击量为主。因此，在确定目标曝光量并推广一段时间后，采集相关指标进而分析推广效果。

任务 6.2 练习

（3）操作演示

步骤一　完整周期所需时间。

请扫码打开“任务 6.2 练习”，找到推广效果数据，包括推广开始时间、展示量、点击量、花费、成本销售比以及订单。排除订单数量为 0 的情况后，找到投放推广时间间隔。使用运算公式，键入“DATEDIF”条件（图 6-5），指定开始时间和结束时间，选择适当的时间单位（如“y”表示年，“d”表示日），具体表现为 = DATEDIF（开始时间，结束时间，“d”），然后双击十字键，调整格式，即可得到时间间隔。

漏斗转化理论下的时间整理

步骤二　时间内最优广告活动。

如图 6-6 所示，根据数据透视表可以看出，广告活动的哪项需要的平均时间间隔最短，通常一个漏斗转化周期越短越好。因为周期越短，推广效果越强。

因此，可以找到最短时间获取订单的广告活动名称为：L-NB6632- 自动、XHZ-5566-X-AUTO NEW、XHZ-5566-X-BROAD、XHZ-T-5538-BROAD。

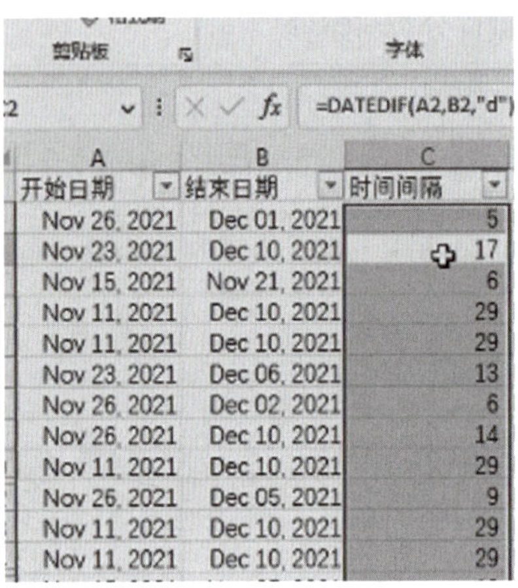

开始日期	结束日期	时间间隔
Nov 26, 2021	Dec 01, 2021	5
Nov 23, 2021	Dec 10, 2021	17
Nov 15, 2021	Nov 21, 2021	6
Nov 11, 2021	Dec 10, 2021	29
Nov 11, 2021	Dec 10, 2021	29
Nov 23, 2021	Dec 06, 2021	13
Nov 26, 2021	Dec 02, 2021	6
Nov 26, 2021	Dec 10, 2021	14
Nov 11, 2021	Dec 10, 2021	29
Nov 26, 2021	Dec 05, 2021	9
Nov 11, 2021	Dec 10, 2021	29
Nov 11, 2021	Dec 10, 2021	29

图 6-5　完整时间

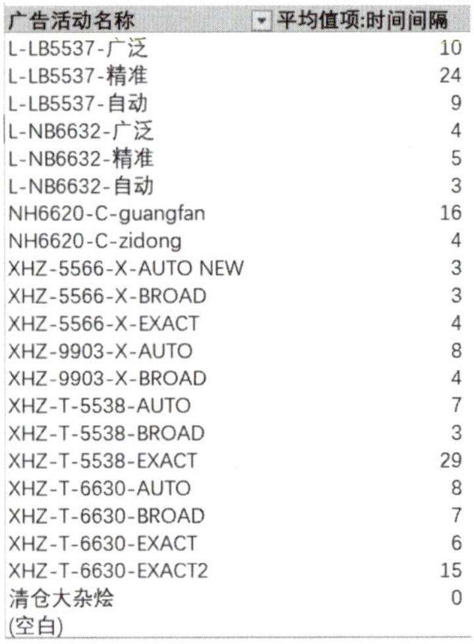

广告活动名称	平均值项:时间间隔
L-LB5537-广泛	10
L-LB5537-精准	24
L-LB5537-自动	9
L-NB6632-广泛	4
L-NB6632-精准	5
L-NB6632-自动	3
NH6620-C-guangfan	16
NH6620-C-zidong	4
XHZ-5566-X-AUTO NEW	3
XHZ-5566-X-BROAD	3
XHZ-5566-X-EXACT	4
XHZ-9903-X-AUTO	8
XHZ-9903-X-BROAD	4
XHZ-T-5538-AUTO	7
XHZ-T-5538-BROAD	3
XHZ-T-5538-EXACT	29
XHZ-T-6630-AUTO	8
XHZ-T-6630-BROAD	7
XHZ-T-6630-EXACT	6
XHZ-T-6630-EXACT2	15
清仓大杂烩	0
(空白)	

图 6-6　时间内广告活动获得的订单转化

步骤三　梳理关键节点。

从营销漏斗模型原理可知，漏斗呈现用户在整个流程中的行为状态，以及从起点到终点各个阶段的用户转化情况，使用图 6-3 所示的 AARRR 漏斗模型作为漏斗节点，并注意转化率公式等于通过该层的流量除以到达该层的流量。

漏斗转化理论下的节点分析

步骤四　收集各环节的数据，进行数据分析。

表 6-7 展示了 Lolita 牌耳机投放广告后，时间为 11 月和 12 月的曝光量、有效曝光量、点击量、订单量以及复购量的人数。

表 6-7　购物节点

购物节点	人数（11 月）	人数（12 月）
曝光量	10 000	46 890
有效曝光量	6 000	9 500
点击量	2 500	1 500
订单量	250	550
复购量	210	110

步骤五　构建与绘制漏斗模型。

①如表 6-8 所示，计算每个单步骤与初始转化率的差值（即 100%）。将差值除以 2，得到占位数据。这是因为最终的柱状图是轴对称的，所以取差值的一半作为占位数据即可。

表 6-8　11 月～12 月初始转化率的差值

购物节点	辅助列公式	人数（11 月）	辅助列（11 月）	人数（12 月）	辅助列（12 月）
曝光量	—	10 000	0	46 890	
有效曝光量	=（曝光量－有效曝光量）/2	6 000	2 000	9 500	18 695
点击量	=（曝光量－点击量）/2	2 500	3 750	1 500	22 695
订单量	=（曝光量－点击量）/2	250	4 875	550	23 170
复购量	=（曝光量－复购量）/2	210	4 895	110	23 390

②插入呈现图形。在高版本 Excel 情况下可以直接选择漏斗图，在低版本 Excel 情况下可以选择条形图。在条形图里面选择“堆积条形图”，单击右键“堆积条形图”，单击“设置数据系列格式”，进行填充及弱化，只剩下一个“人数”序列，将它转置为漏斗图形。

③涉及在 Excel 中调整纵坐标轴。首先，选择纵坐标轴，单击右键，选择“设置坐标轴格式”并在坐标轴选项中勾选“逆序类型”。接下来，确保“当前人数”这一条数据居中显示，方法是单击右键“数据”，选择“选择数据”，然后将“当前人数”单击下移。

步骤六　时间序列下节点分析。

该环节涉及四个转化变量，包括曝光量与点击量的比率，点击量与加购的比率，加购与订单的比率以及订单与复购的比率。这是岗位工作的一个重要方向，即找到问题或直接在这些转化率中进行优化，提升各个环节的效率（表 6-9）。

表 6-9　节点分析

购物节点	辅助列	人数（12 月）	人数（11 月）	节点转化率（12 月）	节点转化率（11 月）	增长率
曝光量	0	46 890	10 000	—	—	369%
有效曝光量	2 000	9 500	6 000	20%	60%	58%
点击量	3 750	1 500	2 500	16%	42%	-40%
订单量	4 875	550	250	37%	10%	120%
复购量	4 895	110	210	20%	84%	-48%

①计算各个转化率。第一个节点是点击量与曝光量的比率。

②了解指标的增长情况，并进一步计算增长率。例如，若想了解增长率，可以对购

物节点中的人数进行具体的时间整理，如将 11 月份的人数与 12 月份的人数进行对比。采集这两个时间点的人数后，可以计算它们的增长率，即当前时间相对于过去时间减 1 的比率。假设观察到 3 倍的增长率。通过将时间因素纳入点击率的处理中，能够进行详细的分析，并将结论整理到漏斗图表中（图 6-7）。

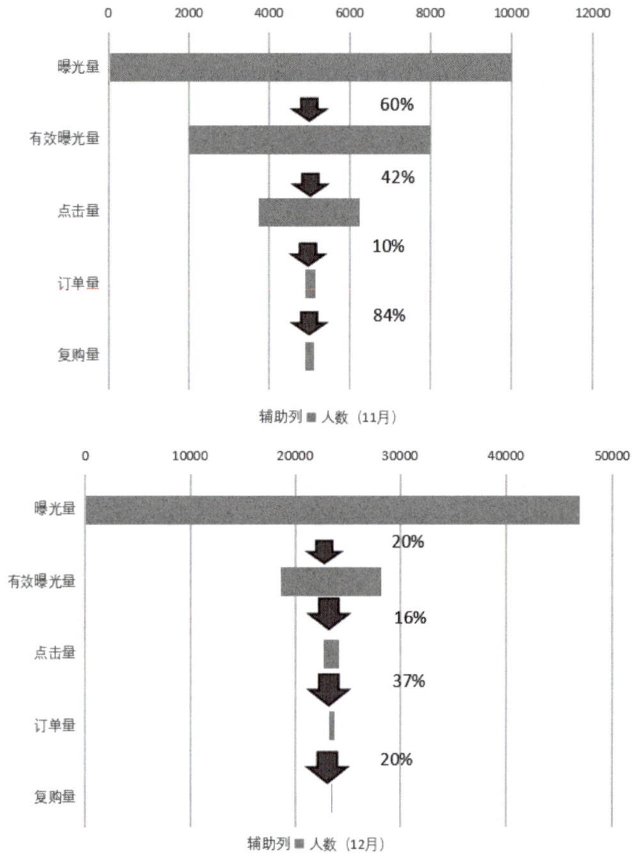

图 6-7　11 月～12 月转化率变化

根据转化率的变化，分析原因。在 12 月相对于 11 月的数据中观察到曝光率和点击曝光率的减少，与此同时，点击订单转化率却增加，复购率减少得最为显著。这种趋势可能表明了一些潜在的影响因素。

首先，曝光率和点击曝光率的减少可能是由于减少的广告投放或者广告展示效果不佳。季节性因素、市场竞争激烈或者广告素材不够吸引人等原因可引起上述问题的产生。

其次，点击订单转化率的增加可能源于某项促销活动的成功执行，吸引了更多点击的用户完成购买。这可能包括价格折扣、限时促销或其他购物激励。

最后，值得注意的是复购率的显著减少。这表明尽管促销活动成功地推动了首次购买，但缺乏足够的因素来激励用户进行再次购物。原因可能包括产品的单一性、客户服务的不足、竞争对手的影响或者促销活动未能形成持续的吸引力。

6.2.5　任务实训

<table>
<tr><th>实训题目</th><th>实训内容</th><th>分析</th></tr>
<tr><td>扫码打开“任务 6.2 练习”，整理广告投放时间，分析成交量为 1 次以上的推广时间间隔</td><td></td><td></td></tr>
<tr><td>如右图所示，根据数值，绘制出漏斗节点</td><td><table>
<tr><th>购物节点</th><th>人数（12 月）</th><th>人数（11 月）</th></tr>
<tr><td>曝光量</td><td>46 890</td><td>10 000</td></tr>
<tr><td>有效曝光量</td><td>9 500</td><td>6 000</td></tr>
<tr><td>点击量</td><td>2 500</td><td>1 500</td></tr>
<tr><td>订单量</td><td>250</td><td>350</td></tr>
<tr><td>复购量</td><td>110</td><td>210</td></tr>
</table></td><td></td></tr>
<tr><td>分析哪个月份的增长最高，原因是什么</td><td></td><td></td></tr>
</table>

<table>
<tr><th colspan="2">评价内容</th><th colspan="3">评价标准</th><th>分值</th><th>得分</th></tr>
<tr><td></td><td>成交量为 1 次以上的推广时间间隔</td><td colspan="3">能分析推广时间间隔</td><td>10</td><td></td></tr>
<tr><td rowspan="4">工作过程</td><td>绘制图像</td><td colspan="3">图像能清晰列出关键指标</td><td>20</td><td></td></tr>
<tr><td>分析不同时间不同阶段的转化率</td><td colspan="3">能解读个转化率含义</td><td>20</td><td></td></tr>
<tr><td>各阶段增长情况</td><td colspan="3">能解读各节点增长情况</td><td>15</td><td></td></tr>
<tr><td>工作态度</td><td colspan="3">态度端正、认真主动</td><td>5</td><td></td></tr>
<tr><td rowspan="4">任务成果</td><td>工作完整</td><td colspan="3">能按时完成任务</td><td>5</td><td></td></tr>
<tr><td>工作规范</td><td colspan="3">能按照规范要求开展实训</td><td>5</td><td></td></tr>
<tr><td>工作成效</td><td colspan="3">能运营分析工具进行行业分析</td><td>10</td><td></td></tr>
<tr><td>成果展示</td><td colspan="3">能准确表达、汇报工作成果</td><td>10</td><td></td></tr>
<tr><td colspan="5">合计</td><td>100</td><td></td></tr>
<tr><td colspan="2">综合评价</td><td>自评 / 20%</td><td>小组互评 / 30%</td><td>教师评价 / 50%</td><td colspan="2">综合得分</td></tr>
<tr><td colspan="7">拓展思考题：尝试指出某美妆产品在导入期的漏斗节点</td></tr>
</table>

知识巩固

一、单项选择题

1. 广告的（　　）功能可以将消费者对某种产品的否定态度转变为肯定态度，从而影响消费者的购买决策。

A. 沟通　　B. 诱导　　C. 促销　　D. 便利

2. 广告（　　）是广告打动顾客心理的核心要素。

A. 创意　　B. 构思　　C. 作品　　D. 形象

3. 询盘转化效果不理想的原因不包括（　　）。

A. 推广市场选择不恰当　　B. 词品匹配度较差

C. 详情页未抓住买家关注点　　D. 出价较低

4. 以下 4 个产品，排名第一位的是（　　）。

A. 推广评分 10，出价 8　　B. 推广评分 15，出价 7

C. 推广评分 12，出价 9　　D. 推广评分 20，出价 6

5. 企业生命周期中不包括（　　）。

A. 导入期　　B. 创业期　　C. 衰退期　　D. 成熟期

6. 以下（　　）是导入期的推广效果目标？

A. 近期效果　　B. 清货　　C. 传播效果　　D. 社会效果

7.（　　）是 AARRR 漏斗模型的购物环节？

A. 获客—激活—留存—商业变现—自传播

B. 获客—激活—欲望—商业变现—自传播

C. 注意—激活—留存—商业变现—自传播

D. 获客—搜索—留存—商业变现—自传播

8. ROI（推广投资回报率）等于（　　）。

A. 推广订单销售额 / 推广总花费　　B. 推广订单利润 / 推广总花费

C. 推广展示量 / 推广点击量　　D. 推广订单利润 / 推广总收益

9. 哪一个不是漏斗模型分析三要素（　　）?

A. 时间　　B. 节点　　C. 流量　　D. 评价

10. 导入期的主要指标是（　　）。

A. 曝光量　　B. 出单量　　C. 美誉度　　D. 社会责任感

11. 设想有 100 位顾客浏览了在线商店，其中有 25 位顾客完成了购物订单，那么该商店的转化率就为（　　）。

A. 50%　　B. 100%　　C. 25%　　D. 75%

12. ACOS 是（　　）。

A. 推广成本销售比　　B. 推广成本收益比

C. 推广曝光量　　D. 推广曝光点击率

13．ROI 值高，表明（　　）。

A．推广活动效果不佳，需要进一步优化广告策略，以降低投资回报率

B．推广活动效果不佳，需要进一步优化广告策略，以提高投资回报率

C．推广活动相对成本效益较高，每单位投资都能产生更多的订单利润

D．推广活动相对成本效益较高，每单位投资都能产生更少的订单利润

14．推广效果性价比最高的阶段是（　　）。

A．留存　　B．激活　　C．自传播　　D．商业变现

15．每个漏斗层级都可看作是一个节点，其核心指标是转化率。以下说法正确的是（　　）。

A．转化率的计算公式为通过该层的流量乘以到达该层的流量。

B．转化率的计算公式为通过该层的流量除以到达该层的流量。

C．转化率的计算公式为通过该层的流量加上到达该层的流量。

D．转化率的计算公式为通过该层的流量减去到达该层的流量。

16．同一漏斗下，不同人群表现的情况是多样化的。这里的流量表示在每个漏斗层级的（　　）。

A．购买数量　　B．人群数量　　C．点击量　　D．复购量

二、多项选择题

1. 关于漏斗模型的描述正确的是（　　）。

A．漏斗模型形象地展示了用户在每个环节都可能产生流失，形似漏斗的形状

B．漏斗模型最初用于生产系统的计划与分析

C．漏斗模型是一个曲性流程的模型

D．通过漏斗分析，我们能够准确定位用户流失的环节和原因

2. 导入时期重点关注的指标是（　　）。

A．点击率　　B．点击量　　C．曝光量　　D．转化率

3. 为了考虑推广的效果，分析基本数据包括（　　）。

A．曝光量　　B．点击量　　C．点击率　　D．点击转化率

4. 衡量关键词推广效果的指标包含（　　）。

A．曝光量　　B．点击率

C．点击转化率　　D．投入产出比

三、判断题

1. 文案很重要，文案的优劣会直接影响着推广的效果。（　　）

2. 点击量大但反馈率低通常指示商家要优化产品详情页。（　　）

3. 商家可以通过付费获得搜索第一页展示产品的机会。（　　）

4. 推广渠道分析中，对于免费渠道的分析重点为引流、转化、投入产出比等情况。（　　）

5. 亚马逊手动广告设置完毕后，可以跟踪投放的效果，即使效果不理想，也不可

以暂停该项广告再重新建立新的广告。(　　)

四、简答题

1. 简述推广效果的概念。
2. 商品广告的曝光率和点击曝光率减少的原因可能有？(至少描述三种原因)

项目 7

数据分析报告

学习目标

● 知识目标

- 理解数据可视化的意义和内涵。
- 熟悉数据可视化过程中的配色方案。
- 熟悉数据分析常用的可视化图表。
- 掌握数据透视表的使用。
- 掌握跨境电商数据可视化的步骤。

● 能力目标

- 能够使用可视化工具为报告制作可视化图表。
- 具备信息技术能力，熟练使用数据分析工具。
- 能够通过竞争对手分析、用户特征分析、产品需求分析等形成调研报告。
- 能够制定与实施对应品类的营销方案，跟进推广效果并做出结果分析，提出优化建议。

● 素质目标

- 培养数据分析中的客观公正、严谨准确意识。
- 提升逻辑思维与问题解决能力，提升对数据分析结果的深度解读能力。
- 培养爱国情怀和文化自信。

案例导入

近年来，中国跨境电商行业蓬勃发展，国货品牌在全球市场中崭露头角。其中，Shein 作为中国领先的快时尚跨境电商平台，凭借其强大的数据分析能力和对市场需求的敏锐洞察，成功将“国货”品牌推向国际市场，成为行业的标杆。

1．数据驱动的市场洞察

根据艾媒咨询发布的《2023—2024 年全球及中国跨境电商运营数据及典型企业分析研究报告》，Shein 在过去几年中通过大数据分析，精准把握了全球时尚市场的趋势。报告显示，Shein 在东南亚、欧洲和北美市场的销售额持续增长，2023 年其在东南亚市场的销售额同比增长了 35%，在欧洲市场同比增长了 28%。

Shein 利用其平台收集的销售数据，包括不同国家和地区的销售量、销售额、用户购买频率、产品类别受欢迎程度等，通过数据分析优化产品线和供应链。例如，Shein 发现环保材料的服装在欧洲市场的需求增长显著，因此加大了相关产品的研发和推广。

2．社交媒体与精准营销

Shein 的成功不仅依赖于数据分析，还在于其对社交媒体的深度利用。根据行业分析，Shein 在 Instagram 等平台上的广告投入显著增加，通过精准营销吸引了大量年轻消费者。这种策略帮助 Shein 在全球范围内建立了强大的品牌影响力，尤其是在年轻消费群体中。

3．社会责任与可持续发展

在推动业务增长的同时，Shein 积极履行社会责任。Shein 在产品设计和生产中注重环保材料的使用，推动可持续发展。根据 Shein 发布的可持续发展报告，其在 2023 年推出了多个环保系列，旨在减少对环境的影响。

“我们不仅关注经济效益，更重视社会责任。通过环保材料的使用，我们希望为全球可持续发展贡献一份力量。”Shein 首席执行官表示。

4．文化自信与品牌出海

Shein 的成功出海展示了中国品牌的强大竞争力，增强了全球消费者对“国货”品牌的信心。通过数据分析和精准营销，Shein 将中国设计和制造的产品推向全球，传播了中国文化。

“Shein 不仅是一个电商平台，更是一个文化输出的窗口。我们希望通过跨境电商平台，讲好中国故事，提升中国品牌的国际影响力。”Shein 首席执行官补充道。

5．创新与合规，赢得国际市场

Shein 通过大数据分析和柔性供应链，实现了快速响应市场需求，体现了创新精神。同时，Shein 严格遵守当地法律法规，确保产品质量和合规经营，赢得了国际市场的认可。

“创新和合规是我们赢得国际市场的重要保障。我们希望通过创新和合规经营，树立良好的企业形象，推动中国品牌走向世界。”Shein 首席法务官表示。

Shein 的成功案例不仅为跨境电商行业提供了宝贵的经验，也为“国货”品牌的出海树立了榜样。通过数据驱动的精准营销、社会责任的积极履行以及文化的自信传播，Shein 正在全球市场中书写属于中国品牌的新篇章。

案例思考题

广州跨境网络科技有限公司在进军跨境电商行业后，凭借对客户、选品独具慧眼的嗅觉，逐渐在跨境电商领域站稳了脚跟。目前已经在亚马逊欧洲及美国站开设店铺，并于近期尝试建设独立站，为欧洲及美国客户提供高质量、高性能的3C产品。在多个站点开设店铺后，管理团队发现不同店铺的产品销售速度、业绩指标以及客户偏好都有显著不同的特点，为了及时高效地完成行业动态分析、掌握竞争对手运营情况，以及形成标准化的选品流程和推广策略以提高运营效率，亟须使用可视化工具，建立一套能及时全面反映公司运营目标和业绩实现情况的标准分析报告体系，便于团队能及时针对全球范围内的店铺运营做出高效决策。

请思考：

（1）如何实现跨境电商运营的数据分析可视化？

（2）如何制作一份可视化良好、结论翔实的跨境电商分析报告？

任务 7.1　跨境电商数据分析可视化

本任务包含了跨境电商数据可视化的工具，数据可视化配色、数据可视化图表等三个关键的知识点。另外，本任务还提供了对应的典型工作任务操作示范和任务实训，旨在通过实践操作帮助学习者掌握运用数据可视化工具和数据可视化技巧。

数据可视化

在跨境电商运营工作中，几乎每个环节都要和大量的业务数据打交道，如选品情况、客户画像、广告推广、物流信息、利润成本核算等，一张排版清晰、配色丰富、标题醒目的图片包涵和概括的信息往往比很多文字或者数据表格更直观和简洁明了，即能产生“字不如表，表不如图”的信息传递效果。

7.1.1　跨境电商数据可视化工具

（1）选择可视化图表的维度

美国市场营销学教授 Andrew.V.Abela（安德鲁·阿贝拉）整理设计了一套图表选择的应用模型，在全球范围内受到欢迎。他按照比较、构成、分布、联系的四个维度把图表选择进行了分类。在四大维度的分类中，根据数据的关系类型，又在具体维度中根据数据变量的周期及变量数量进行了分解，可以很好帮助数据分析师理清思路，明确需求，最终找到合适的图表类型，具体内容如图 7-1 所示。

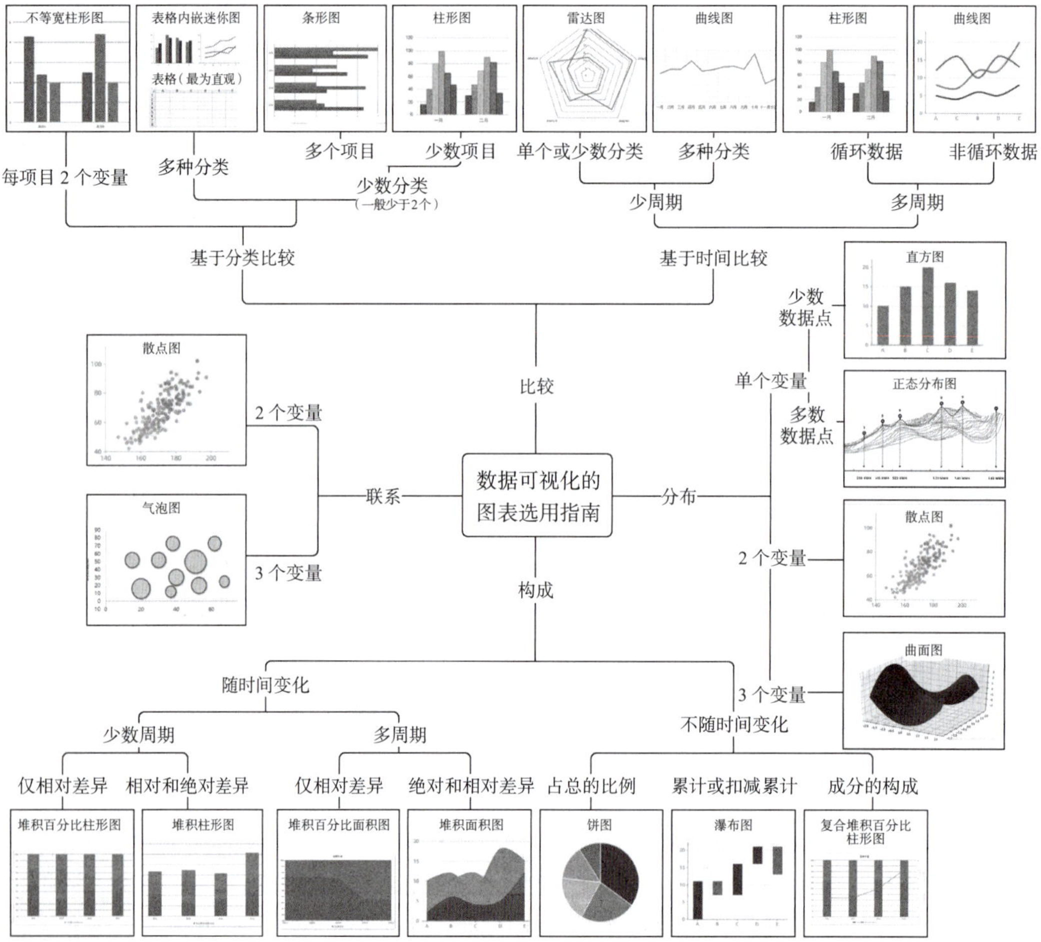

图 7-1　数据可视化的图表选择指南

①比较。比较关系的模型主要应用于数据系列的排名及比较，基于分类和时间的两大类常用模型，又在各自的周期内对项目的变量、分类、周期进行比较。常见的柱形图、条形图、折线图都在这个范围内有较好的应用。

②构成。构成着重强调各部分与整体之间的构成关系，主题词通常有份额、总额百分比、占比等，其中占总体的百分比构成类的饼图、堆积柱形图相对常见，另外比较项目多的时候，会用到旭日图、树状图等。在累计构成的分析汇总时会使用瀑布图来分解构成份额的变化过程。

③分布。频率情况分布类的关系在专业的统计领域比较常用，应用在跨境电商数据分析中通常表现为散点图和气泡图。散点图和气泡图在用于比较产品、城市、店铺的分

布的时候，能起到较好的可视化效果。

④联系。联系一般有因果关系、相关性关系。在常用数据分析中通常会关注数据之间的相关性强弱或者是否存在因果关系。通过散点图或者气泡图考察对象之间的距离、位置和相对大小来判断相应的相关性。

（2）数据透视表

① 数据透视表的定义。数据透视表是 Excel 提供的一种交互式表格，可以快速汇总、分析大量数据，综合了数据排序、筛选、分类汇总等功能，无须使用公式、函数就能快速进行某些计算，如求和、平均、最大值、最小值、计数、分类汇总等。按照不同方式、行列互换、页号等来动态改变版面布置，就能建立复杂的数据结构（图 7-2）。

数据透视表

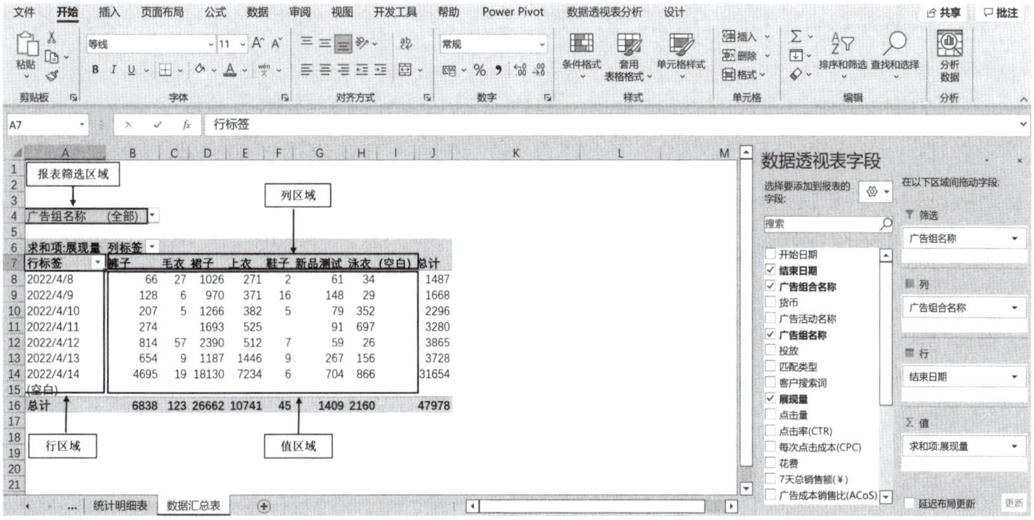

图 7-2　数据透视表

②数据透视表的结构解析。

a. 行标签。行标签指在数据透视表中具有行方向的字段，也就是统计对象，可以有多个行字段，如图 7-2 所示的右侧字段中的任意字段均可继续拖入行区域从而形成多层统计。

b. 列标签。列标签指在数据透视表中具有列方向的字段，每个项占用一列，如图 7-2 所示，“广告组合名称”等表示列标签。

c. 项。项指字段中包含的元素。数据透视表中作为行或者列的标题显示，在图 7-2 中行标签“结束日期”包含“2022/4/8”“2022/4/9”……“空白”等共计 7 个日期项，列标签“广告组合名称”则包含了“裤子”“毛衣”“裙子”“上衣”等 7 个项。

d. 值区域。值区域指数据透视表中包含汇总数据的单元格区域，常见的数据透视表的数据汇总方式有“求和”“计数”“平均值”等。

e. 报表筛选区域。报表筛选区域指在数据透视表中具有分页方向的字段。可以一次在页面字段显示一个项、多个项或者所有项。图 7–2 中的报表筛选“全部”表示的是所有项。

f. 总计。总计指用于显示透视表中的一行或者一列中所有单元格综合的行或者列。图 7–2 显示了各产品的总计。

g. 数据源。数据源指用于创建数据透视表的数据，该数据可以位于数据透视表所在的工作表或者工作簿中，也可以位于外部数据库中，当使用外部数据库的时候，需要使用导入数据功能。

h. 组。组指一组被视为单个项的和，在数据透视表中可以手工分组和自动分组。如日期可以按月度、季度进行分组。

③ 创建数据透视表注意事项。

a. 数据源表格的行列中不能有合并单元格，首行首列不能有空白项，否则无法统计准确的行列项。

b. 数据源中间不能有空行或空列，否则会造成无法选定完整的数据记录。

c. 同一项中的记录数据格式不能不统一，例如，日期字段既有日期型数据又有文本型数据，会造成无法计算。

④ 创建数据透视表。在 Excel 菜单栏中，点击“插入”选项卡，选择“数据透视表”按钮，在弹出的对话框中，确认数据区域是否正确，选择“新工作表”或“现有工作表”，点击“确定”即可生成数据透视表（图 7–3）。另外也可使用快捷键方式生成，即依次在键盘按下“Alt—D—P”来创建数据透视表（图 7–4）。①

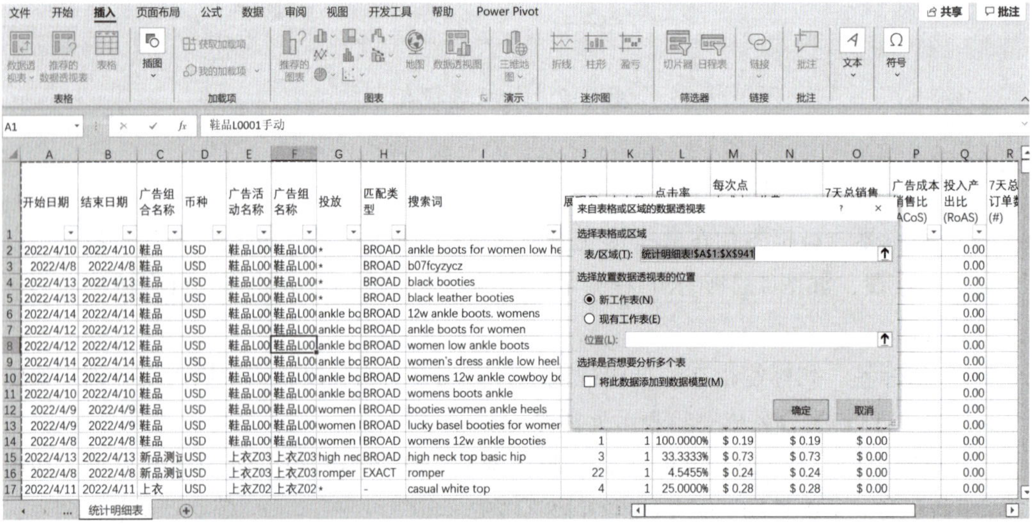

图 7–3 “插入”生成数据透视表

① 受 Windows 热键影响，快捷键的使用会有不同。

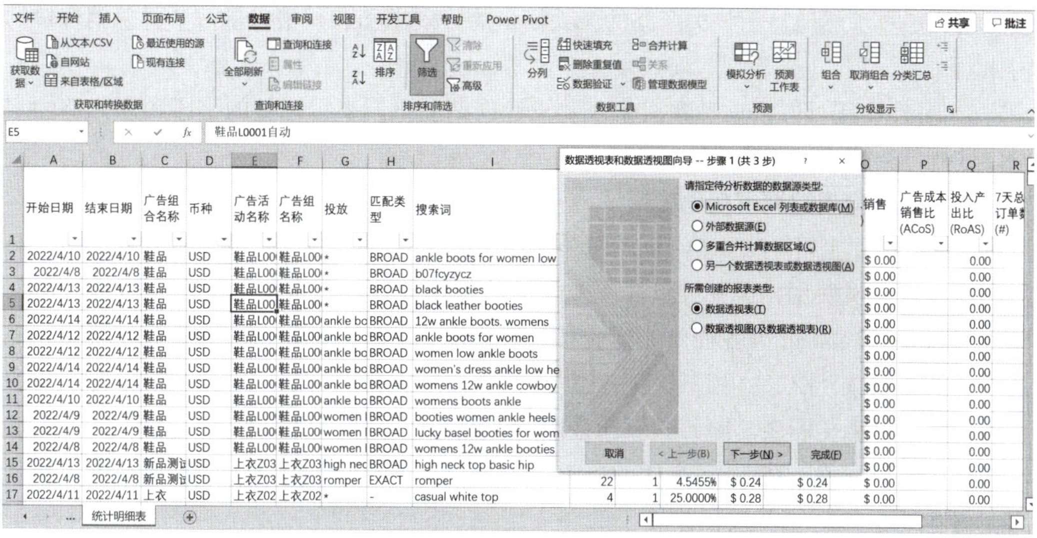

图 7-4　快捷键生成数据透视表

⑤ 使用数据透视表进行汇总计算。

a. 创建数据透视表后，数据汇总方式为求和时就会出现“求和项”。将“7 天总销售量”重复两次添加到“值”区域，会自动生成“7 天总销售量”“7 天总销售量 2”两个值项。

b. 单击“7 天总销售量 2”旁边的“▼”选择“值字段设置”，弹出“值字段设置”对话框，在“值显示方式”下拉列表中选择“父行汇总百分比”。

c. 在自定义名称框中将“求和项：7 天总销售量 2”修改为“占比”，把“求和项：7 天总销售量”更改为“7 天总销售量”。之后，会形成如图 7-5 所示的数据透视

图 7-5　利用数据透视表计算各类汇总及占比

表，能够一目了然地显示各类产品的 7 天销量的分别求和和其销售量占 7 天总销售量的占比。

d. 另外，还可以根据考察对象以及统计周期动态调整行标签的字段和列标签的字段以进行各类统计。

（3）其他常用数据可视化工具

提到可视化工具，大家第一印象是各种大型商业智能软件，需要完整的安装包，高昂的版本或会员费用，需要经过非常专业的软件培训才能具备操作技能，如 Echarts、Mathematica、Tableau 等各种商业智能和分析软件。实际上，在目前的商业环境中，尤其跨境电商领域，Excel 仍旧是使用较广泛的数据可视化工具之一，它基本包含了所有常用的数据可视化图表。随着微软和金山的不断迭代更新，目前两个公司出品的 Excel 功能都在逐渐完善。在 2013 之后的版本，甚至包含了一些高阶图表，如旭日图、树状图、箱型图等。

Excel 在制作单个可视化图表方面具有灵活、便利的优势，在跨境电商运营数据庞大、分析能力要求极为综合的情况下，可以在短时间内完成兼顾美化效果及综合全面的数据分析。除此之外，还可以利用专业化的一站式大数据分析平台（商业智能 BI 工具）进行个性化的分析。BI 工具一般都具有数据连接、数据准备、数据分析、数据应用等全流程功能，能满足多表并行、数据大屏等复杂报表、数据可视化、预测分析等全场景业务需求。不过随着人工智能工具在数据分析中的广泛应用，编写代码和复杂公式的难度逐步降低，人们可以利用 AI 来掌握商业智能 BI 工具的使用技巧。具体内容如表 7-1 所示。

表 7-1　常用商业智能 BI 工具

名称	功能
帆软 FineBI	大数据分析平台，能支持多种数据源，并能够进行数据处理、可视化分析，同时还有数据引擎平台
IOT 云视界	满足数据对接，数据处理，数据展示，可视化运营界面；支持多种工业协议接入，提供机器工况的实时展示
斯迈 SMARTBI	分为大数据分析平台、数据化运营平台、数据挖掘平台
魔镜	能支持文本数据及主流数据库，清洗杂乱数据，优化数据结构，多维分析，图表信息最大化、丰富可视化效果库
海致 BDP	具备多数据整合，数据处理、可视化分析、多终端支持、报告分发等功能。通过建立统一数据口径，支持自助式数据准备（ETL），并提供灵活、易用、高效可视化的探索式分析能力，帮助企业构建贴合自身业务的企业洞察，并将数据决策快速覆盖各层员工及应用场景

7.1.2　数据可视化配色

数据可视化配色

（1）色彩模式

色彩模式是对色彩的一种描述方式，能体现彩色模型、色彩空间、彩色系统等。面向不同的应用背景一般有不同的模式，一般有 RGB、16 进制、HSL、CMY（CMYK）和 HSV 等。

① RGB。RGB 代表红（red）、绿（green）、蓝（blue）三个通道的颜色，这个标准几乎包括了人类视力所能感知的所有颜色，是目前运用较广的颜色系统之一。微软 Office 系统的色彩模式即是 RGB，也是本书主要提及的色彩模式。每个通道的色彩范围值是 0～255，当三个通道颜色在最小值时为黑色（0：0：0），当三个通道颜色值在最大值时为白色（255：255：255）。

② 16 进制。16 进制是以“#”开头的 6 位 16 进制（数字 0 到 9 和字母 A 到 F）数值表示一种颜色方法。6 位数字分为 3 组，每组 2 位，依次表示红、绿、蓝 3 种颜色的强度。该色彩模式在软件编写、网站设置、设计行业中使用非常广泛，几乎成了目前色彩搭配中的通用语言。目前 Office365 版本也支持 16 进制色彩（图 7-6），可以直接在自定义模式里面复制从配色网站上取得的十六进制颜色代码，单击“确定”即可生成该种颜色，如图 7-7 所示。

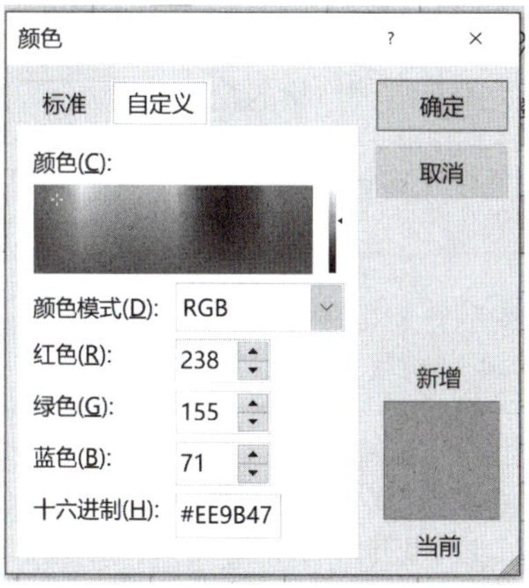

图 7-6　在 Excel 中设置 16 进制色彩代码

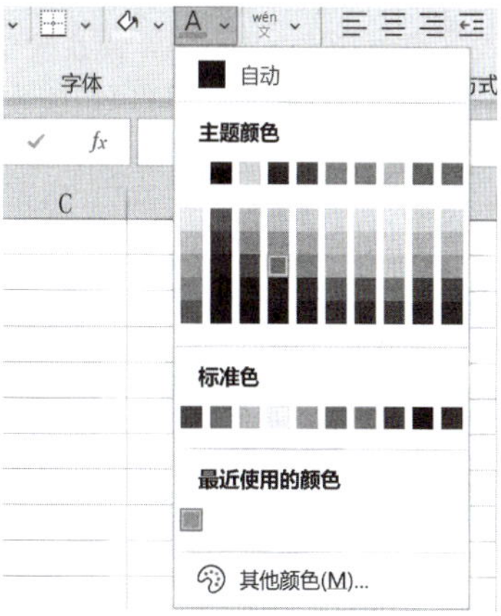

图 7-7　Excel 色彩窗口生成 16 进制色彩

③ HSL。HSL 指 hue（色相）、saturation（饱和度）、lightness（亮度），其中色相决定色彩主要成分；饱和度决定颜色纯度及颜色中的灰色成分，当灰度为 0 时，色彩饱和度最高，最为鲜艳；亮度决定白色亮度，亮度为 100，表示白色，亮度为 0，表示黑色。

④CMY[①]（CMYK）[②]。CMY（CMYK）用于描述工业印刷中在白色介质上使用何种色彩的油墨，被广泛用于彩色印刷，如杂志、海报等。

⑤HSV。HSV与HSL的区别在最后一个分量不同，HSV中的V表示value即颜色明亮的程度。通常取值范围为0（黑）~100%（白），明度为0表示纯黑色（此时颜色最暗）。

（2）常用配色网站

常用的配色网站能够提供大量丰富的配色方案便于直接使用，这些配色网站在具体色彩高阶专业分析方面各有千秋，但是在配色案例的参考上都能通过关键词或者直接选定官网上的任意色彩来快速生成配色方案，选定一个颜色就能看到它的互补色、相似色等。而且，这些配色网站大多收录了经典场景的精选配色方案，为用户提供了丰富的色彩灵感，如表7-2所示。

表7-2 常用配色网站

名称	功能	色彩模式
Adobe Color	Adobe Color通过拖拽色轮或输入自定义色值，可以简单创造出基于相似、互补、三原色等不同色彩规则的配色方案。除此之外，还支持多种色彩模式的配色调整，对于配色初学者非常易用	16进制 CMYK RGB HSV LAB
Color Space	Color Space是一款非常实用的渐变生成器，我们只需要选择一个颜色，就可以快速生成20~30种不同风格的配色方案	16进制 RGB
Scale	Scale能快速生成色标，并依据选定主题色有多重配色生成方案	16进制 RGB
Picular	Picular是一款基于谷歌图像搜索的色彩生成器，只需输入关键描述词，就能快速生成对应的配色方案	16进制
Culrs	Culrs类似Adobe Color是一个综合型的配色网站，可以通过邻近色、三色、四色和单色来搜寻配色。除此之外，每种色彩规则下还有明暗、深浅不同亮度的变化	16进制
Brand Colors	Brand Colors是目前规模较大的官方品牌配色合集，汇集了海外多个知名品牌的16进制颜色代码，包括Twitter，Instagram等。如果想找到某品牌的配色方案，这是一个不错的选择	16进制

① CMY代表青色（cyan）、洋红色（magenta）和黄色（yellow）。

② CMYK代表青色（cyan）、洋红色（magenta）、黄色（yellow）和黑色（key）。

续表

名称	功能	色彩模式
Colorable	Colorable 是一款用来评估配色可访问性的工具，能实时调整亮度明暗立刻获得配色效果	16 进制 HSL
Colourcode	Colourcode 是一个让色彩理论可视化的配色网站，选定一个颜色即就能看到它的互补色、相似色等	16 进制
Colorwise	Colorwise 会根据流行趋势以及潮流配色方案按照适用场景分类，以便用户快捷地寻找配色灵感	16 进制

另外，用户也可在制作可视化图表过程中利用取色器提取主流跨境电商网站平台的品牌色彩用于参考，如亚马逊、速卖通、eBay、Wish 等。

7.1.3　数据可视化图表

数据可视化图表

（1）常用图表

①柱形图。柱形图是一种以长方形的长度为变量的统计报告图，由一系列高度不等的纵向条纹表示数据分布的情况，用来比较两个或两个以上的数值（不同时间或者不同条件），一般只有一个变量，通常用于较小的数据集分析。X 轴表示系列或分类，Y 轴通常表示系列的具体数值。柱形图通常应用于显示时间序列数据或各个类别的数据对比，如图 7-8 所示。

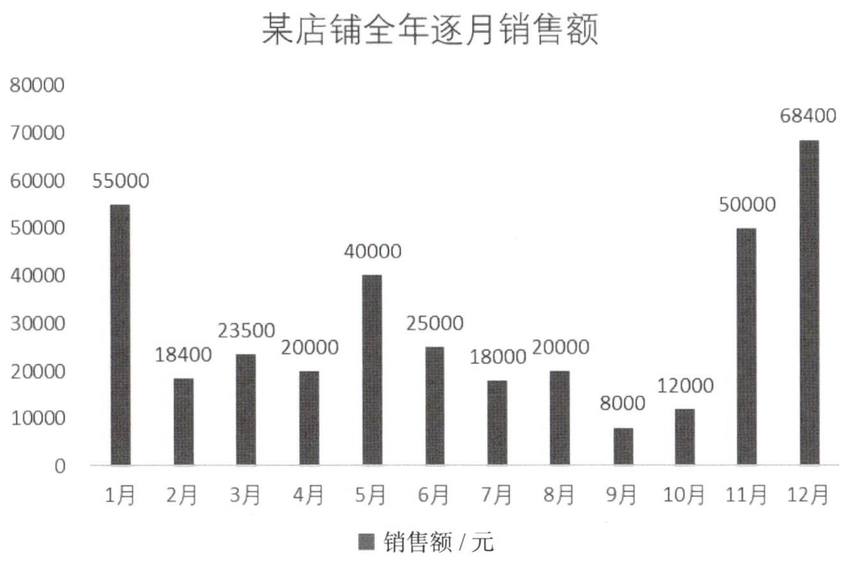

图 7-8　柱形图

②条形图。条形图与柱形图类似，区别在于它的数值大小是通过条目的宽度来展示的，条目按水平排列。少数条目的时候，常用条形图比较直观，如图 7-9 所示。

柱形图＋条形图＋折线图

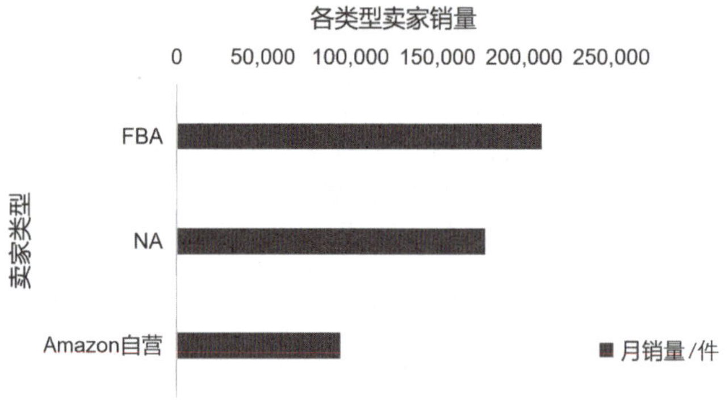

图 7-9　条形图

③折线图。折线图可以显示随周期变化的连续数据，在统计相等间隔周期的数据趋势方面最为常用。一般情况下，类别数据沿水平轴均匀分布，所有值数据沿垂直轴均匀分布，如图 7-10 所示。

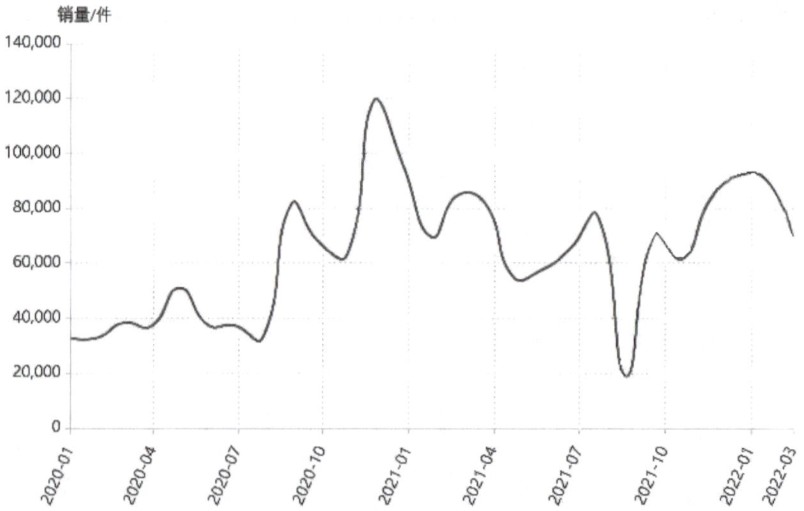

图 7-10　折线图

④饼图。饼图显示一个数据系列中各项的大小与各项总和的比例。饼图中的数据点显示为整个饼图的百分比，如图 7-11 所示。

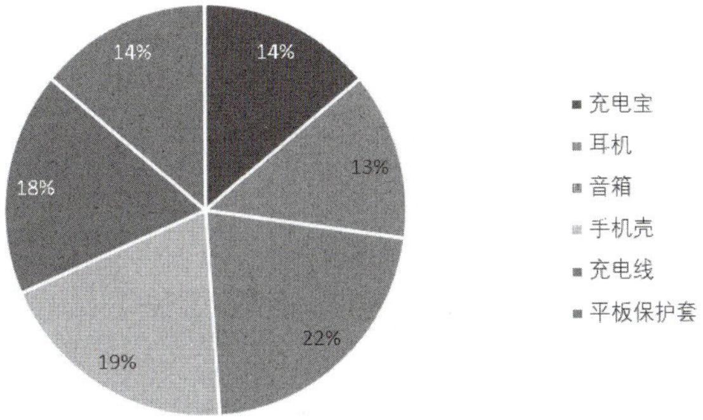

饼图 + 堆积图 + 直方图

图 7-11　饼图

数据系列是指在图表中绘制的相关数据点，这些数据源自数据表的行或列。图表中的每个数据系列具有唯一的颜色或图案并且在图表的图例中表示。可以在图表中绘制一个或多个数据系列，而饼图只有一个数据系列。

数据点是指在图表中绘制的单个值，这些值由条形、柱形、折线、饼图或圆环图的扇面、圆点和其他被称为数据标记的图形表示。相同颜色的数据标记组成一个数据系列。

⑤堆积图。堆积图用叠加的方式展示局部与整体的关系，也可用于同时对比每一类别数据中子类别的构成及大小，如图 7-12 所示。

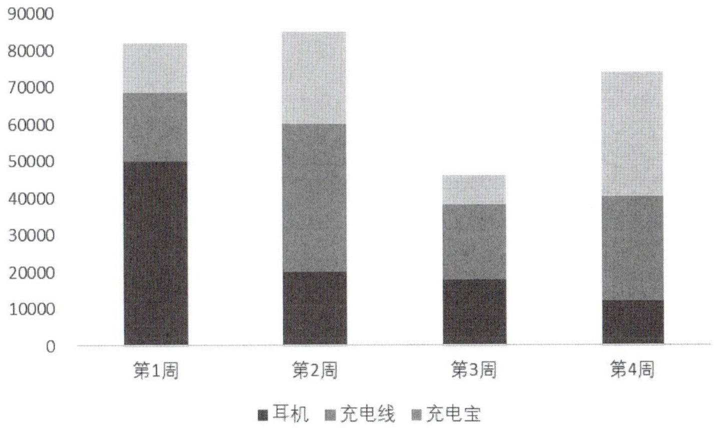

图 7-12　堆积图

⑥直方图。直方图是用一系列宽度相等、高度不等的长方形来表示数据，其宽度代表组距（又叫“箱”），高度代表频数。X 轴表示数据分组，Y 轴表示数值，各组数据与相应的频数形成矩形，矩形的宽度和高度表示频数分布。直方图直观地显示数量特性的分布状态，对于数据的分布形状、中心位置和分散程度一目了然。直方图通常显示的是连续的数据，如图 7-13 所示。

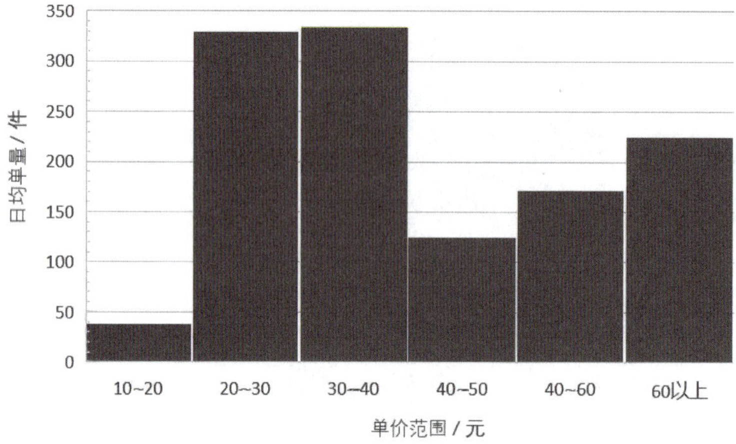

图 7-13　直方图

（2）高阶 / 特殊图表

①雷达图。雷达图是在同一点开始的轴上表示的三个或更多个变量的二维图表的形式，能够较好展示多变量维度下的观察对象的具体化图形方法。由于其可以展示较多维度，所以也称为网络图、蜘蛛图、星图等。观察对象的最后呈现结果是不规则多边形，如图 7-14 所示。

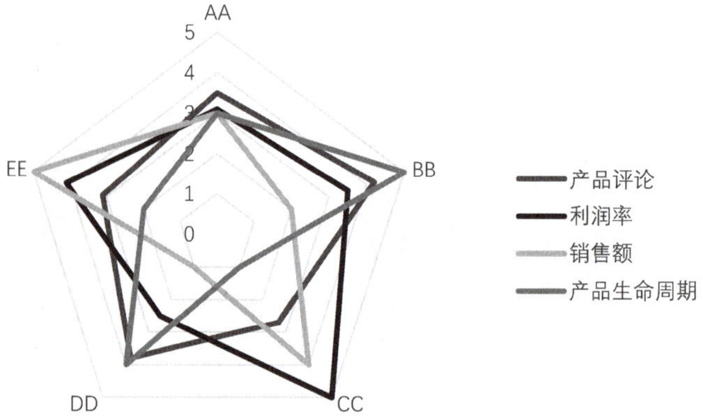

图 7-14　雷达图

②词云图。“词云”这个概念由美国新闻学者 Rich.Gordn（里奇 · 戈登）提出。词云图是对对象数据中的“关键词”出现频率的统计结果的图形呈现，从而可以过滤掉大量的文本信息，使数据阅读用户只要一眼就能看明白高频词的情况。可以利用操作简便的 web 网站直接导入整理好的文本后直接生产词云图（图 7-15，图 7-16）。

常用的词云网站能够提供大量丰富的词云制作方案供用户选择，这些词云网站在具体的支持格式、语言种类及处理词频数量方面各有不同，并且会针对会员提供更为复杂和丰富的功能、词频或者格式等。具体内容如表 7-3 所示。

图 7-15　方形词云图

图 7-16　圆形词云图

表 7-3　常用词云网站

名称	功能	词频数	最大处理词数	支持上传	支持下载	支持格式	支持语言
新榜词云	词云图制作，分词，词频统计，简单数据可视化	注册会员 100 个上限	注册会员文本不超过 5 000 字，text 不超过 2M	是	是	Text/ Excel/ 公众号 / 网站链接	中英均可
易词云	能提供丰富精美的词云图模板，分词，词频统计，可视化效果良好	400 个	1 000 个	收费账号支持	收费账号支持	Text/ Excel/ Sublime/ 网站链接	中英均可
微词云	微词云是一款实用性强、简单的在线文字云，不仅支持在线分词，还支持词频统计、词频分析	试用账号 500 个上限，收费账号不限	1 000 个	收费账号支持	收费账号支持	Text/ Excel/ Sublime/ 网站链接	中英均可
Worditout	词云图制作，分词，词频统计，数据可视化等功能	试用账号上限 100 个收费账号不限	试用账号不限收费账号不限	收费账号支持	收费账号支持	Text/ Excel/ 公众号 / 网站链接	英文
Wordart	目前国内外较完善的词云图制作网站，能实现分词，词频统计，数据可视化等功能。强大丰富的配色方案和形状模板，能制作出非常精美高级的词云图	试用账号不限收费账号不限	试用账号不限收费账号不限	收费账号支持	收费账号支持	Text/ Excel/ 网站链接	英文

另外，在处理复杂庞大的词汇量的时候，需要使用到BI软件（Tableau、PowerBI）、编程软件D3、Echarts的编程工具生成词云图。在AI工具普及的当下，具备基础数据分析能力的用户也可以借助AI的帮助去掌握这些更高阶的工具。

③散点图。散点图也叫X-Y图，如图7-17所示。它将所有的数据以点的形式展现在直角坐标系上，以显示变量之间的相互影响程度，点的位置由变量的数值决定。通过观察散点图上数据点的分布情况，可以推断出变量间的相关性。如果变量之间不存在相互关系，那么在散点图上就会表现为随机分布的离散点，如果存在某种相关性，那么大部分的数据点就会相对密集并以某种趋势呈现。散点图在赋值后，以其大小能体现其值的情况下，可以成为气泡图。气泡图是散点图和百分比区域图的组合，如图7-18所示。最基本的用法是使用三个值来确定每个数据序列，和散点图一样，气泡图将两个维度的数据值分别映射为笛卡尔坐标系上的坐标点[①]，其中X和Y轴分别代表不同的两个维度的数据。

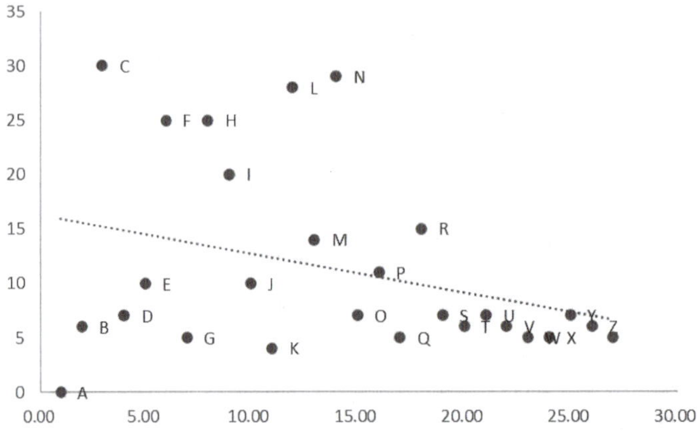

图7-17　散点图

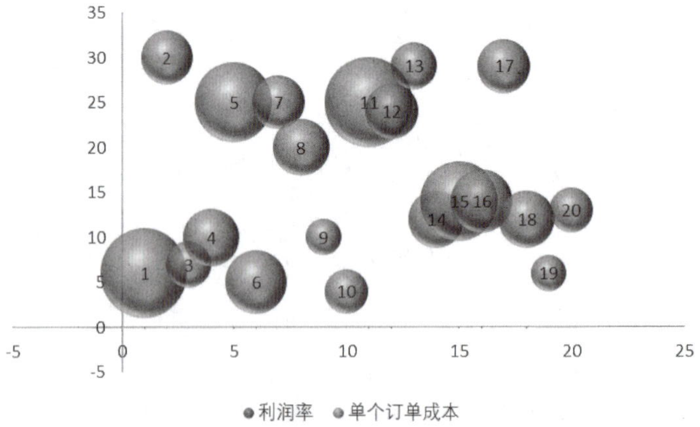

图7-18　气泡图

① 笛卡尔坐标系，直角坐标系和斜坐标系的统称。

④热力图。热力图是一种以色阶来显示数据的统计图表。较大的值由较深或者较暖的颜色表示，较小的值由较浅或者较冷的颜色表示。热力图适合用于查看总体的情况、发现异常值、显示多个变量之间的差异，以及检测它们之间是否存在任何相关性。值得注意的是，绘制热力图时，建议选择恰当的调色板，既在视觉上便于区分，也符合所要传达的主旨。如图 7-19 所示，用热力图显示了美国几个州从 0 点到 24 点之间的商品销售情况，可以看到每个州的客户活跃程度存在较大差异。

时间段	NY（纽约州）	IL（伊利诺州）	PA（宾夕法尼亚州）	HI（夏威夷州）	NJ（新泽西州）	AK（阿拉斯加州）
0	257	287	200	620	692	207
1	386	190	285	911	637	854
2	471	80	493	432	160	973
3	72	144	153	322	971	655
4	316	326	451	740	333	566
5	242	17	434	917	179	973
6	371	339	432	501	506	921
7	403	419	494	769	424	993
8	182	200	191	119	816	738
9	266	475	123	266	590	528
10	411	383	434	499	913	980
11	24	286	31	625	690	791
12	406	254	349	745	616	728
13	116	100	86	405	656	267
14	330	242	427	144	170	635
15	254	404	132	346	233	566
16	335	13	291	431	558	580
17	164	128	493	318	675	691
18	110	462	478	838	595	937
19	394	7	85	852	643	616
20	115	373	416	821	247	250
21	279	20	348	863	410	713
22	151	6	268	103	969	717
23	336	410	98	549	422	759

图 7-19　热力图

⑤流程图。流程图是用一些规定的符号及连接线来描述某个或者某些具体业务的处理过程的图表，是梳理组织架构、工作流程必不可少的工具。绘制流程图的常用软件有 VISIO、WPS、坚果云等。其中 VISIO、WPS 需要安装客户端，而坚果云除了客户端外还可以直接通过访问在线网站使用，具有便利、易用的特点，如图 7-20 与图 7-21 所示。

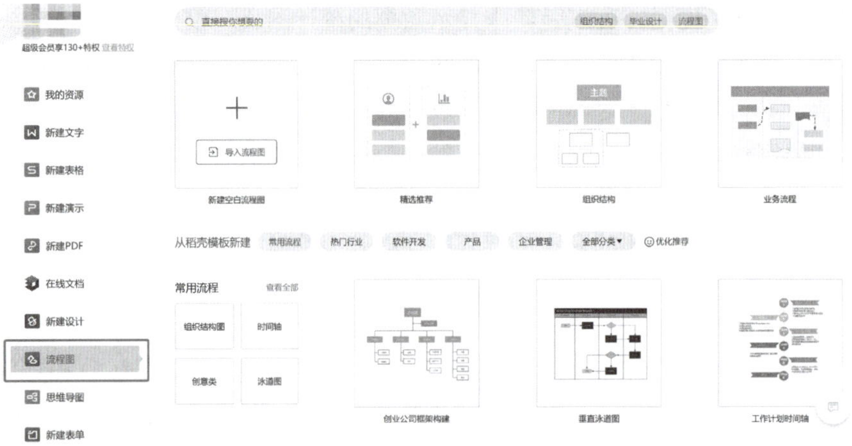

图 7-20　流程图（一）

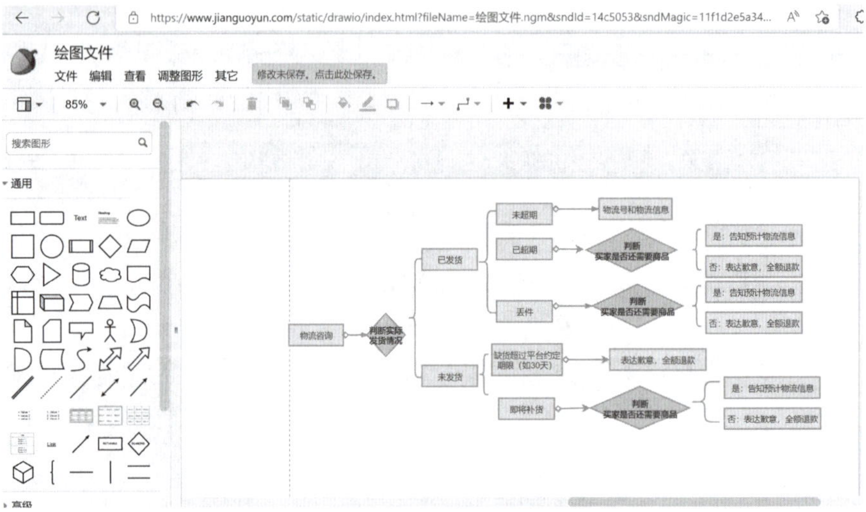

图 7-21　流程图（二）

⑥漏斗图。漏斗图因形如“漏斗”而得名，主要用于单向流程分析，在单项流程起始和结束之间由 N 个流程组成。如图 7-22 所示，漏斗图的起始总是数据量最大的环节，通常以 100% 来表达，并在各个环节依次减少，每个环节用一个长方形来表示，整体形如漏斗。在跨境电商业务分析中，漏斗图最适宜用来描述流量转化及订单处理情况，通过漏斗图，可以较直观地看出流程中各部分的占比，发现流程中的问题，进而帮助做出纠偏决策。

⑦树图。树图是一个由不同大小的嵌套式矩形来显示树状结构数据的统计图表。常用的有树形结构图、径向树图、矩形树图。以矩形树图为例，父子层级由矩形的嵌套表示，在同一层级中，所有矩形依次无间隙排布，他们的面积之和代表了整体的大小，单个矩形面积由其在同一层级的占比决定。

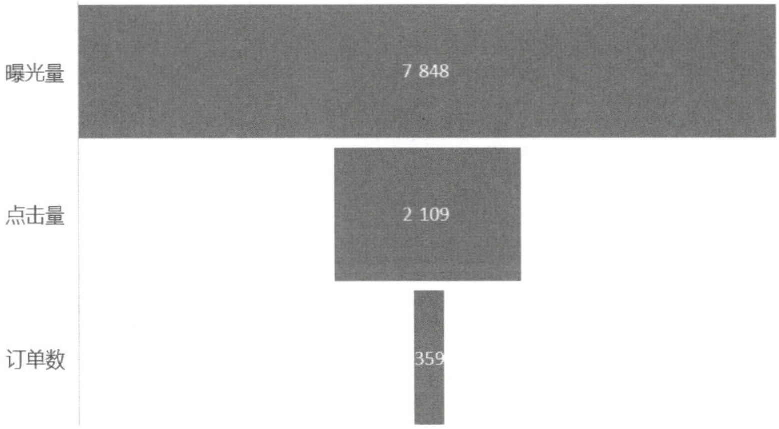

图 7-22　漏斗图

在布局上，一般来说同级别的分类块，占比大的会偏向于左上角。矩形树图能有效利用空间来展示“占比”，具有节点大小的易读性。树图在跨境电商分析店铺构成、业绩构成、精品产品业绩表现中经常应用，如图 7-23 所示。

图 7-23　树图

7.1.4　操作示范

请扫码打开“任务 7.1.4 操作示范表格”，对文件数据进行可视化分析。

任务 7.1.4 操作示范表格

（1）制作数据透视表汇总统计产品的销量、销量占比、品牌数量、评分和变体数量等情况

①根据表格中的所有数据，插入数据透视表，如图 7-24 所示。“品牌”拖入透视表窗格中“行”标签，依次将“近 30 天销量”值汇总方式选择“求和”操作 2 次，“品牌”值汇总方式选择“计数”“评分”值汇总

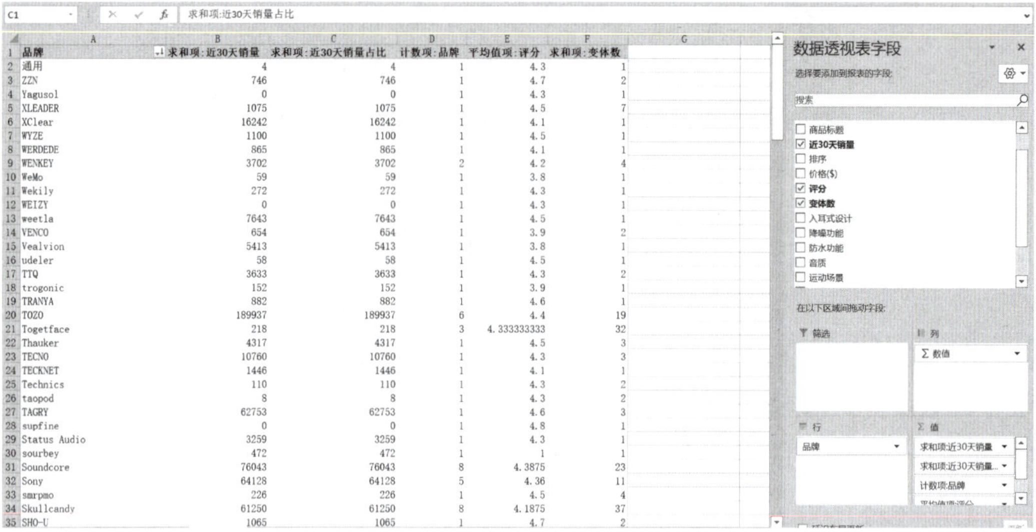

图 7-24　数据透视表

方式选择“平均值”，“变体”值汇总方式选择“求和”拖入到“值”标签，其中第二个“近 30 天销量”会自动变成“近 30 天销量 2”，可单击数据透视表标题改为“近 30 天销量占比”。

②在“值”标签单击“近 30 天销量占比”字段下拉“▼”，选择“值字段”，在“值显示方式”下拉菜单中选择“列汇总的百分比”，单击“确定”，可以自动计算出单个产品近 30 天销量在表中总体销量的占比，如图 7-25 所示。

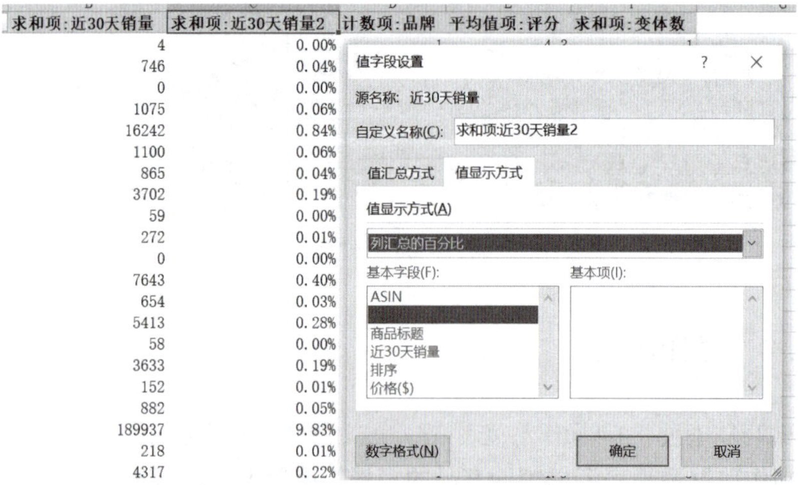

图 7-25　数据透视表字段设置值显示方式

③在数据筛选区域，选择“品牌”的标题行，单击右键选择“其他排序选项（M）”（图 7-26），在“降序排序（Z 到 A）依据”下拉菜单中选择“近 30 天销量占比”（图 7-27），

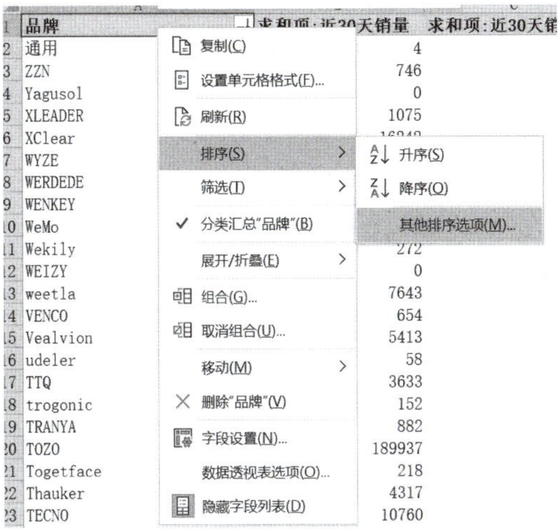

图 7-26　数据透视表排序选项

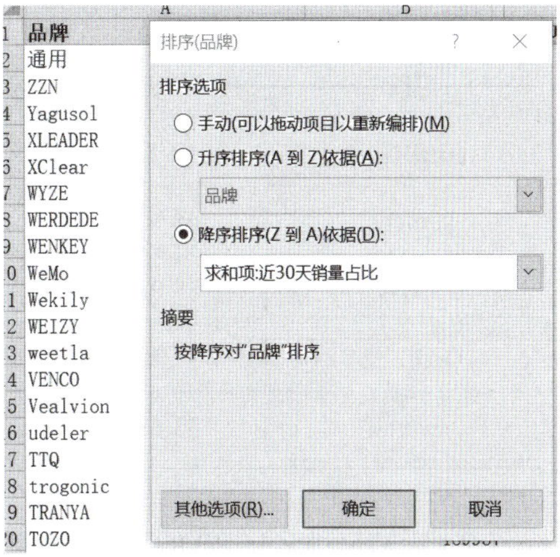

图 7-27　近 30 天销量占比降序排序

单击“确定”，完成数据透视表制作。

④ 将经过排序后的数据透视汇总表复制（部分版本需使用“复制”—“粘贴”—“仅粘贴数字”格式步骤）到新建表格中，得到按照排序后的产品清单汇总统计表，如表 7-4 所示。本表中 257 个清单汇总后会得到 165 个品牌的整体产品销量、评分及变体情况。

表 7-4　数据汇总表

品牌	近 30 天销量	近 30 天销量占比	品牌	评分	变体数
TOZO	189 937	9.83%	6	4.40	19
Apple	178 273	9.22%	3	4.80	3
Beats	144 953	7.50%	4	4.50	17
Samsung Electronics	112 851	5.84%	8	4.48	53
JBL	102 615	5.31%	4	4.20	16
Soundcore	76 043	3.93%	8	4.39	23
Sony	64 128	3.32%	5	4.36	11
Donerton	62 842	3.25%	3	4.23	10
TAGRY	62 753	3.25%	1	4.60	3
Skullcandy	61 250	3.17%	8	4.19	37
Bose	59 753	3.09%	5	4.48	15
Otium	53 927	2.79%	2	4.25	7

续表

品牌	近 30 天销量	近 30 天销量占比	品牌	评分	变体数
BEBEN	49 725	2.57%	2	4.10	14
kurdene	46 176	2.39%	2	4.65	18
MIFA	38 035	1.97%	1	4.50	2
OKEEFE	37 295	1.93%	1	4.70	1
Jabra	33 616	1.74%	6	4.27	52

（2）为销量排名前 20 的品牌制作销量柱形图和条形图

①在“品牌”列前插入辅助列，列标题命名为“序号”，生成 1～165 的序号排名。

②根据数据透视表得到的数据制作柱形图，同时选中“品牌”列和“近 30 天销量”列，鼠标向下拖选销量前 20 名的品牌。

③在菜单栏选择“插入”—“推荐的图表”，选择“柱形图”，选择第一个图形样式，如图 7-28 所示。单击“确定”，生成柱形图，如图 7-29 所示。

④重复①～③，选择条形图表样式，设置“坐标轴选项”，其中“垂直（类别）轴”—“坐标轴位置”勾选“逆序类别”；水平（值）轴—“标签”—“标签位置”下拉菜单选择为“高”，即可生成条形图，如图 7-30 所示。

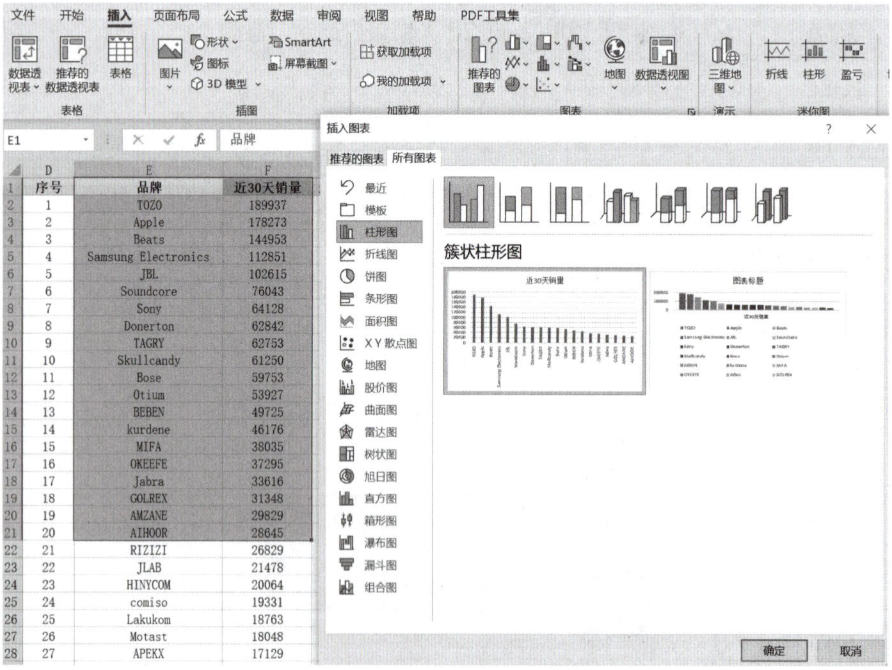

图 7-28 选择插入图表样式

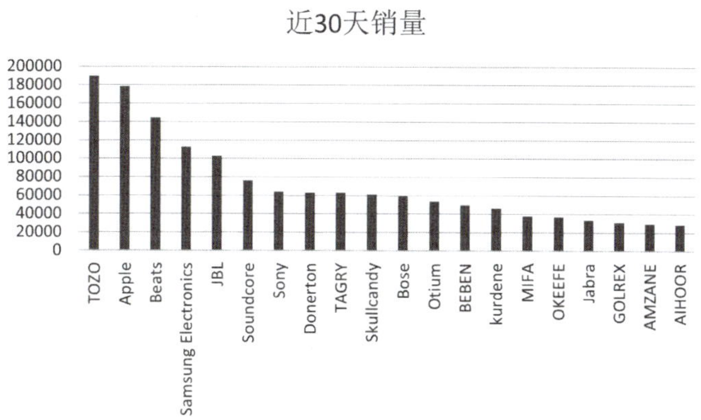

图 7-29 前 20 名的品牌近 30 天销量柱形图

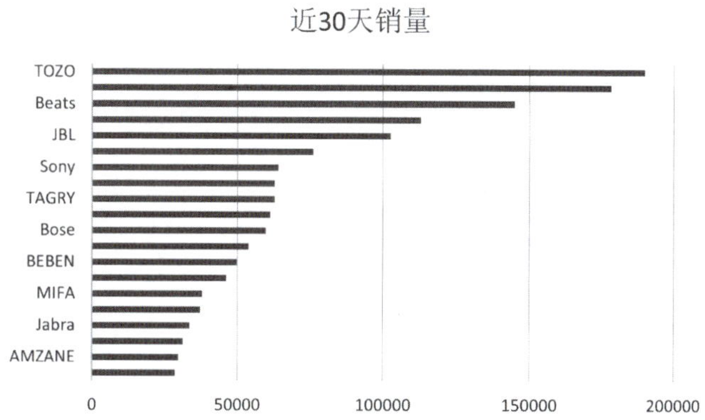

图 7-30 前 20 名的品牌近 30 天销量条形图

（3）为前 20 个品牌近 30 天销量占整体销量的占比制作折线图

①同时选中“品牌”列和“近30天销量占比”列，鼠标向下拖选销量前20名的品牌。

②在菜单栏选择“插入”—“推荐的图表”，选择“折线图”，选择“带数据标记的”图形样式，单击“确定”，如图 7-31 所示。

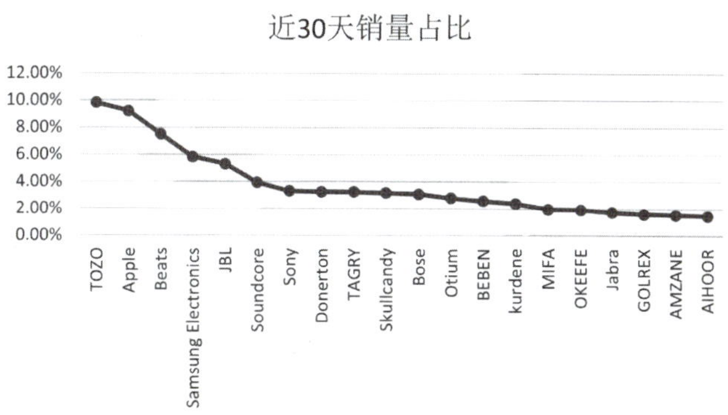

图 7-31 前 20 名的品牌近 30 天销量占比折线图

（4）为165个品牌的评分分布制作直方图，并为销量前5名的品牌制作评分雷达图

①同时选中“品牌”列和“评分”列，鼠标向下拖选到第165行值（即所有的数据）。

②在菜单栏选择“插入”—“推荐的图表”，选择“直方图”，选择“带数据标记的”图形样式，单击“确定”。

③单击右键图表默认的柱形“频”，进入“设置数据系列格式”—“水平坐标轴”—“坐标轴选项”—“箱”，勾选“箱宽度”设置为0.2，即意味着，将评分从低到高，每0.2评分归纳为一个区间，箱数随之自动生成为11。清单中的评分最低分设置为3分，最高分为5分。添加数据标签，“标签位置”勾选“数据标签内”。最后生成直方图如图7-32所示。

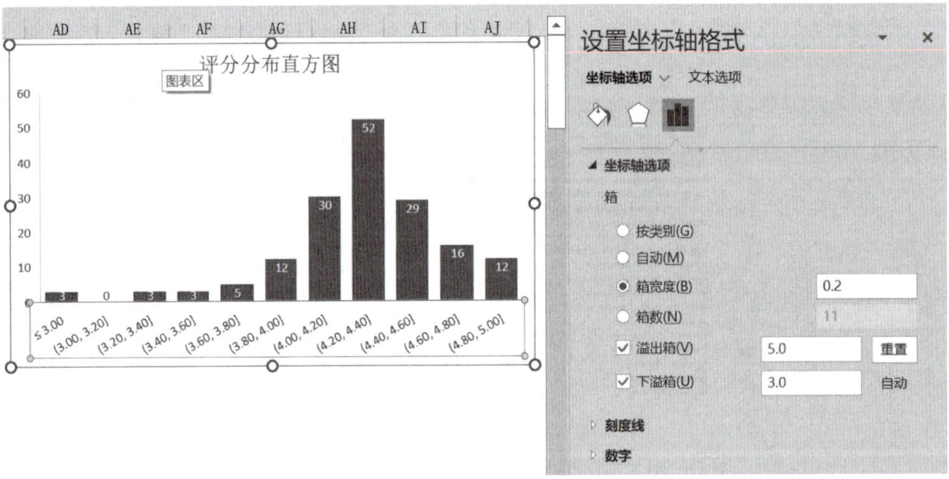

图7-32 评分分布直方图

④根据图形统计可得，4~4.2分的品牌有30个，4.2~4.4分的品牌有52个，4.4~4.6分的品牌有29个。这3个评分区间共有111个，占据了165个品牌的67%。可以通过直方图直观清晰展示评分的集中度情况。

⑤同时选中“品牌”列和“评分”列，鼠标向下拖选到前5行，插入“雷达图”，在“坐标轴选项”—“边界”设置最小值为3.8，最大值为4.8。选中“数据标签”，“设置数据标签格式”—“标签选项”中把“显示引导线”反选，仅勾选“值”，生成雷达图，如图7-33所示。

⑥分析销量排名前5名的品牌可得：销量排名第一的TOZO评分4.4，属于频次最高的区间；销量排名第二的Apple评分为4.8，属于频次第5的区间，这意味着，苹果身为全球知名的公司之一，其产品无论在什么渠道销售都能获得良好的口碑和评价；销量排名第三的Beats，评分4.5，属于统计频次第三多的区间；排名第四的Samsung Electronics评分4.48，属于统计频次第三多的区间；排名第五的JBL，评分4.2，属于统计频次第二多的区间。

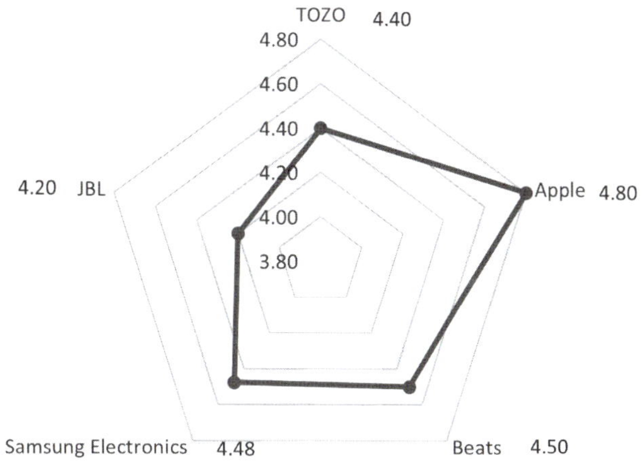

图 7-33 销量前 5 名品牌评分雷达图

（5）根据所有标题词制作关键词词云图

可以根据本书之前所述，制作词云图。

7.1.5 任务实训

任务 7.1.5 实训表格

请扫码打开“任务 7.1.5 实训表格”，对文件中产品销量数据进行数据透视表分析及可视化操作。

实训内容	操作要求	成果
制作数据透视表汇总统计产品的销量、销量占比、品牌数量、评分和变体数量等情况	汇总统计产品的销量、销量占比、品牌数量、评分和变体数量等情况	数据透视表
为销量排名前 10 的品牌制作销量柱形图和条形图	根据汇总统计表，选择品牌列、销量列的前 10 行，在 Excel 中分别插入柱形图和条形图。从而生成销量前 10 的品牌分析图	柱形图和条形图
为前 10 个品牌近 30 天销量占整体销量占比制作折线图	根据汇总统计表，选择品牌列、近 30 天销量占比列的前 10 行，在 Excel 中插入折线图。从而生成销量前 10 的品牌分析图	折线图
根据汇总统计后的品牌的评分分布制作直方图，并为销量前 5 的品牌制作评分雷达图	根据汇总统计表，选择品牌列、评分列的所有数据行，在 Excel 中插入图表—插入直方图 在进入“设置数据系列格式”—“水平坐标轴”—“坐标轴选项”—“箱”，勾选“箱宽度”设置为 0.2，评分最低分设置为 3 分，最高分为 5 分。添加数据标签，“标签位置”勾选“数据标签内”。生成评分分布直方图	直方图和雷达图

续表

<table>
<tr><th colspan="2">实训内容</th><th colspan="3">操作要求</th><th colspan="2">成果</th></tr>
<tr><td colspan="2">根据所有标题词制作关键词词云图</td><td colspan="3">按照提取的标题词生成词云图</td><td colspan="2">词云图</td></tr>
<tr><th colspan="2">评价内容</th><th colspan="3">评价标准</th><th>分值</th><th>得分</th></tr>
<tr><td rowspan="6">工作过程</td><td>数据透视表分析汇总</td><td colspan="3">操作规范，分析有理有据</td><td>10</td><td></td></tr>
<tr><td>图表分类选择及制作</td><td colspan="3">分析过程严谨，严谨、充分，能发掘有效的数据分析观点</td><td>25</td><td></td></tr>
<tr><td>配色方案选择</td><td colspan="3">配色是否具有美感，对色彩与主题的把握是否准确</td><td>10</td><td></td></tr>
<tr><td>工作态度</td><td colspan="3">态度端正、认真主动</td><td>5</td><td></td></tr>
<tr><td>协调能力</td><td colspan="3">与小组成员之间合作交流</td><td>5</td><td></td></tr>
<tr><td>职业素质</td><td colspan="3">能合法合规收集数据、爱岗敬业</td><td>5</td><td></td></tr>
<tr><td rowspan="4">任务成果</td><td>工作完整</td><td colspan="3">能按时完成任务</td><td>10</td><td></td></tr>
<tr><td>工作规范</td><td colspan="3">能按照规范要求开展实训</td><td>10</td><td></td></tr>
<tr><td>工作成效</td><td colspan="3">能运营分析工具进行分析</td><td>10</td><td></td></tr>
<tr><td>成果展示</td><td colspan="3">能准确表达、汇报工作成果</td><td>10</td><td></td></tr>
<tr><td colspan="5">合计</td><td>100</td><td></td></tr>
<tr><td colspan="2" rowspan="2">综合评价</td><td>自评 / 20%</td><td>小组互评 / 30%</td><td>教师评价 / 50%</td><td colspan="2">综合得分</td></tr>
<tr><td></td><td></td><td></td><td colspan="2"></td></tr>
<tr><td colspan="7">拓展思考题：自行选择数据分析工具，选择美妆类产品导出产品清单，进行分析</td></tr>
</table>

任务 7.2 跨境电商数据分析报告

本任务包含了数据分析报告撰写框架和跨境电商领域常用的分析报告类型两类关键知识点，并提供了对应的典型工作任务操作示范和任务实训。通过本任务的学习，学习者能够掌握如何有效地撰写出结构清晰、内容丰富、逻辑严谨的跨境电商领域中各类型的数据分析报告。

7.2.1　报告撰写框架

数据分析报告的撰写技巧

理解目标制定方法和过程管理原则，并且熟悉了数据可视化技巧以及管理看板的使用情况后，可以利用这些技巧和工具来完成跨境电商领域的数据分析报告的撰写。

（1）标题与目录

①标题。标题能够准确体现分析报告的主要内容、报告主题、分析对象、主要观点等，以便报告的使用者能准确理解。标题一般有单标题和双标题两种，单标题一般言简意赅地表达报告主题，双标题适合一些比较大型、综合的报告标题采用，主标题标示出业务经营分析报告的核心主旨，副标题则说明报告分析的对象、样本、内容及周期等。

②目录。目录简明扼要地把报告的分析对象、分析过程，发现的问题，结论措施等以框架结构展示，起到提纲挈领的作用。

（2）数据来源说明

①使用范围。可视化图表通常会对数据的来源及收集方法、数据范围及周期加以体现，如果涉及数据来源比较复杂，如多个网站、系统的，一般还需开辟单独章节予以说明。

②概念定义。由于跨境电商的后台及前台数据指标非常繁多，一些关键运营指标还存在多个影响因素，例如，在财务业绩中，销量需按已扣除退货的有效订单进行统计，而运营维度的销量则以整体销量统计，所以在数据来源中对指标概念要予以明确定义。

（3）报告主体

报告主体就是按照一定的分析思路把分析的内容进行安排，以一定的结构形式并运用数据分析的过程进行展示。报告通常分成纵式结构和横式结构进行布局，纵式结构一般按照前因后果、事物发展的客观规律层层推进，类似电流串联，按照逐个节点开展，完成上一个节点自然开启下一个节点，适用于流程清晰、标准化程度高的专项分析报告。横式结构类似电流并联，通常根据内容或者对象的多个方面，按其业务特点的内在关系详略得当地并列布局，适用于综合性的商业报告，如店铺运营报告、新平台进驻报告、公司财务报告等。

（4）可视化数据

用合理、清晰、美观的可视化形式展现报告中用到的数据，是数据分析环节最为重要的工作。根据数据特点，选用合适的可视化图表，甚至组合成数据看板以完成数据的展示，同时根据可视化图表中展示的数据趋势、比较结果、占比权重等情况逐项进行客观详细的解释和合理的推测。

（5）结论与建议

①结论。分析报告的结束部分，一般是基于前述分析过程中呈现的问题，通过总结归纳取得的成果、经验。

②建议。一般是基于发现的问题或取得的经验提出改进措施，明确下一步的运营目标或经营计划等。

7.2.2 分析报告类型

在跨境电商运营过程中，涉及各种类型的报告制作，如行业分析报告、竞争对手分析报告、选品分析报告、关键词分析报告、流量分析报告、广告效果分析报告、产品监控报告、店铺运营分析报告等。跨境电商数据分析报告是促进组织目标更好地推进的有效管理工具之一，为了让学习者更加直观的感受这类管理工具的魅力，本任务列举了部分常用的业务分析报告类型。在具体实践应用中，仍旧要以实事求是为原则，灵活使用，不能生搬硬套。

（1）行业分析报告

①行业需求及趋势。筛选调研类目下前 5 ~ 10 名的产品的核心流量词最近 3 年的月度搜索量走势，前 5 ~ 10 名的产品均有的关键词代表了行业的核心关键词和该细分市场容量的情况。该指标可用于判断该市场的淡旺季、市场趋势、市场的大致规模。

②行业销售趋势。筛选该类目下商品近 1 年的月销量和月销售额走势，样本商品范围内的总销量，可以作为整个类目的销量缩影，可以通过全年的销量走势判断市场的淡旺季以及市场价格走势。

③商品集中度。商品集中度越大，说明市场竞争度越大，可以通过头部商品的销量占比，了解头部商品的市场占有率情况，如果集中度过高，就需要谨慎选择，观察销量最高的商品明细及商品的特征，侧面了解买家的购买偏好。另外，观察相关类目下新品上架的情况，如果新品上架数量多，上架周期快（如上架 1 月、3 月、6 月不等），说明用户需求变化快，产品迭代快，对于新卖家来说进入机会更大。

④品牌集中度。头部品牌在类目中占比越高，品牌的垄断程度越高，或用户对品牌的关注程度越高，说明头部品牌已经在行业树立了难以撼动的地位，需谨慎选择。可以通过分析该品牌的发展趋势，获得成功经验。

⑤卖家集中度。以销量前 10 的卖家测验集中度，集中比例越高，说明销量前 10 位的卖家对该类目的垄断程度越高，反之可能存在一个蓝海市场。

⑥卖家类型分布。在筛选样本范围内，统计卖家类型分布的产品数量占比和月销量占比，找到卖家经营产品的变体情况，同时对卖家的发货方式进行分析以判断哪种类型的发货方式最有竞争力，为发货方式提供决策支持。

⑦卖家所属地分布。在筛选样本范围内，可以通过卖家所属国家或地区占比，判断市场的竞争程度。

⑧上架时间及趋势分布。在上架时间内，通过周期和销量以及上架商品数量的曲线趋势可以判断产品生命周期和市场生命周期，用于判断进入市场的时机是否合适。

⑨评分数分布。统计周期内通过不同评分数对应的商品销量区间分布的情况可以观察新品打造的难度，比如，样本中低评分数区间商品销量较大，说明新品进入市场的难度较低。

⑩评分值分布。统计周期内不同评分值区间的商品销量分布情况表明该类目下商品

被市场认可的程度，如果分值高的商品销量较大，说明现有商品被认可程度高，该市场较为成熟；分值低的商品销量较大的，则说明商品存在较大可改进空间，对于掌握供应链的卖家是市场机会。

⑪价格分布。统计周期内不同价格区间的商品销量分布情况表明相关类目的价格接受水平，如果价格高的商品销量较大，说明现有商品被认可程度高，该市场较为成熟；如果价格低的商品销量较大，说明该类目属于价格敏感型产品，利润空间较小。

⑫行业分析结论。基于前述多维度的分析后，根据卖家的运营经验、选品能力、资金实力、对供应链的控制能力，找到合适的细分市场予以进入。

（2）竞争对手分析报告

①锁定竞争对手。通过销量排名和核心关键词搜索，找出同类产品或对在售产品会产生直接竞争的产品中销量较高（5～10 家）的店铺，分析产品类目和产品详情页，筛选出竞争对手的范围，明确排名前 10 或者前 20 的竞争对手，通过查看价格、产品相关度等确定明确具体的竞争对手清单。需要注意的是这是一个动态的清单，因为竞争对手会随着市场的变化而调整，增长快的纳入竞争对手清单中，出现下滑趋势的就可以剔除。

②明确竞争对手分析维度。可以按照产品详情、广告策略、定价策略、客户服务 4 个分析维度来开展分析，以研究竞争对手的产品结构及研发能力。分析对方的优势时要分析产品结构是怎么搭配的，有哪些特别的地方，要不断深入探究以确定竞争对手主打的细分市场所在以及竞争对手的优缺点。这样才能找出自身和竞争对手的差距，帮助卖家实现扬长避短，拓宽打造产品的思路，培养敏感的运营思维。

③分析竞争对手的产品核心。

a. 关键词。找出站点排名前 20 的产品标题，对确定为竞品的产品详情页逐个分析，包括产品标题、属性结构、图片、标题、关键词、产品描述、价格、评价等，根据竞品的关键词来反查关键流量情况，采集高流量高曝光、高出单的关键词。

b. 图片及视频。分析竞争对手的产品首页、视频的视角、配色、拍摄角度、细节等。

c. 侵权要素。热卖产品通常意味着销量，但同时跟风热卖存在侵权风险。查看竞争对手是否有注册商标和品牌，查询专利网站评估自身是否能跟供应商取得专利或者授权进行销售，不得售卖侵权产品。

d. 分析竞品的广告策略。通过对关键词的查询找出竞品的广告位，分析他们的广告的投放情况和投放目的，反思卖家自身在广告投放方面有哪些不足的地方，找出竞品的成功之处，调整自己的广告策略。

e. 分析竞品的定价策略。根据竞争对手的价格、成本、配送方式（是否采用 FBA）来核算和评估打造产品的前景。经过分析对比后若发现产品的利润空间太小，那在后续的选品、包装策略就需要慎重对待。在制定价格策略方面需要关注竞品是如何通过挂牌价、成交价、优惠券、平台券、店铺券、赠品等各种综合促销方式来制定价格方案的。

f. 分析客户服务。分析客户服务可以从用户的评价内容、评价等级、评价时间等来进行分级。评价内容和等级分析尤为重要，其中好评可用于提炼撰写卖家自身的产品详情文案、产品描述及关键词、其中差评可用于反思自身的产品是否有同类缺陷，以及该缺陷是否改进优势；评价时间可以看出店铺对评价的回复处理能力和时效性，作为自身店铺管理优化的参考。

（3）选品分析报告

①选品策略。不同类型卖家的选品策略差异较大。对于新手卖家来说，一般根据标准尺寸、不包含变体评分，且评分数在 200 以下的市场分析。而对成熟卖家来说，主要根据选品当时企业的发展经营思路以及企业对供应链的掌控情况来分析。一般要遵循站点、周期、类目及垂直类目、月度或者周度销量、价格区间、大类 BSR 的增长、卖家数量等维度来进行筛选分析。

②确定选品清单。根据选品思路确定的候选产品清单，对缩小后的产品清单围绕体重量、体积、价格、发货、关键词趋势、评价分析等对比分析，制作清单表格，核算利润是否达到选品利润标准。

③反向市场验证分析。结合选定的产品候选清单进行梳理，围绕产品的优劣势，用户体验的关键信息、功能设计方面、包装配送、售后流程等方面采集相关信息，对采集的信息分析给出新品开发及优化建议，例如，哪些优势需要巩固和发扬；哪些劣势需要改进和完善。

④确定选品标的结论。在入围清单中选定 3 ~ 5 款选品标的，将其关键指标列明后最终完成选品结论，进入供应商询价或者产品研发打样阶段。

7.2.3 操作示范

采集公司在亚马逊平台广告推广的后台广告数据，经过清洗和整理得到如表 7-5 所示的数据，根据此表格制作店铺近期广告投放分析报告。

如何制作一份亚马逊市场分析报告

表 7-5 广告数据

广告活动名称	广告组名称	关键词	曝光量	点击量	广告花费	广告订单	广告销售额
活动 1	组 1	智能手表	13 500	235	220	30	12 000
活动 1	组 2	运动手表	8 000	168	90	25	850
活动 2	组 1	健康追踪	5 000	105	60	20	400
活动 2	组 2	心率监测	2 000	120	50	22	600

（1）数据清洗与整理

①处理缺失值。检查数据中是否存在缺失的关键信息，如广告点击量、订单金额等。对于少量缺失的广告点击量数据，可根据点击率公式估算补充。

②处理异常值。通过数据分布观察和业务常识判断，发现部分广告点击量或订单金额异常高或低。对于明显错误的数据进行修正或删除。

③统一数据格式。将广告投放时间和订单日期统一转换为“YYYY-MM-DD”格式，对广告渠道名称进行标准化命名。

（2）创建数据透视表

①选择数据区域。a. 打开 Excel，选择包含数据的整个区域（如 A1:H5）。b. 插入数据透视表。在 Excel 菜单栏中，点击“插入”选项卡。选择“数据透视表”按钮，在弹出的对话框中，确认数据区域是否正确。选择“新工作表”或“现有工作表”，点击“确定”。c. 配置数据透视表字段。在右侧的“数据透视表字段”窗格中，将以下字段拖到相应区域。

②行标签。将“广告活动名称”和“广告组名称”拖到“行”区域。

③值。将“曝光量”“点击量”“广告花费”“广告订单”“广告销售额”等字段拖到“值”区域。

④计算字段。由于比值类指标不能直接求和汇总，所以 CTR（点击率）、CVR（转化率）、ACOS（广告成本销售比）、CPC（每次点击成本）等比值类的指标需要通过在数据透视表—分析—“字段和项”添加一个新的计算字段来计算后才能呈现在“值”区域（图 7-34、图 7-35）。

数据透视表计算字段操作讲解

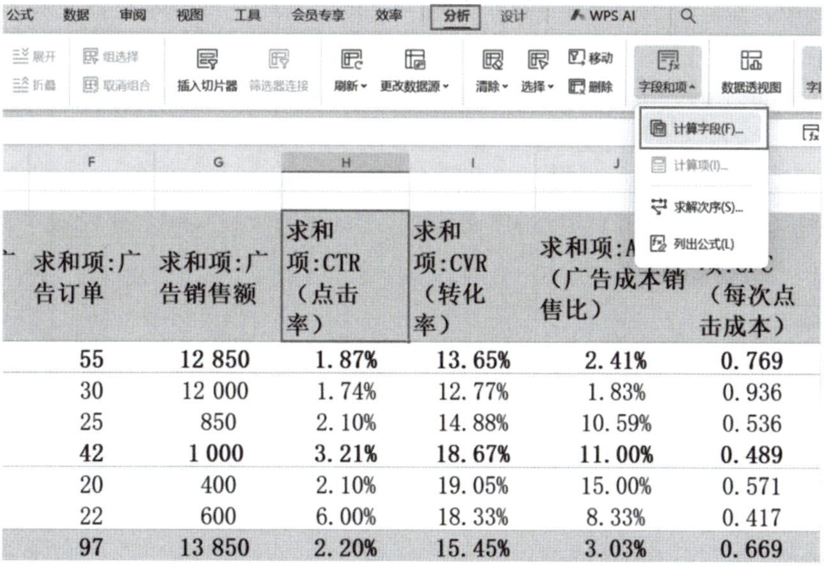

求和项:广告订单	求和项:广告销售额	求和项:CTR（点击率）	求和项:CVR（转化率）	求和项:A…（广告成本销售比）	…项:CPC（每次点击成本）
55	12 850	1.87%	13.65%	2.41%	0.769
30	12 000	1.74%	12.77%	1.83%	0.936
25	850	2.10%	14.88%	10.59%	0.536
42	1 000	3.21%	18.67%	11.00%	0.489
20	400	2.10%	19.05%	15.00%	0.571
22	600	6.00%	18.33%	8.33%	0.417
97	13 850	2.20%	15.45%	3.03%	0.669

图 7-34　CTR（点击率）计算字段步骤一

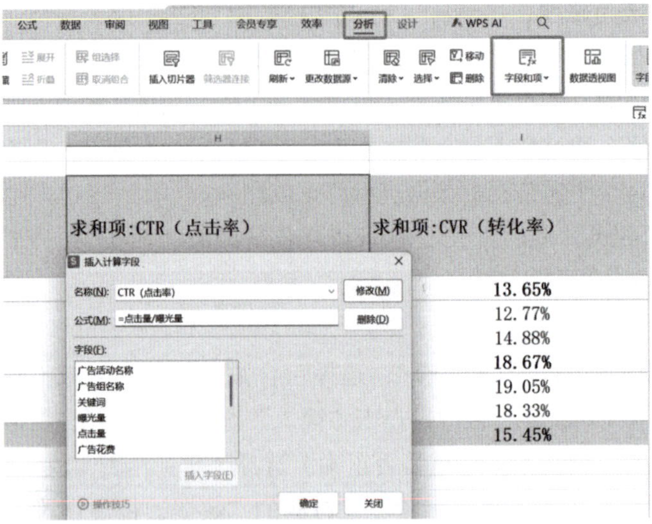

图 7-35　CTR（点击率）计算字段步骤二

（3）关键指标分析

①按广告活动和广告组汇总数据。通过数据透视表（图 7-36），可以快速查看每个广告活动和广告组的关键指标汇总。

广告活动 1 的总展示量为 21 500 次，总点击量为 403 次，总广告花费为 310 美元，总广告订单 55 单，总广告销售额为 12 850 美元。CTR 为 1.87%，CVR 为 13.65%，ACOS 为 2.41%，CPC 为 0.77 美元。

广告活动 2 的总展示量为 7 000，总点击量为 225，总广告花费为 110 美元，总广告订单 42 单，总广告销售额为 1 000 美元。CTR 为 3.21%，CVR 为 18.67%，ACOS 为

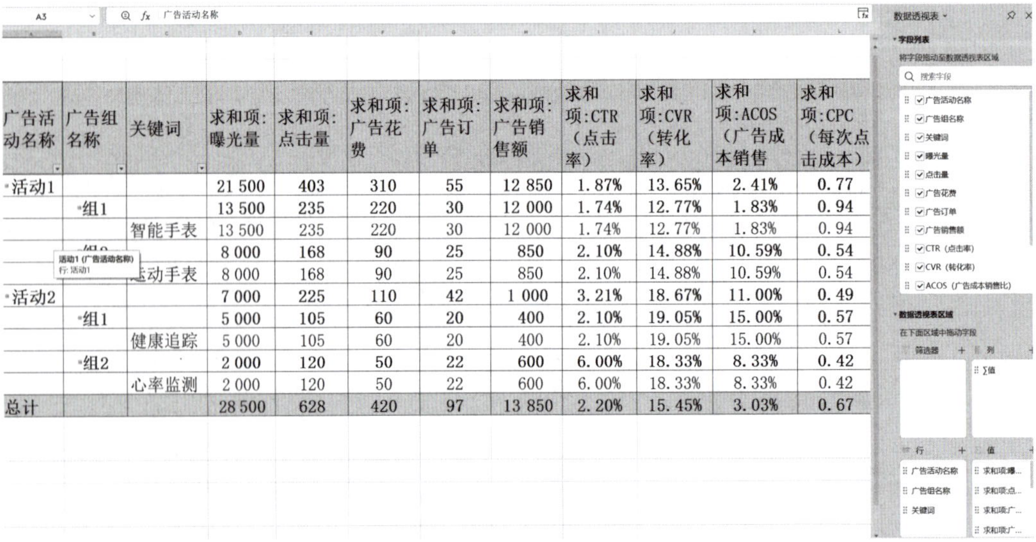

广告活动名称	广告组名称	关键词	求和项:曝光量	求和项:点击量	求和项:广告花费	求和项:广告订单	求和项:广告销售额	求和项:CTR（点击率）	求和项:CVR（转化率）	求和项:ACOS（广告成本销售	求和项:CPC（每次点击成本）
活动1			21 500	403	310	55	12 850	1.87%	13.65%	2.41%	0.77
	组1		13 500	235	220	30	12 000	1.74%	12.77%	1.83%	0.94
		智能手表	13 500	235	220	30	12 000	1.74%	12.77%	1.83%	0.94
	组2		8 000	168	90	25	850	2.10%	14.88%	10.59%	0.54
		[illegible]动手表	8 000	168	90	25	850	2.10%	14.88%	10.59%	0.54
活动2			7 000	225	110	42	1 000	3.21%	18.67%	11.00%	0.49
	组1		5 000	105	60	20	400	2.10%	19.05%	15.00%	0.57
		健康追踪	5 000	105	60	20	400	2.10%	19.05%	15.00%	0.57
	组2		2 000	120	50	22	600	6.00%	18.33%	8.33%	0.42
		心率监测	2 000	120	50	22	600	6.00%	18.33%	8.33%	0.42
总计			28 500	628	420	97	13 850	2.20%	15.45%	3.03%	0.67

图 7-36　数据透视表

11%，CPC 为 0.49 美元。

②分析关键指标。CTR 表示广告展示后被点击的次数比率，是衡量广告吸引力的重要指标。

虽然广告活动 1 的曝光量为 21 500 次，是广告活动 2 曝光量 7 000 次的 3 倍之多，但是广告活动 1 的 CTR 约为 1.87%，广告活动 2 的 CTR 约为 3.21%，几乎为广告活动 1 的 2 倍效果。这说明广告活动 2 的广告更能吸引用户点击，这可能是由于广告活动 2 的广告内容、图片或折扣信息更吸引人。

根据广告活动 2 组的广告组 1 和广告组 2 的关键词对照而言，可以看出广告组 1 的关键词效果不及广告组 2，也就是说关键词“心率监测”引流效果明显优于关键词“健康追踪”。这说明“心率监测”这组广告投放关键词与目标受众的搜索意愿高度相关。

CVR 表示点击广告后实际购买的比率，是衡量广告效果的关键指标之一。

总体而言，广告活动 1 的整体转化率为 13.65%，较之广告活动 2 的整体转化率 18.67% 低 5.02 个百分点，广告活动 2 的两个广告组的 CVR 都显著高于广告活动 1 的两个广告组转化率。表明广告活动 2 的广告组合更能吸引用户进行购买。活动 2 的广告组 2 的 CVR 达到 19.05%，是 4 个广告组中最高水平。说明其广告内容或受众定位非常精准。广告活动 1 组的转化率不及广告活动 2 组的可能是产品详情页不够吸引人或者价格促销不够优惠。

ACOS 表示广告花费与广告销售额的比例，是衡量广告成本效益的重要指标。

广告活动 1 的 ACOS 约为 2.41%，其中广告组 1 为 1.83%，广告组 2 为 10.59%。广告组 1 的 ACOS 在四个广告组中的相比显著最低，且由于其广告销售额最高，对降低整个广告活动 1 的 ACOS 有较大贡献。广告活动 1 的 AOCS 较广告活动 2 低 8.59 个百分点，表明活动 1 的广告成本效益更高。但由前可知，其转化率也较广告活动 2 低，所以 ACOS 的成本效益主要是由其产品定价可能较高引起的，而非广告较好的广告订单转化而来，后续要持续注重广告活动 1 的优化关键词、产品详情页、优惠定价方案等措施等提升产品转化率，并持续增加广告预算。

广告活动 2 的 ACOS 约为 11.00%，其中广告组 1 为 15.0%，广告组 2 为 8.33%，广告组 1 的 ACOS 在四个广告组中相比显著最高。活动 2 虽然 ACOS 较高，但其 CVR 也较高，说明尽管成本较高，但转化效果较好。对于 ACOS 较高的广告活动，后续可以考虑优化广告投放策略，降低竞价、减少优惠措施提高产品定价以增加利润空间，从而降低 ACOS 的影响。

CPC 表示每次点击广告的平均成本，是衡量广告投放成本的直接指标。

广告活动 1 的 CPC 约为 0.77 美元，广告活动 2 的 CPC 约为 0.49 美元，说明广告活动 2 在每次点击上的花费更少。结合前面的 CTR 和 CVR 分析可知，广告活动 2 的 CTR 和 CVR 都优于广告活动 1，也有效降低了该广告组的 CPC。另外通过前述分析关键词分析，广告活动 2 的广告组 2 关键词流量效果较好，可以调整竞价策略以降低 CPC。另外还可以通过优化广告的相关性、点击率和着陆页体验，使用平台自动竞价工具自动调整竞价等方式持续优化 CPC。

（4）数据可视化

制作广告活动的曝光量、广告花费和广告销售额的柱形—折线组合图，总览广告活动业绩（图 7-37）。

X 轴：广告活动名称。

Y 轴（主坐标）：曝光量、广告销售额。

Y 轴（次坐标）：广告花费。

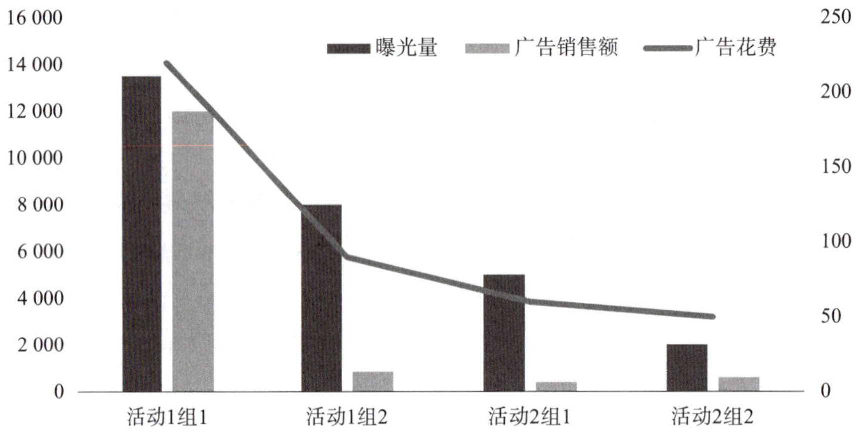

图 7-37　广告活动效果总览

7.2.4　任务实训

实训内容	数据图表	分析
撰写“美妆个护”类目产品的行业市场与竞争对手分析报告		
撰写“美妆个护”类目产品需求分析分析报告		
撰写“美妆个护”类目用户体验分析报告		
撰写“美妆个护”类目市场推广分析报告		

评价内容		评价标准	分值	得分
工作过程	报告标题及表格模板制作	操作规范，能准确高效提取到关键分析指标	10	
	分析过程	分析过程严谨，严谨、充分，能发掘有效的数据分析观点	20	

续表

<table>
<tr><th colspan="2">评价内容</th><th colspan="3">评价标准</th><th>分值</th><th>得分</th></tr>
<tr><td rowspan="4">工作过程</td><td>结论与措施</td><td colspan="3">结论及措施是否有理有据、有的放矢，能根据分析过程发现的问题进行针对性的解决，而非泛泛而谈</td><td>15</td><td></td></tr>
<tr><td>工作态度</td><td colspan="3">态度端正、认真主动</td><td>5</td><td></td></tr>
<tr><td>协调能力</td><td colspan="3">与小组成员之间合作交流</td><td>5</td><td></td></tr>
<tr><td>职业素质</td><td colspan="3">能合法合规收集数据、爱岗敬业</td><td>5</td><td></td></tr>
<tr><td rowspan="4">任务成果</td><td>工作完整</td><td colspan="3">能按时完成任务</td><td>10</td><td></td></tr>
<tr><td>工作规范</td><td colspan="3">能按照规范要求开展实训</td><td>10</td><td></td></tr>
<tr><td>工作成效</td><td colspan="3">能运营分析工具进行分析</td><td>10</td><td></td></tr>
<tr><td>成果展示</td><td colspan="3">能准确表达、汇报工作成果</td><td>10</td><td></td></tr>
<tr><td colspan="5">合计</td><td>100</td><td></td></tr>
<tr><td colspan="2" rowspan="2">综合评价</td><td>自评 / 20%</td><td>小组互评 / 30%</td><td>教师评价 / 50%</td><td colspan="2">综合得分</td></tr>
<tr><td></td><td></td><td colspan="2"></td><td></td></tr>
<tr><td colspan="7">拓展思考题：利用“卖家精灵”的选品工具，制作选品报告</td></tr>
</table>

知识巩固

一、单项选择题

1. 下列最能适用饼图的情况是（　　）。
   A．分析 Instagram、Twitter、Tiktok 3 个社交媒体引流占比
   B．分析公司开设在亚马逊欧洲站、美国站、日本站 3 个站点店铺的订单量和增长率
   C．分析竞争对手的 5 点评价情况
   D．分析手动广告的投放转化效果
2. 数据分析报告的要素中哪项不是必要元素（　　）?
   A．清晰明了的题目　　B．简明扼要的结论
   C．制作精美的图片　　D．全面准确的可视化数据
3. 下述哪项不是报告结构的常用方法（　　）?
   A．总分总式　B．分总式　C．并列式　D．流水账式

二、多项选择题

1. 数据透视表在数据分析中的常见功能有（　　）。

   A．汇总数据　　B．排序和筛选数据

   C．计算平均值和总和　　D．创建图表

2. 选择柱形图表进行分析时，通常在 X 轴体现的分析类别是（　　）。

   A．需要统计订单量的过去 12 个月份

   B．需要统计销售额的 4 个跨境电商平台（亚马逊、ebay、沃尔玛、Lazada）

   C．需要统计年度用户数量的美国 50 个州

   D．需要过去 8 周销售去化的三个产品

3. 在数据可视化中，以下哪些图表适用于显示时间序列数据（　　）?

   A．折线图　　B．柱状图

   C．饼图　　D．散点图

4. 制作跨境电商分析报告时，应该如何处理数据（　　）?

   A．进行数据清洗　　B．确保数据的一致性

   C．选择合适的数据模型　　D．使用图表和图形展示数据

三、判断题

1. 数据可视化的配色技巧就是色彩越多越好。（　　）

2. 直方图的组距要求必须相等。（　　）

3. 在 Excel 中插入数据透视表的时候不需要整理检查表格是否有合并、空格。（　　）

4. 词云图是为了生成好看的高频词的。（　　）

5. 可以直接依赖店铺后台自动生成的广告报告进行广告投放决策。（　　）

6. 在第一次完成竞争对手筛选形成监测清单后，在整个产品生命周期可以使用同一个清单而无须变化。（　　）

7. 在多平台、多店铺的运营过程中，利用数据化选品报告比经验选品报告支持选品决策更为科学高效。（　　）

8. 为了快捷、方便、及时传递某组产品的运营情况，运营经理用 Excel 设计了一份包含标题、呈现统计周期变化、产品运营变化以及下阶段运营目标值的表格，这份表格也可以叫作分析报告。（　　）

四、简答题

1. 请简述对于新手卖家和成熟卖家有什么不同的选品策略。

2. 请简述如何分析竞争对手的产品核心。

参考文献

[1] 陈海城．Excel 电商数据分析与应用（微课版）[M]．北京：人民邮电出版社，2021.

[2] 胡辉．Excel 商务数据分析与应用（慕课版）[M]．2 版．北京：人民邮电出版社，2022.

[3] 宁芳儒．跨境电商亚马逊是如何运营的 [M]．北京：人民邮电出版社，2022.

[4] 叶鹏飞．亚马逊跨境电商数据化运营指南 [M]．北京：中国铁道出版社有限公司，2020.

[5] 邹益民，旷彦昌．跨境电商数据运营与管理（微课版）[M]．北京：人民邮电出版社，2021.